谨 以 此 书

献给中国共产党成立90周年

献给吕梁地级政府驻离石40周年

献给美国军人史迪威设计督修汾（阳）军（渡）公路90周年

离石周边 500 公里半径城市图

永宁州舆图

辑自光绪《永宁州志》

新石器时期陶盆
北川河（今方山县境）出土

離石商钲（用于战争）

战国"離石"尖足布

战国"離石"圆足布

战国『離石』环钱

东汉"離石长印"

-3-

匈奴双羊首杖头

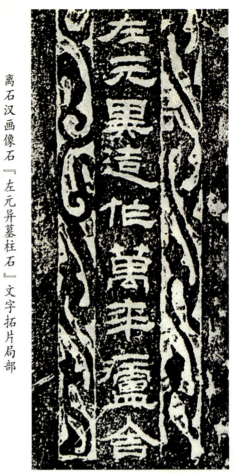

离石汉画像石『左元异墓柱石』文字拓片局部

大英博物馆藏敦煌遗珍——莫高窟藏经洞（第17窟）

东晋北魏间离石稽胡族高僧刘萨诃瑞像图

《唐故王君墓志铭并序》（汾阳出土）王君讳元吉，字先操，唐天宝年昌化郡离石人

安国寺大佛殿山门前弥足珍贵的
护法神兽——金代卧狮

离石出土的明初龙狮牡丹莲蓬彩色琉璃熏炉

清代封疆大吏于成龙画像

清代永宁州马茂庄举人
崔炳文所书对联

清代永宁州知州王继贤撰并书《山寺石室文》拓片局部

清代永宁州雒家沟印《暗室灯》书影

"钦命兵部侍郎都察院右都御史山西巡抚提督军政王为——武魁——大清咸丰五年岁次乙卯科中武第七名举人薛登科立"（薛登科离石区崇里人）

晋商遗物：离石孟门镇万盛长纸币

二战美国著名将军史迪威,1921年亲自设计督修了汾阳经离石到军渡的公路

汾（阳）军（渡）公路通车剪彩典礼（汾阳现场）

（美）Percy T.Watson 摄

人文离石

王书平　著

山西出版集团
山西人民出版社

图书在版编目（ＣＩＰ）数据

人文离石／王书平著.—太原:山西人民出版社,
2011.12

ISBN 978-7-203-07355-0

Ⅰ.①人…Ⅱ.①王…Ⅲ.①区（城市）- 概况 - 吕
梁市Ⅳ.①K922.53

中国版本图书馆CIP数据核字（2011）第139345号

人文离石

著　　者:王书平
责任编辑:高　雷
装帧设计:王征远

出 版 者:	山西出版集团·山西人民出版社
地　　址:	太原市建设南路21号
邮　　编:	030012
发行营销:	0351-4922220　4955996　4956039
	0351-4922127　（传真）　4956038（邮购）
E-mail:	sxskcb@163.com　发行部
	sxskcb@126.com　总编室
网　　址:	www.sxskcb.com
经 销 者:	山西出版集团·山西人民出版社
承 印 者:	太原市月成印业有限公司
开　　本:	787mm×1092mm
印　　张:	23.75
字　　数:	360千字
印　　数:	1-1500 册
版　　次:	2011 年 12 月　第 1 版
印　　次:	2011 年 12 月　第 1 次印刷
书　　号:	ISBN978-7-203-07355-0
定　　价:	86.00 元

离石人文第一书

原中国人民解放军
装甲兵工程学院院长　薛清池

　　我是离石坪头乡崇里人，虽然从小参加革命，远离家乡，但乡音未改，仍一直关注着家乡的变化。最近，吕梁市委政研室主任王书平同志要出版《人文离石》专著，邀我作序，我欣然允诺。

　　离石从古以来就是吕梁山区、晋西地区乃至黄河中游的区域中心。但对离石的人文历史，我和许多离石人一样并不十分了解。即便是清代的《永宁州志》，也是只言片语，形不成完整的概念。古代离石人民创造了怎样的灿烂文明？离石在历朝历代发生过什么样的重大事件，产生这些事件的原因是什么？对今天有什么样的启示？看了王书平同志所著《人文离石》一书，对这些有了较多的了解。为此，深感作为一个离石人，既自豪而又责任重大。

　　毛泽东说过，要"古为今用"。文化人都知道，要"鉴古知今"。怎样鉴古知今？怎样把古代有价值的东西为今天所用？这是我们必须认真思考与实践的问题。

　　战争年代，为了民族的独立与解放，家乡人民踊跃参加革命，背井离乡，南征北战，流血牺牲，留下了许多可歌可泣的英雄事迹，尽了那一代人的大义与崇高的职责。和平建设时期，特别是经过三十年的改革开放，离石经济社会发生了翻天覆地的变化。在这一背景下，继续满足人民日益增长的物质文化需要，仍是我们义不容辞的使命。最近，中央提出以科学发展观为主题，加快转变经济发展方式，努力改善和保障民生，推动文化产业成为国民经济支柱性产业。这对家乡的经济发展、社会发展、文化发展，又是一个新的历史机遇。在此时出版《人文离石》一书，对我们建设富裕离石、文化离石、魅力离石将提供很好的借鉴与创新的元素,产生积极的推动作用。

"举头望明月,低头思故乡。"这是所有身处异乡的离石人的共同感受。思故乡即是思对优秀文化的弘扬,对文明星火的传承,对经济社会的发展。离石古代文明史上的战国钱币文化、汉代画像石、魏晋的民族融合、唐宋时期的生态奉献、明清时代的农耕与晋商文化以及革命战争文化,绝不只是地方性的文化,而是具有全国的意义。家乡人民应当高度重视对这些文明传统的利用与开发。这不仅是离石人民的宝贵财富,而且也是中华民族的宝贵财富。

前几年我回家乡时,王书平同志当时作为地委秘书处副主任,曾陪同考察。给我印象最深的是,他受过高等教育,知识渊博,善于思考与探索,工作认真负责,是一个难得的人才。同时,王书平同志曾在离石工作,对离石有着深厚的感情。据我所知,到市里工作后,他致力于区域经济的调查研究,倾心为市委科学决策服务,对推进全市经济社会发展作出积极的贡献。同时认真研究吕梁人文历史,特别对离石人文历史的研究颇有建树,不断推出新成果。《人文离石》一书,从某种意义上讲,比一本县志涉及历史更深远、更广阔,对读者的启迪更大,堪称离石人文第一书。希望离石儿女以及所有关注离石发展变化的仁人志士看看这本书,相信一定获益匪浅。

在离石这块人杰地灵的土地上,我家祖祖辈辈也受到父老乡亲的恩泽,人才辈出。祖上曾经高中山西第七名武举(见彩页"武魁"匾)。而我们这一代无论在炮火硝烟的战争年代,还是社会主义建设的和平年代,都坚信马克思列宁主义、毛泽东思想,一生都为劳苦大众谋解放、谋幸福。因此,每当看到、听到家乡的新发展、新变化,就十分高兴。

在此,借为《人文离石》作序的机会,祝愿离石建设得一天比一天美,家乡人民的日子一天比一天好。

于北京
2010 年 12 月 25 日

目　录

离石人文第一书（代序言）　·········· 薛清池　001

古城溯源

陨石、八卦与离石地名

　　——离石地名解读　·················· 002

石州改称永宁州的由来

　　——隆庆元年破石州　·················· 006

"一刀裁就永宁州"

　　——离石城垣变迁　·················· 014

"三山抱石州"

　　——离石战略位置述略　·················· 019

离石龙山、虎山、凤山的命名　·················· 022

在离石活动过的古代民族　·················· 028

古代郡州县名　·················· 034

历史彩云

离石是赵国北疆的繁华城市与造币中心　·················· 039

魏吴起筑城抗强秦　·················· 045

赵魏涮秦王　·················· 050

汉画像石与离石汉代的繁荣　·················· 055

南匈奴的根据地——

左国城的辉煌 ·· 067

"离石胡"与民族融合 ·· 071

李渊起兵首战攻离石 ·· 082

吕梁山是唐宋朝廷的伐木场 ································ 085

吕梁是历代政府的牧马基地 ································ 090

"石州火塘寨"气势不凡　印证杨家将生聚历史

　　　——"石州火塘寨"考察与辨析 ··············· 100

石州:北宋抗击西夏的次边 ································· 108

徐徽言晋宁军抗金

　　　——气壮山河的晋宁军保卫战 ··············· 116

吕梁军民抗金之战 ··· 121

"霜雾都"与元朝商贸 ··· 126

古代离石大垦荒 ··· 131

"闯王"义军三战吕梁 ·· 134

通秦古道黄栌岭

　　　——三十里桃花洞考察记 ····················· 142

孔祥熙"祥纪公司"在离石 ································· 150

史迪威设计督修汾军公路

　　　——山西省第一条出境公路修筑纪略 ······ 153

名人风采

民族融合的旗手——刘渊 ································· 164

弥合民众心灵创伤的佛教宗师——刘萨河 ········ 169

威震清廷的义军首领——王显明 ········· 174

"天下廉吏第一"——于成龙小传 ········· 177

中共山西第一个支部书记——张叔平 ········· 191

中共早期著名领导人——贺昌 ········· 194

鲜血染红姊妹花——杜凤英、李秀珍 ········· 197

武工队长——阎子诚 ········· 200

游击队长——王凤树 ········· 203

人民教育家——辛安亭 ········· 206

现代名人过境录 ········· 209

英雄史诗

英雄史诗 ········· 212

山墕歼敌记 ········· 215

吕梁三捷纪略 ········· 218

卧虎湾初袭敌巢 ········· 221

智取张家山碉堡 ········· 223

十七团伏击西属巴 ········· 225

红旗插上离石城

　　——解放离石纪略 ········· 229

这里曾经是屠场

　　——日军侵占离石暴行铁证 ········· 237

春暖新城

中南海——毛泽东情系离石人 ········· 241

　　附:毛泽东对离山县水土保持工作报告的重要批示

直升机飞临离石——胡耀邦同志谈致富 ·········· 245

寒冬腊月——江泽民话语暖人心 ·········· 248

大旱之年——胡锦涛老区访灾情 ·········· 251

"修河坝,栽树树" ·········· 253

劈山改河扩城工程纪略 ·········· 257

为离石城描绘绿色的背景

　　——"三山"绿化小记 ·········· 260

古城新姿 ·········· 264

迷人景观

十景十三城 ·········· 270

八大景观

　　白马仙洞 ·········· 275

　　安国寺——离石的"避署山庄" ·········· 277

　　凤仙道院——天贞观 ·········· 280

　　金阁寺 ·········· 284

　　宝丰山 ·········· 286

　　"小内蒙"西华镇 ·········· 288

　　玉林山 ·········· 290

　　黄栌岭 ·········· 292

采风传奇

传 奇

山羊变石龟的故事 ………………………………… 295

金阁寺的金香炉 …………………………………… 298

桃花洞传奇 ………………………………………… 301

死读书的穷秀才韩士褒 …………………………… 304

闯王一炮打"十州" ………………………………… 306

于成龙缴获飞龙剑 ………………………………… 308

大王店的干蔓菁 …………………………………… 311

采风:离石方言精段

竹喝冷则(录音) …………………………………… 315

柳林慨寺(录音) …………………………………… 317

跌天原(录音) ……………………………………… 319

快板书

"民国十年修路工"(A版) ………………………… 322

"民国十年修路工"(B版) ………………………… 331

人文采珍

离石"五古"之珍 …………………………………… 335

古币 ………………………………………………… 335

古布 ………………………………………………… 336

古石 ………………………………………………… 337

古歌 ………………………………………………… 337

古土 ·································· 339

民间技艺 ·································· 340

　剪纸 ·································· 340

　弹唱 ·································· 342

　吹打乐 ·································· 343

　秧歌 ·································· 344

　民歌 ·································· 346

名人书法

　廉吏墨迹人珍爱

　——老小于成龙述略 ·································· 349

　王继贤一字值千金 ·································· 358

　崔炳文一联名天下 ·································· 360

古代离石之最 ·································· 362

参考文献 ·································· 365

后　记 ·································· 369

古城溯源

陨石、八卦与离石地名

——离石地名解读

离石,这一古朴奇特的地名从何时叫起,有什么含义? 目前发现,最早的实物是考古发掘的战国"離石"地名币尖足布。最早记载"离石"的古籍是《战国策》,其中有"秦攻赵蔺、离石,祁拔"的记载。纪年最早的是《史记·赵世家》:"二十二年(前328年)张仪相秦,赵疵与秦战,败。秦杀疵河西,取我蔺、离石"的记载。

命 名 缘 由

探索古地名的来历,起码要具备三个条件:一是有人类生存;二是命名的方法与背景;三是命名的由头意义。从20世纪80年代发现的马茂庄仰韶文化、乔家沟龙山文化、王家沟夏商文化等遗址看,离石一带早在新石器时代就有人类居住。离石位于东川、北川二水交汇之处,更是部落聚居之地。说明当时具备了地方命名的基本前提。

战国"離石"尖足布

早在殷商甲骨文中"離"(简体作离)字,写作"🐦"。专家们普遍将"🐦"释为"佳(zhuī)",是鸟;"🐦"是捕鸟的工具。"離"的最初含义就是捕鸟,引申有擒获之义。而战国"離石"各类地名币上正是这个字形,说明古人造币用"離"字得到甲骨文的真传。只是"🐦"字上面把"鸟"变成了星星"＊",颇有意味。《易·说卦》云"离为雉。九家(汉代易学家):离为鸟,为飞,为鹤,为黄"。如果说"离为飞",那么离石就是飞来的石头,可以作为一说。而在汉代许慎《说文》中有两个"离"字。一为"离,山神兽也",这个"离"字写法不合"離石"本义。一为"離,黄仓庚也,鸣则蚕生。从隹,离声"。此说类似《易·说卦》说法,但以动物解释不通离石地名。

比较可信的传说是,在远古时期,一次规模巨大的陨石雨从天而降,晴天霹雳,光焰如炽,震动寰宇,坠落本土东北方向的赤坚岭一带。《永宁州志》说,离石山"即赤洪岭,俗呼赤坚岭"。据唐弘道年间宝塔山碑文记载,其"地处赤地,坚壁清野,高为四周之岭"。实际是,陨石降落,引发满山烈焰,巨木很快化为灰烬。本来林木葱茏的大山变成了赤地秃岭,所以叫作"赤坚岭"。

但为什么又叫离石山呢? 陨石——"天外来客"忽然降临,在古代这叫"天垂象,见吉凶"。当时先民们对自然认识有限,到底是吉是凶,惊恐不定,便纷纷向部

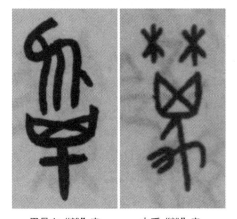

甲骨文"離"字　　古币"離"字

甲骨文"離"字与古币"離"字对比图

落首领问个究竟。那么,部落首领用什么理论与方法给大家一个答复呢?那时最权威的是请勾通天地人神的巫师,用八卦来占卜吉凶。

命 名 方 法

史籍记载,最早用来占卜的有连三(夏)、归藏(商)、周易(周)三种卦法,而殷商甲骨文中就发现有"八卦"刻辞。可见当时也具备了命名的方法条件。为什么要用八卦来问吉凶呢?因为在原始社会,"卜筮者,先圣王

之所以使民信时用,敬鬼神、畏法令也;所以使民决嫌疑、定犹豫也。故曰:疑而策之则弗非也,日而行事则必践之"(《礼记·曲礼》)。就是说先民们犹豫不决时,通过问卦就消除了疑惑,统一了行动。而天降陨石是上天对人类的昭示,是当时面临的最大的政治和自然问题。《易经》云:"天垂象,见吉凶,圣人象之。"在农牧业社会,凡事只有顺天应时,才能够趋吉避凶。所以,地方上的圣人必须用八卦"象之",为老百姓讨一个说法。《春秋》中就有占卦的例子。

文王八卦(后天八卦方位图)

因陨石坠落如日似火,而火、日在八卦中用"离卦"代表。《易·说卦》云:"离为火,为日,为电","离也者,明也,万物皆相见",所以把赤坚岭叫作离石山。表示光明之山的意思吧。"离"主婚媾(《贲·六四》)。万物至此相俪成偶,繁衍生息,所以是"亨"、"吉"。原来天降陨石是吉不是凶,于是先民们便欢呼起来了,这也是先民们对自然的原始认识过程。"八卦"又有伏羲八卦("先天八卦")和文王八卦("后天八卦")之分。赤坚岭是北川河水发源地,在八卦中"坎为水"。如以赤坚岭为"坎",离石部落聚居之地正好位于"后天八卦"之"离"的位置,所以把这里叫作"离石"。

命名时间

《史记》记载"文王拘羑里(今河南境)而演周易"。就是说"后天八卦"是周文王被商王囚拘时推演的。由此可知,离石命名时段大约在西周建立之后至春秋之间,即公元前11世纪至公元前5世纪期间。即这一时段内,离石一带发生过较大的陨石事件。再回头来看,战国离石造币师傅把甲骨文"🜊"字上面的"鸟"变成了星星"＊",并且星星"＊"的写法比甲骨文

上九
六五
九四
九三
六二
初九

八卦中"离卦"卦象

中的更象形。也可以说明当时陨石事件时间近,影响大。陨石降落,就是从天空落下了星星。离石先民中的知识分子便创造性地把甲骨文"離"字上面的"鸟"变成了星星。既美观,又写实,并刻铸在了古币上。甲骨文是象形文字,描绘的是物象。所以战国离石币上"離"字的写法,也可以反证陨石事件的存在。而《易·说卦》说"離为飞",那么把"离石"解释为飞来的陨石,也可以说得通。

那么"离卦"有什么深刻的含义呢?《离卦·彖》曰:"离,丽也。日月丽乎天,百谷草木丽乎地,重明丽乎正。乃化成天下,柔丽乎中正,故亨,是以畜牝牛吉也。"就是说"离"卦有利于百谷草木生长和豢养母牛,即有利于发展农牧业。《山海经》上说,尧舜时吕梁区域"怀山襄陵,古木参天,山清水秀,草原丛生",具有发展牧业的良好条件。战国时赵武灵王大破林胡、楼烦,战马主要来自三川河流域。离石汉代画像石中也有许多骑马放牧的情形。可见,畜牧业在古代离石人民生活中的重要位置。

在《周易》中"离"卦还代表"甲兵"。离石古代战争不断,也应了古人的预测。由陨石、八卦到离石地名,只是由传说而考证,进行合理的推论。唐代《元和郡县图志》称"县东北有离石水(即北川河),因取名焉"。这应解释为先命名有离石山,山上流下的水当然就是离石水,水经过的地方便叫作离石。南宋王象之《舆地纪胜》曰:"离石山,一名胡公山,又为赤洪岭,故离石水亦名赤洪水。"而为什么叫"离石"不叫"赤洪"呢?这就是八卦的原因。

石州改称永宁州的由来

——隆庆元年破石州

离石在古代曾经叫过离石邑、西河郡、西河国、离石镇、永石郡、离石郡等名字。北朝时，由于战乱，朝代不断更替，地方名称变易频繁。北齐天保三年（552年）在离石设西汾州怀政郡昌化县。北周建德六年（577年）改西汾州为石州，改怀政郡为离石郡，改昌化县为离石县。总称为石州—离石郡—离石县。石州所领四郡即离石郡、窟胡郡、定胡郡、乌突郡。这就是"石州"的最早命名。

石州之"石"，实际还是借用离石之"石"的含义而来。《广韵》："秦伐赵取离石，（北）周因邑以名州。"以后几经改名，到唐、宋、元、明初都叫石州。"州"则是我国古代行政区划的一级。石州改名为永宁州有一段惊心动魄的故事，这要从明代国家的立国状况、民族政策等方面说起。

互市遭拒 蒙民凄惨

明王朝坐天下，并不是把前元朝廷彻底消灭，而是把元朝贵族赶到了蒙古草原，延续统治，史称"北元"。所以当时引弓之士不下百万，归附部落不下数千里。《明史》述"元人北归，屡谋兴复。永乐迁都北平，三面近塞。故终明之世，边防甚重"。因此，有明一代从未停止过修筑长城防御体系。经过一百多年几代人的发展，到明中期蒙古势力又逐步强大起来。

十五世纪初，蒙古草原大致分为三部：瓦剌居西部，兀良哈居东部，鞑靼居中部，为蒙古可汗所在。其中瓦剌的酋长也先、鞑靼小王子、俺答汗都曾经统一过蒙古各部。明朝前期国力强大，对蒙古各部有所控制；正

统以后,边备废弛,各酋长"恃其暴强,迭出与中夏抗,边境之祸遂与明始终"(《明史·鞑靼传》)。特别是到十六世纪中叶,明朝对边防军管理更加松懈,边兵麻痹大意,毫无敌情观念,甚至出现"虏代墩军瞭望,军代鞑虏牧马"的情形(《明世宗实录》)。

蒙古族在元代时已同中原人民结成血肉联系,退出长城后,仍然迫切需要与明朝进行贸易,以获得生活必需品。明政府为安抚蒙古及筹措边费,于正统三年(1438 年)在大同开设马市,互通有无。后来由于各种矛盾及明朝廷的狭隘民族观念,停止了马市。这样就直接威胁到蒙古族百姓的生存。

由于蒙古草原畜牧业经济脆弱,一遇天灾,牛羊驼马大量死亡;南有长城阻隔,明朝封禁严密;西面通往中亚商路阻断,蒙古人生活十分凄惨,妇幼病弱更为可怜。特别是日常用品奇缺,有时几户人家共用一口锅,经常"临帐借锅而煮食"。为此,蒙古首领多次恳请明朝方面通贡互市,但都遭到了明世宗朱厚熜的拒绝。

汉奸引路　边将畏敌

当时统治蒙古的是入居河套地区(今鄂尔多斯)的鞑靼部右翼首领(即河套首领,简称"套首",其部落史称"套部"、"套人")。嘉靖二十一年(1542 年)五月,套首派到大同塞下请求通市的使者石天爵,被明边将龙大有等诱杀。套首多年通贡互市的良好愿望难以实现,便纠集各部开始侵入内地,大肆杀掠,对明朝廷进行疯狂报复。后明朝政府又开马市,套部仍继续抄掠。大同开市则寇宣府,宣府开市则寇大同。甚至朝市暮寇,明朝政府又彻底罢市。于是一年内套人向大同连续发动了四次进攻,十几年中大同守将一任接一任战死,不能扭转危局。史载套部仅进犯寇掠离石就有嘉靖十六年(1537 年)、十九年(1540 年)、二十年(1541)、二十一年(1542 年)等多次。

明穆宗隆庆元年(1567 年)秋天,套首又率众数万寇边。由于有明朝叛奸赵全的引路,进军迅速。赵全是明朝大同左卫舍人,白莲教会首,在明廷的镇压下逃到塞北丰州滩。赵全有谋略,成为套首的高参,也成为汉人变兵、起义逃亡者在塞外"板升"(蒙语"百姓"之意)地区的首领。他为自己修建了大宅府及东蟾宫、西凤阁、滴水土楼等豪宅府第,并在门楣上挂上"威震华夷"的牌匾。因此,在寇边抄掠、为蒙古首领服务、与中原人民为敌方面十分卖力。同时,由于他受到套首重用,也被蒙古贵族高层觊觎,为日后遭殃埋下伏笔。

见证了离石战争与和平、荒废与繁荣的两株唐槐,现存活于贺昌中学南墙内

对于明朝来说,赵全是一个十分危险的人物。他对中原状况、山川道路很了解。在他的勾引下,蒙古铁骑很快分三道寇边。东道攻入井坪(今平鲁县城)、朔州,破阳方口,进抵宁武关;中道由老营(今偏关县老营镇)入;西道由红门、驴皮口入。其时总督宣(府)、大(同)山西军务的是右都御使、石首人王之诰。总督令山西(宁武)总兵官申维岳及参将刘宝、尤月、黑云龙四营兵尾随蒙军南下追击;令大同总兵官孙吴、山西副总兵田世威出天门关,断其东部归路。但是巡抚王继洛驻代州不出,申维岳不敢进兵,其他将领也畏敌如虎,不敢击敌。致使套部铁骑,前无阻拦,后无追兵,轻松掠五寨,攻入岢岚,兵分两路,长驱南下。东路从岚县川翻赤坚岭进入离石北川;西路经兴县、临县,

沿湫水河、翻石门墕（方山、离石、临县交界处，今属方山县境）进入离石北川，两军在方山县大武镇至峪口镇一带汇合。

消极防御　制敌无策

每年秋天，北虏有动静，边将很快来报。这一年，岢岚兵备王学谟传报很不及时。石州知州王亮采是南直溧阳(今江苏)人，不熟悉敌情，判断失误，消极备战。

九月初九日晚上，有通信兵火速将边防檄文报来。王亮采看都没认真看，就把它藏入袖中，不耐烦地说："北部边防，经常是这样的！"初十这一天，套人已进入石州境内，道路堵塞，没有边防信息，但城中还没有组织军民备战。到十一日中午，套骑兵已驻扎在距离石城只有七十里的峪口一带。消息传来，官民惊慌失措，州官这才开始召集兵民上城守御。

十二日黎明，套骑兵开始攻城。南川、北川，旌旗横飞，长矛戳天。在叛人赵全的唆使下，东川没有布兵，意图是让城中的人乘夜逃跑。还放话说："我们明天去汾州，不抢石州。"这实际是声东击西的麻痹之计。石州官员却信以为真，更不加紧准备迎敌。即使有一些人警戒，因为当官的不信，众人谁还相信！

当时经过有明一百多年经营，离石一带人口稠密，市井繁荣。离石城垣周长九里三步，高三丈五尺，壕深一丈二尺，有东、南、北三门。大致范围是：城西莲花池一线以东，经贺昌中学南墙至畔沟一线以北，建设路西沿一线以西，从市老干局折向西，直到体育场南边接西城墙。城内有州署、兵备道署、布政使司、察院等机构，大都分布在今市财政局和邮政局一带。其时城里没有逃走的人，都惊恐万状，人心惶惶。

十三日天亮时，城外喊声震天，马蹄动地，把城四面围得水泄不通。城壕近前全是精兵，铁盔覆盖着头，铁甲连着足，即使把箭射在身上，石头打在身上也纹丝不动。城上城下箭射如雨,城下散兵拿着长竿钩城垛,用尖镢挖城墙(当时为土城)。城上人员许多被箭射伤,知州王亮采却没有亲自登上城墙,指挥军民御敌。

套首坐在城外东南角的高地(大约在龙山坡上,可观察城里的动向),传令要黄金一万两、南京缎三千匹。这时知州王亮采才召集城里富裕的商民讨论,准备集资贿敌。当时,套骑兵主要目标是掠夺财物,并不是要长期占领。大家七嘴八舌,有的人愿出钱,但怕花了钱,敌人还要攻城;有的人不愿出钱,还说风凉话。知州王亮采一看众人意见不一,也没有申明大义,晓以利害,做细致的思想工作,便愤然离去,众人也各自走开。由于州里官员议而不决,于是套首大怒,城周围又箭射如雨,城头守卫的人四散而逃。敌虏便顺城墙攀缘而上,迅速攻入城中,城里立刻火焰冲天。

明代被毁后重建的离石文庙大成殿(位于贺昌中学院内,20世纪90年代照)

城破人亡　朝廷斩将

套兵入城,到处烧杀抢掠,攻破州署,焚毁学宫,火烧民房,抢劫财物,杀戮官民。城里男女老弱,上吊的、投井的、被杀的无法计算;城外尸横遍野,血腥弥漫。文庙及孔学内古籍文献全部焚毁,以致离石明以前史籍难征。儒学官被杀三人,知州王亮采被杀在州署内(当时州署在今市邮政局一带)。只有同知张大才外出不在,侥幸免死。《永宁州志》记述:"城陷,自径投井者,庙宇井坎皆满,尸横遍野。"敌虏退去后,人们在北门外厉坛左边挖了两个大坑,把城中死亡的人,数千男子埋一大坑,数千女子埋一大坑,以供祭祀。

当时有个牛守近和妻李氏,夫妇都被提住。李氏用身体挡住丈夫说:"宁可杀我,不要杀我丈夫。"最后二人都被杀死。石州巡检任丘县人刘佑与儿子刘治在省城,恰遇石州被攻陷。他的妻子董氏与女儿,挽发环抱、投井而死。儿媳因小孩子拉着,结果被掠去。刘佑回来后,找不到家人。正好遇到儿媳趁敌不备逃回,说了当时的情况,才从井中吊出人来,母女仍然抱在一起。

套骑在石州杀掠后,又沿东川河东进,越黄栌关,出向阳峡,攻击汾州城。汾州是繁华之地,虏兵围城,水泄不通。但当时汾州知州直隶(今河北)昌黎人齐宗尧,亲自上阵,率领兵士青壮,坚决固守,顽强抵抗。加之汾州城池严整,防备严密,攻打八昼夜而没有攻破,虏兵只好放弃汾州。于是又分掠孝义、介休、平遥、文水、交城、太谷,并攻至平阳府隰州,杀死男女数万,造成山西明代历史上最大的浩劫。

这次套兵寇掠二十余日,恰遇大雨连旬,道路泥泞,马匹多死。许多套兵步行北归,抢掠的财物,多抛弃于道。但由于边将始终不敢出击,致使套人轻松北去。

　　朝廷得到军报,十分震怒。朝中大臣先是隐瞒败局,后是互相攻讦。最后为严明军法,山西总兵申维岳、副总兵田世威、参将刘宝被处死刑。山西巡抚王继洛戍边,大同总兵孙吴被撤职,总督王之诰贬二级(《明史·列传》)。同时,官府逮捕将士七十七名准备斩首,恰遇河南商丘人,宋纁按察山西。经审讯得知,这些将士多为受诬陷的无辜之人,便释放近一半人(《明史·列传》)。石州城破,在明代是一个大事件,以致《明史》中有关记载涉及多处、多人。

固城易名　封贡互市

　　套兵的残酷寇掠,摧毁了文明的积累,破坏了生产力的发展,造成人口大量死亡流失,教育文化衰败,给当时离石人的心理造成巨大震怖。由此引来三大变化:一是大城改为小城。因战后城内地广人稀,于是截去东南半壁,缩为小城。二是土城改为砖城。战后朝廷派右副都御史杨巍巡抚山西。他轻装简从,巡视边防,在修筑长城及边境城堡的同时,再修州城,

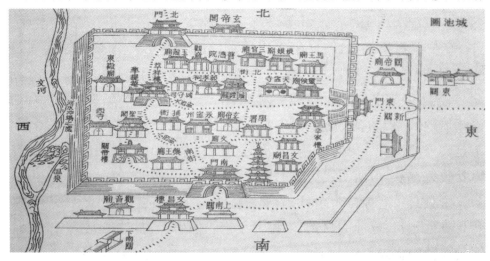

清代离石城略图(虽然此图城垣比例不准确,但仍可看出东边被截去的城墙)

以砖石包瓽,加固了城防。为此他作《石州陷后》诗四首,其中写道:"石州古名郡,一日化为灰,敌骑岂飞到,城门不战开。腐儒终误国,盛世自多才,好用廉颇辈,空谈何补哉!"三是石州改永宁。新任知州李春芳在惊恐之余,考虑到"石""失"谐音,叫"石州",听起来像是"失州",嫌不吉利,便申请把石州改为"永宁州"。其中包含了时人对残酷寇掠的巨大恐惧和对和平安宁的渴望期盼。后来汾州升为府后,永宁州隶于汾州府,设为散州,不领县。全称为:山西承宣布使司(驻太原)冀南道(驻汾阳)汾州府永宁州,一直沿用到清末。

三年后的 1570 年 9 月 13 日,发生了套首孙子因家庭矛盾逃到明朝边兵驻地的事件。当时宣大总督王崇古、巡抚方逢时高瞻远瞩,抓住这一契机,奏请朝廷同意,不仅没杀套首的孙子,反而保荐其为都指挥使,化解了民族矛盾。套首对明廷善待他爱孙的举动非常感激,主动提出实行"封贡互市",并请求交还他的爱孙。于是明朝提出拿汉奸赵全等人交换的条件,蒙古贵族积极支持。十一月十九日,套首接受了明廷的交换条件,把赵全等八人解送到大同左卫。

隆庆五年(1571 年)二月,"隆庆议和"圆满举行,明朝册封套首为"顺义王"。五月套首率部在得胜堡(今大同市北)晾马台受封。从此奠定了北边到明末 70 多年和平的基础,沿边旷土皆得耕种,也开始了明清晋商口外贸易的繁荣。套首为民族和解做出了突出贡献,去世后,明神宗"特命赐祭七坛,彩缎十二匹,布百匹"表示优恤,至今受到蒙族人民的供奉与祭奠。现在回头来看,套首从 1543 年开始,不断要求明朝开放关市,不断寇掠明朝北边,实质上是从蒙古老百姓的生计出发,用和平与战争两种手段,逼迫明朝开关互市。赵全被捕后,明朝刑部对赵全等人进行了严厉审问并镇压,同时形成了对了解蒙古地区社会状况具有很高史料价值的《赵全谳牍》。至此,涉及寇掠石州的人与事全部有了结果。

"一刀裁就永宁州"

——离石城垣变迁

"一刀裁就永宁州"是明清时期民间对离石城垣的描述,表明了离石城垣整肃,城墙坚固,像刀子齐刷刷斩下一般。而这种说法又是与西边毗邻的陕西省吴堡县、佳县,东边毗邻的汾阳及太谷相比较而言。

战国汉魏的边防重城

"离石"地名最早见于战国时的"离石"布币。《永宁州志》云,离石城"秦丁巳三年,赵武灵王破林胡、楼烦始筑"。虽不确切,但从《史记》中秦、赵反复争夺离石的记载看,离石城应当在战国初年就建成了。因为当时诸侯国的强弱、军事力量的大小,集中反映在城市建设与城防之上。战国时离石为赵国北疆的重要边邑,列国互相攻伐,不设防的城是不可存在的。当时三川河一带的城市还有皋狼邑(今方山县南村)、中阳邑、蔺阳邑(今柳林县孟门)等。

东汉永和五年(140年),因匈奴寇掠,西河郡从平定(今内蒙境)迁到离石。从吕梁汉画像石看出,当时离石住有大量达官贵人,一定有相当规模的城市格局。而离石最早的城市图也出现在汉代,在今内蒙古和林格尔县1号汉墓中,发现墓主人曾任过"西河长史(治今离石)",大量的壁画中有"离石城府舍图"。其城的四周为一层城垣雉堞,无子城;城左边有城门,内有皂吏,有少数府舍和房屋。到公元304年(晋永安元年)匈奴贵族刘渊起兵离石,建立"匈奴汉国",定都离石。虽然时间短,但离石城的规模应不减于汉代。魏晋北朝时期,离石实际成为匈奴后裔稽胡的故地。由于混战不断,离石曾一度荒废,被北魏明帝降为离石镇。

唐宋元的土城

汉末到隋唐,吕梁山区实际成为胡人的天下。因此,唐初太宗李世民与新任方山令杨越谈话时说"石州边荒,未沾王化"(《永宁州志》)。从而十分重视对离石一带胡汉民人的管理与教化。当时长安经绥州(今绥德)到石州有一条大道,唐太宗曾亲自对这一带进行了视察。武德五年(622年),唐朝在石州置总管府,管辖石州、北和州(今临县故县)、北管州(今静乐县境)、东会州(今岚县岚城镇北)、岚州(今岚县境)、西定州(今柳林县孟门)六州兵事。(见《旧唐书》)并先后任离石胡人刘季真(曾是突厥突利可汗)为"离石总管",任他的表亲、他母亲太穆皇后窦氏的族亲窦及为石州离石府右果毅都尉。当时石州城中还设有永安镇,由突厥人阿思那斯摩任镇将。贞观二十三年(649年)又任高祖李渊第十八子、唐太宗胞弟舒王李元名为石州刺史。从这些情况可以看出,离石城应当有较大规模。

到宋代时,离石一直处于抗辽、抗西夏、抗金的边地。宋朝曾在这里设置"岚石隰沿边安抚使"等军事机构,特别是抗金时期,城市反复易手,城防屡陷屡修,城垣应当更加坚固。

元朝建立了大帝国,北方无敌国,主要重视交通、驿站的建设。城防是针对国内汉人起义军,城市建

明代离石城南瓮城城门,石匾上书"万历二十四年嘉会"字样

设没有大的突破,仍为石州故城。到至元二十一年(1284 年),由河南枢密院八元恺、州牧尹炳对故城进行了补筑,但所谓城都是土城。直到明代中期以前,离石城都是夯土而建的"土围子"。

明清城垣整肃的砖城

明朝中期,朝廷与草原蒙古势力矛盾不断加剧,通关互市罢停,于是蒙古军队不断寇边抄掠。明朝嘉靖二十年(1541 年)蒙古铁骑驱掠城下,给人以巨大的震慑。当时,经有明一百多年经营、垦殖,离石一带人口稠密,初现繁荣气象。所以敌虏退后,州守杨润为增强防卫,对离石城进行了扩建加固、整修。其城周九里三步(约 4.5 公里),高三丈五尺,壕深一丈二尺,有东、南、北三门。大至范围是:城西莲花池一线以东,经贺昌中学南墙至畔沟一线以北,建设路西沿一线以西,从市老干局折向西,直到体育场南边接西城墙。城内原有布政使司、察院、兵备道署、州署等。1985 年在市邮政局工地掘得石州铜方官印一枚,说明古石州治所位于这一带。

但是,由于边患没有消除,二十多年后的隆庆元年(1567 年),套首率

雄风犹存的明代离石西城残城墙

山西永宁州官印模

军攻破石州,进行了疯狂的杀戮和抢掠。于是新任山西巡抚杨巍认为,"兵燹后,城广人稀,难以据守。于是截去东南半壁,新修筑之"。明代胡穗《永宁砖城记》述:自隆庆丁卯遭陷后,省会大臣上奏朝廷:"永宁当三晋西鄙之冲,业已残毁,城非环土之筑可保,宜易之以砖。"获准后开始建设,万历三年(1575年)在城墙外包砖,筑成砖城。"城四围基用石壁,顶睨墙悉用砖。计一千二十丈(约3.4公里),高计四丈,城门三,门楼角楼八,敌台铺房各二十六,悬楼六十二,马道壕梁各如式。"于是大城变为小城,大至范围以步行街西线为界,东南部分全部截去。当时东南北三面设门,东门修在今离石综合大楼一带,并挖城壕;西面城如悬崖无门,南瓮城门今天仍可看到。由知州李春芳、刘佑、高光、陈嘉谟、许天球先后组织领导,从万历初开始,五年才全部竣

工。以后还陆续进行了修缮。隆庆兵燹后,知州张大典将旧道署拆毁并入西城。原明东城墙东叫"东关",清代东门外叫"新东关",简称"新关"。

这样就奠定了明后期至清代直到解放初离石城的大至格局。于是从陕北渡河而来的人便看到了离石城的威严。至今绥德民歌仍唱道:"铜吴堡、铁葭州,一刀裁就永宁州。"这是与离石西部毗邻的县城比。葭州即今天陕西省佳县,县城在黄河西岸石山之巅,宋代时由石州临泉县(今临县)的葭芦寨升为晋宁军,后改为州、县。城依天险,东面为悬崖黄河,易守难攻,所以是"铁葭州"。吴堡县宋代是石州定胡县(治今柳林县孟门镇)的吴堡寨,到金正大三年(1226年)升为县。其县城建在黄河西岸石山顶,三面环水,东为万丈悬崖,下临黄河波涛,异常险要,所以叫"铜吴堡"。而一看永宁州城则齐整壁立,如刀削斧砍,所以叫"一刀裁就永宁

黄河西岸石山巅吴堡古城远眺

州"。

　　到清代,由于清政府与蒙古等少数民族关系达到空前和睦。所以城市的战争功能下降而经济和商业功能增强。从内蒙"大粮地"经黄河到碛口、离石、吴城,过平川太原的"晋西黄河粮油商道"开通,晋中一带的晋商迅速崛起。于是从平川过来的人便说"金太谷,银汾州,一刀裁就永宁州"。其实是表明离石与东边的县城比,太谷、汾阳在晋商支撑下十分富裕,而永宁州(离石)仍然是城池严整、坚固。事实也证明,解放战争时,离石城经过解放军三次激烈战斗才攻克。这两段民谚也表明了,离石所处的区位,在陕北黄河与汾河平原之间。

　　注:本文发表于2010年2月20日《吕梁日报·晚报》。

"三山抱石州"

——离石战略位置述略

离石有一首古老的民谣:"三山抱石州,东水向西流,昏官坐不住,清官不到头。"这是老百姓对千百年来离石历史发展的高度概括,它包含了地理与人文两个方面的深刻内涵。

"三山抱石州,东水向西流",指离石所处的山川大势形成的交通格局与战略地位。"三山"是指龙山、虎山、凤山,三座山围着古石州城。"东水"是指吕梁山为这一区域宗山,离石位于吕梁山西麓,这种地理状况与全国的地理大势正好相反,全国地势西北高而东南低,千江万河向东流,离石却是东高而西低,条条河水向西流。也正因为这样的地理形势,所以

离石卫星截图

形成了吕梁山以西从古至今千古不易的交通格局:北川河、南川河,形成了南北走向的"隰岚通衢";东川河、三川河又形成了"燕秦要冲"。客观上使其处于秦晋交通要道和晋西之南北通衢的交汇点上,形成西控黄河天险,东扼吕梁屏障;周边群山连绵,中为平坦河谷;山上森林茂密,山下地肥水美的环境。正如康熙本《永宁州志》所述,永宁"西阻大河,界连吴堡,北通云中,壤接交岚,实晋阳之肘腋,汾郡之右卫。""永宁当燕秦之冲,而摄大同之后,万山丛杂,一丸孤处,又不可不设备而固吾圉也。"所以,从古至今不是谁想不想占领这里的问题,而是兵家必争,城所必据,地所必夺。不如此,就不可能在政权的争夺与巩固中守要扼、占主动。所以,从战国至今2500多年来一直为州郡县治驻地。由此,在和平年代兴亦快,富亦快;在战争年代,毁亦快,贫亦快。

更为有趣的是,从古至今在中原大地争夺天下、争城略地的新兴军事集团,在推翻旧政权时总是千方百计占据中国的西部、北部。就像大江大河一样,从高山向平原,从高纬度向低纬度,从西北向东南冲击。从周、秦、汉、唐到辽、金、西夏、元无不如此。所以,离石就成为新兴武装力量的必攻之地,又是原有政权的必守之城。秦灭赵,屡攻离石;汉战匈奴,扼守离石;唐、宋之时在离石设置"石州总官""岚石隰路"等军事机构,历代重

陕北汉画像石《游牧图》拓片

兵把守、战争频仍。

又因为离石在古代处于胡汉边地,是少数民族南下中原或东进攻伐的必经区域。特别是唐宋之前吕梁区域有着广袤的原始森林,植被茂密,生态良好,所以为北方游牧民族提供了良好的生存条件。自东汉末直到唐中期之前,一直为胡人聚居之地、胡汉融合之地,更是不同军事集团之间互相杀戮之地。所以交通要冲、战争枢纽、胡汉边地的环境就造成了"昏官坐不住,清官不到头"的民谚的历史背景。战国时秦、赵、魏在此进行了激烈的争夺战,魏晋时期各部族在此进行了残酷的战争与杀戮,宋、辽、金、元兴替之际,更是争战频繁。所以像隋唐之际,隋室宗亲离石太守杨子崇,虽"治有能名",但因滥杀了许多逃散官员的家属,唐军攻陷离石城后,被"仇家"所杀。宋金之际,金石州戍将乌虎,因宋军围城激烈,结果弃城而逃,被金国杖打、削去官职。明末李自成义军渡河北上时,明朝永宁州都司崔有福投降义军又背叛,并掠夺附近州县,后全家被义军杀掉。

唐高祖第十八子李元名,任石州刺史二十多年,高洁清净,善于教子,后迁郑州遭诬陷,被酷吏邱神勣杀掉。金攻宋时,宋知晋宁军(今陕西佳县)兼岚石路沿边安抚使徐徽言,对金军进行了长期顽强的坚决抵抗,最后壮烈牺牲。明代知州王亮采,石州学正郝纶,都是清廉之官。但隆庆元年(1567年),俺答陷城全部殉难。所以离石人纵观几千年历史,便说"昏官坐不住",因为昏,老百姓就容不得;"清官不到头",因为战争频繁,谁也保不住哪天就没命了,所以清官也坐不到头。

这其实是离石老百姓对古代人文地理抽象的概括,包含了人们对战争的恐惧与厌烦,对命运不测的无奈。沧桑变化,时代变迁,今天的"三山"在人民的装扮下,变为山城靓丽的风景。离石成为青(岛)银(川)高速、太(原)中(卫)银(川)铁路与西纵高速交汇点上一颗灿烂的明珠。

离石龙山、虎山、凤山的命名

离石城周围南、西、北有三座山,分别叫龙山、虎山、凤山。为什么叫这些名字呢? 这要从黄河中游先民的精神生活、人文观念来解读。

源于人类原始信仰和动物崇拜

原始社会,人类生产力低下,其生活来源、生存环境与动物有密切关系。人类对能为自身提供食物来源或能帮助人类生产的动物由衷感谢,如驼、马、牛、羊、猪,便产生了感恩崇拜。力大凶猛的动物,则把人类作为猎物,对原始人类生命造成威胁,如狮、虎、蟒之类,于是便产生了畏服崇拜。随着人类精神文化的丰富,把崇拜的动物不仅当作神灵,而且作为自己部落的图腾。甚至发展到在原有动物形象基础上,虚构出一种反映自身理想形象的动物来,如在恐龙、巨蟒、蝎蜴类动物基础上创造出"龙"的形象;在公鸡与孔雀的基础上塑造出"凤"的形象,并成为人类崇拜的对象。因为只有这样,他们才感到自己"政治觉悟高",可以得到安康、幸福,从而获得精神的慰藉,离石"三山"的动物形象元素

汉画像石中的神人、龙、虎、凤图

由此而来。

先民对"阴阳五行"元素的创造性组合

阴与阳是中国古老文化的基本元素,也是中国哲学的基本范畴。《周易·系辞》上曰"一阴一阳之谓道。"阴阳变化可以产生万物,阴阳变化的规律,就是事物发展的规律。

五行,则是人常说的金、木、水、火、土五种元素。这五种元素不仅有一定的排列顺序,而且有各自代表的能量、德行、方位,同时有着相生相克的关系。如《洪范》篇云:"水曰润下,火曰炎上,木曰曲直,金曰从革,土爱稼穑。"说明了这五种元素代表的是动态的物质特点。

《管子·五行》说五行相生的顺序是:木生火、火生土、土生金、金生水、水生木。相克的顺序是:木克土、土克水、水克火、火克金、金克木,并且这种相生相克也是变化的。东南西北的方位不仅用动物代表,同时安上五行属性:东方苍龙属木、西方白虎属金、南方朱雀属火,北方玄武属水。这就是人们常说的"左青龙、右白虎、南朱雀、北玄武"。并且四时与五行又可以相配。这种五行学术,深刻影响了中国传统文化的各个方面。

客观条件,离石周边只有三座山,离石先民要用大众崇拜的动物命名,又要符合阴阳五行学术,这就要充分运用其运动变化的特点,有所取舍,有所借用,有所创造。

五行方位灵物相配图

五 行	木	火	土	金	水
方 位	东	南	中	西	北
灵 物	龙	雀	麟	虎	龟

从上表可以看出,离石先民所崇拜的动物与五行方位及山的数量方位并不匹配。所以他们只好用互借的办法来命名,达到生生不息的目的。

离石三山相生图

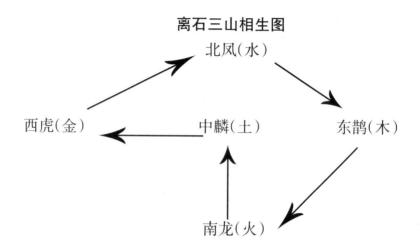

于是以凤于北,占了玄武之位,为水德。东面没有近山,就要借远山鹊公岭(见光绪《永宁州志》图标)为木德。龙占了朱雀的位,在南面,属火德。人居之地为离石城中,为麟,属土德。虎归了西山,为正位,属金德。这样按五行相生的道理,就形成了龙、虎、凤借地相生图,从而形成生生不息的格局。

按照堪舆学理论选择城市生存环境

东汉许慎认为"堪,天道;舆,地道也"。所谓风水学术,科学地讲就是选择一个适合生存的宜居环境。正如《宅经》所讲:"地沃,苗茂盛;宅吉,人兴隆。"离石天然形成了东川河、北川河二水交汇、三山环抱的格局。《撼龙经》:"平地二旁寻水势,二水夹处是真龙。"这正是人类生存的"九大聚落宝地"之一。

　　而三山的命名与风水学中"龙脉"有关。《管氏地理指蒙·象物第十》说:"指山为龙兮,象形势之腾伏;犹易之乾兮,比刚健之阳德。虽潜见之有常,亦飞跃之可测。"这段话反映了人们选择龙脉追求的两种境界:一是阳刚劲健,二是飞跃变化。

　　风水理论又把"龙脉"分为"山龙"与"水龙"。《水龙经》说:"山郡以山为龙,水郡以水为龙,二语为地理家千古开辟之论。"而离石为"山郡"即山城,自然就是"以山为龙"。由于中国处于北半球,太阳从南而来,所以都市城镇山村多坐北面南。这样,在离石来说,面前的山就是主要的山,起主导作用的山。这山又是吕梁山的支脉,蜿蜒曲折,所以就让龙取代了朱雀的位置,成为具有"火德"的龙,反映了人们乘龙而上积极进取,希望发展腾飞的愿望。

　　虎山位于离石城的西面,属金德,处于卧伏状态,它象征着威严、勇敢、积极而又鲁莽。所以不能让其太张狂,这样才能起到护卫州城的作用。每当夕阳西下,这只金虎身披金光,无限风雅。

　　而按中国风水的"四兽理论",如《地理大全》讲:"地理以前山为朱雀,后山为玄武,左山为青龙,右山为白虎。"而离石的山河格局正好不符合这一原理,所以不套那"四大局"的风水理论,先民便设计了一只凤,形

汉画像石中的龙虎戏璧图

成了龙、虎、凤的格局。

凤山，位于城北。明万历《汾州府志》云："三阳云凤山，在州治北二里。三阳取自卯至午，至酉，日常照之义。凤取山色丹然，凤鸣朝阳之义。云取离石闲云之景。"由此可知，凤山过去就植被稀少，红胶泥山坡被烈日一照自然"山色丹然"。本来这个凤为水德是阴，古人为吉祥则取"三阳山"。把阴变为阳，这样龙山、虎山、凤山变成阳山，成为三个阳，即为"乾"。而下有东川河、北川河，二河合流向西的河，为三个阴，即为"坤"，这样就合成了一个乾坤独特的世界。

崇龙、仰凤、役虎观念变化的产物

汉画像石中的神人戏虎图

离石三山命名的选择，也是古人帝王尊崇思想的反映。按照象征的理念，龙象征着王、凤象征着后，而虎则为王与后役使的神物。吕梁汉画像石中就有"神人御虎"的刻图。这样就形成了龙在前、凤在后、虎在右、离石人在中间的神奇富贵华美的场景。更符合传统文化与先民追求富贵的心理。

这种命名理念又与汉代以后，中国人崇龙、仰凤、役虎的图腾崇拜观念变化完全吻合。如湖南长沙陈家大山汉墓《人物夔凤帛画》（郭沫若命名）上有一博袖细腰女子，立于新月之上，前有一龙一凤飞翔引导。而长沙子弹库楚墓帛画则是一男子驭龙而行，龙作舟状，下有鱼，尾有鹤相随。而"虎文化"的理念，随着社会发展不断演变。从远古石器时代的"虎岩画"到三皇五帝时的"虎图腾"，发展到夏、商、周时青铜器上的"虎形纹"，反映了虎文化的繁荣辉煌。而到汉代以后，大力发展农业，需要开伐山林。这时虎却要伤人，而"龙"可以调风顺雨，所以人们开始捕虎杀虎而崇龙。虎由"山神"变为"恶虎"，到宋代以后竟出现"武松打虎"的故事。

由此可以看出，离石"三山"的命名是汉代以后的事。这些命名是古人在风水理念

湖南长沙陈家大山汉墓《人物夔凤帛画》

及阴阳五行学术基础上，根据山河格局，加上主观愿望主动选择的。这些美好的地名，吉祥的寓意，寄托了时人美好的期望，起到安抚和鼓舞人心的作用。

注：本文发表于 2009 年 12 月 26 日《吕梁日报·晚报版》第七版。转载于离石新闻网。

在离石活动过的古代民族

历史上，北方活动过的所有少数部族几乎都来过离石及吕梁境域。大部分通过战争、迁徙等方式驻扎下来，甚至生息、繁衍或融合。

早在旧石器、新石器时代吕梁境内就有人类居住繁衍。交城西冶河、中阳暖泉发现过旧石器时代遗址。汾阳峪道河、离石马茂庄、吉家村、后赵家庄一带，石楼岔沟，柳林杨家坪，方山县大坪、班庄、新民，中阳县柏洼坪都发现过新石器时代遗址。

商代，以柳林县的高红、石楼县桃花者、义碟区域为中心，以至离石一带都为殷商敌国工方（一说土方）部族所居。据甲骨文反映，这一方国非常强大，经常东袭商朝的属国甚至安阳近郊。当时西北部周边一度也为鬼方所居，此外还有基方等若干小部族。西周时吕梁山区一度为西落鬼戎所居。到春秋时期吕梁北部又为白狄占领，方山县南堡村的皋狼故城最早应为东山皋狼（皋落）氏所建。交城、文水大山里为狐氏大戎领地。战国时期，临县、方山、岚县一带为林胡、楼烦活动区域。

反映商王武丁时期（公元前13世纪）征战工方部族的甲骨文（出土于殷墟安阳的涂朱牛骨刻辞）

到西汉初，匈奴不断袭扰北边，占领离石及山西大半，汉高祖刘邦只好御驾亲征。由于离石及河谷道尽为匈奴所占领，所以汉军只好从河东上党入太原。匈奴一部西逃离石，汉将周勃、灌婴追击至临县、岚县一带击溃。到东汉时，匈奴分裂为南北二部，在汉政府同意下，南匈

匈奴贵族图

奴便开始大量内迁。到东汉永和五年（140年），因匈奴寇掠，西河郡从平定（今内蒙境）南迁离石。公元188年正月，匈奴屠各胡叛乱攻破西河郡离石城，还杀死郡太守邢纪，占领了离石。到东汉建安二十一年（216年）匈奴单于呼厨泉入朝供职，曹操便分其众为五部，全部安排到吕梁山区。以匈奴之左部帅驻离石左国城单于庭（今方山县南村）督察五部：左部居兹氏（今汾阳市）、右部居祁（今祁县）、北部居新兴（今忻州、岚县一带）、中部居大陵（今文水县）、南部居蒲子（今交口、石楼、隰县一带），总数3万余落20多万人。经过一百多年的繁衍生息，吕梁境域至陕北、甘肃几乎全部为胡人所居。以离石为中心的吕梁山区便成为胡人的根据地，为所谓的"五胡乱华"，一百三十多年的动乱提供了条件。

由此，匈奴五部大都督刘渊于晋惠帝永兴元年（304年）在离石起兵时，才有大量的胡人追随，从而建立了匈奴"汉国"，开始向西晋政权进攻。匈奴三部落：屠各胡（刘渊为首居离石）、铁弗部（居陕北至宁夏）、卢水胡（居甘肃）先后投奔而来。羯族人石勒（居上党）以及氐、羌、鲜卑等五胡部族全部拥来，北方中原多为胡占领。到北周时，匈奴后裔经过数百年的融合，便基本定居下来。被史书称为"稽胡"的部落，民间称"步落稽"，实际是稽留下来的胡人部落。晋陕黄河两岸从离石起到甘肃安定以东，部落繁炽，尽为胡人。如当时的高僧刘萨诃即是离石稽胡人。除此外，郁粥、乌桓（丸）都占领过离石。在北魏政权统一北方的过程中，被称为"山胡"的"离石胡"、"石楼胡"、"西河胡"强盛一时,历史上称作"胡荒"。北魏政府多次征讨,下了很大功夫才平息下来。北魏政权本身为鲜卑族拓跋氏建立,北魏孝文帝曾在交城庞涓沟、云顶山一带游牧。其大将尔朱氏等(鲜卑族)以及奚族部落都曾入居岚县。尔朱氏把三百里秀容川经营为庞大的家庭牧场,其牛羊驼马"色别为群,谷量而已"。

北周、隋朝大臣虞庆则,本姓鱼,为匈奴铁弗部赫连氏,曾任石州(今山西离石)总管。当时在他的"威惠"之下,"稽胡慕义而归者八千余户",为北周政权的安定作出了独特贡献。可见当时离石一带官民主要是胡人。

从隋到唐,北方已成为突厥的天下。无论是当官的为民的,都不得不面对民族融合的现实。开皇元年(581年)为防突厥,隋朝曾"发稽胡修筑长城",大业十年(614年)隋炀帝北巡雁代,曾被突厥数十万围于雁门,史称"雁门之厄"。唐高祖义旗之初,出于策略的需要,曾写信向突厥始毕可汗称臣,以解后顾之忧。定鼎天下后,每当想起此事,无不痛心。在隋末四方豪杰纷争天下的背景下,突厥可汗采取分化、操控中原各个武装集团

『亲晋胡王』印

的策略,左右回旋,游刃有余。如刘武周被突厥封为"定扬可汗",在吕梁山东西周边离石、汾阳、介休一带曾与唐军进行多次激战。离石胡人刘季真也自命为"突利可汗",封其弟刘六儿为拓定王;并邀请刘武周西进,攻陷离石城,杀死石州刺史王俭。刘季真被唐军降服后,唐朝还任命他为"石州总管",任其弟刘六儿为"岚州总管"。后来,突厥将领阿史那思摩还被唐朝任为石州城"永安镇将"。当时唐朝廷为分散西北党项部落的势力,曾遣党项羌至陕北、河曲一带。其中部分党项人越

过黄河来到漱水河、三川河流域游牧。但由于阿史那思摩无休止地抢夺其马匹牛羊,羌人又不敢争斗,后来便举部渡河西去。突厥部落在吕梁山东西麓周边长期驻扎汉化,至今中阳县上殿山、汾阳巩村、介休张壁村还留有可汗庙、可汗祠遗址。临县的索达干、岚县的索家坡、交口县的坛索等村名当是突厥占领时索国人的居住地。

西域胡人陶俑

唐朝中期"安史之乱"之所以能形成很大边患,河东之地尽为所据,其背景即是山西北部包括离石至北京一带,有大量的突厥等胡民后裔,许多镇将、节度使包括安禄山都是胡人。其时处于幽州(河北道)、灵州(关内道)之间的丰、胜、灵、夏、朔、代等"六胡州",也在安禄山部将阿史那从礼引诱下叛唐,后被朔方军、回纥军击败。"六胡州"胡人一部随安史叛军去了范阳(今北京一带),并入史思明部,另一部分则迁至石州(今离石一带)。唐德宗贞元二年(786年)马燧率河东兵西击吐蕃,来到石州后,"六胡州"胡人全部投降,并被迁往云州至朔方一带。

唐中叶后,迁居今山西境内的沙陀部酋长李克用参加镇压黄巢起义,被任命为河东节度使。他长期控制今山西中部和北部地区,唐昭宗封他为晋王。期间发生过许多曲直,李克用沙陀军攻打石州时,皇帝李俨曾任命崔季康为河东节度、代北行营招讨使往石州救援。然而,崔季康及昭义节度使李钧所率军与李克用沙陀军在岢岚军之洪谷大战,唐军被打得大败。昭义军逃往代北,被当地人全部杀掉。朱温灭唐以后,李克用以拥护唐朝为名，与后梁交战不休，在吕梁境内有大量驻兵。今中阳县暖泉镇沙塘村应是其驻军重地，到清代的《宁乡县志》仍记其村名为"袭陀寨"。后来，他的儿子李存勖乘后梁内乱之机攻取河北，彻底消灭了中唐以来长期跋扈的河北三镇。龙德三年（923年），李存勖在魏州建立后唐，并南下开封灭了后梁，统一了华北地区。

五代时期，有一支吐谷浑部族游牧于契丹与后晋之间，有一定实力。在出镇太原的石敬瑭名将刘知远的威胁利诱下，吐谷浑酋长白承福归附后晋，并将其部落安置到太原东山及岚（今岚县岚城一带）石（今离石）之间。后因部民放纵违法，刘知远用法严厉，后晋朝廷微弱，其部众大量逃往契丹。

北宋曾对西夏进行过长期的抗战。其间由于西夏连年用兵，民不堪命以及宋人的引诱，有好多次大量的西夏蕃部民众（多为党项羌族）从陕北渡过黄河归附宋朝。宋朝将这些归附的蕃部全部安置到石州、岚州、隰州一带，并给予土地，让其生息。其地主要在吕梁山西部的交口、石楼、柳林、中阳、临县、兴县、离石至岚县区域。宋金联合灭辽后，金朝统治集团又反手灭掉北宋，占领了开封，入主中原。从吕梁境内的岚县、临县、柳林、中阳，特别是汾阳出土的金代墓葬可以看到女真族在吕梁境域的影响与存在。金国统治中原一百多年，吕梁境域的生活、民情、葬俗都发生了较大改变。

元朝统治者是蒙古人，元朝灭金后对中原统治九十七年。由于元蒙攻伐中原

沙陀酋长李克用

时，吕梁境域金朝的州官县令如临县的袁湘，石州的高冈，汾州的梁瑛、靳和，交城的谭澄等新兴地主阶级，主动投靠元蒙大军，积极帮助元蒙军队攻打中原，后来都被元廷委以高官，被史家称为"汉人世侯"。所以，在吕梁一带除元蒙初进攻中原时个别州县遭到屠掠外，众多的山庄窝铺并没有受到凶残元军的大肆杀戮。加之当地人说他们是胡人（匈奴）的后裔，所以元朝官员甚至把吕梁作为他们的祖居之地。特别在临县、离石，元蒙政府有较多的军民入驻。元蒙政府实行民族歧视的政策，在各级政权中用了大量蒙古人、色目人，不仅行省及路、府、州、县主要领导由蒙古人担任，而且连村里长都派蒙古人掌握。石楼县留村有个褚不华，即是蒙人后裔，累官至淮安廉访使。张明鉴义军攻占淮安城，褚不华被脔割为碎肉吃掉。"不花（通'华'）"是蒙古语中"雄鹿"的意思，当时名字中有"不花"二字的蒙古人很多。在石楼县还有土门村、介莫村。"土门"在蒙古语中意为"头曼"即"万户长"，"介莫"在蒙古语中是"驿站"的意思。元蒙政府多次封功臣，在山西把大量土地、平民封给功臣。同时还为亲王分封牧场。蒙古王公贵族、僧侣道士占有了大量土地，包括驻军，在岚县一带就占有牧场，对老百姓无休止地勒索。元蒙政府十分重视商业发展，任用大量西域人，组成"斡脱"官商集团，来汉地经商。三川河流域的"斡脱"大本营应在离石北川的双雾都（"商斡脱"转音）一带，当地人的土语发音仍是"商斡脱"音。可见吕梁境域有大量蒙古人及西域人存在，后来大部分汉化定居。

到清代，清政府的各级要员官吏主要由满人来担任，特别是全国到处派驻"八旗兵"。驻地官员家眷、随军家属都大量入驻。吕梁境内必然会有满人住留。总的看，公元后的两千多年里，从东汉末到宋初，北方少数部族长期居住吕梁境域达一千多年，最后胡汉民族全部融合。

古代郡州县名

西河郡

　　离石古代曾用过的郡名。西汉初设置，最初驻平定县，在今内蒙古自治区鄂尔多斯市东胜区境内。据《汾州府志》记载，东汉永和五年(140 年)因"匈奴寇掠"，"郡治南徙五百九十里"至离石，属并州，领十三县：离石、平定、美稷、乐街、中阳、皋狼、平周、平陆、益兰、圁阴(今陕西佳县境)、蔺、圁阳(今陕西神木县境)、广衍。这是离石设置郡州建置的开始，也是吕梁地区最早的郡级建置，到今有一千八百七十年。以后屡兴屡废。在三国魏黄初二年(221 年)，移治兹氏县(今汾阳市境)。唐天宝初，复设西河郡，宋称汾州西河郡，金代郡废。

西河国

　　离石古代曾用名。西晋初在离石设西河国。《晋书·地理志》云："并州，统郡国六，县四十五。西河国统县四：离石、隰城、中阳、介休。"当时统称：并州西河国离石县。离石县所辖范围有今天的临县、方山、柳林。

永石郡

　　离石古代的郡名。西晋末，五胡十六国连年混战，离石荒废无置。石勒于公元 319 年称帝后(后赵)设置永石郡。《晋书·地理志》载"自惠、怀之间，离石县荒废，勒于其处置永石郡"。

离石镇·西汾州

离石古郡名。北朝时期，北魏明帝设置离石镇。北齐改设为西汾州怀政郡昌化县。《太平寰宇记》云："后魏为离石镇，天宝三年置西汾州。"

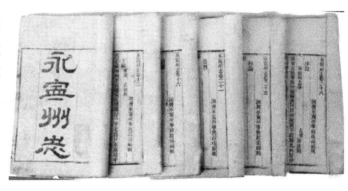

清《永宁州志》书影

离石郡·昌化郡

北朝、隋、唐时郡名。北周武帝建德六年（577年）改西汾州为石州，驻离石，领四郡。其中离石郡领五县：离石、中阳、方山、平夷、良泉。隋大业初又改石州为离石郡，隶属冀州。当时为州县并置，统离石、方山、孟门、中阳、临县。唐天宝元年（742年）改石州为昌化郡，领离石、平夷、定胡、临泉、方山五县。乾元元年（758年）复为石州。

怀政郡

古代离石曾用过的郡名。北朝时期，北齐文宣帝高洋天保三年（552年）置怀政郡，属西汾州，治离石，领昌化（即离石）、良泉、方山等县。

皋狼县

战国时赵国城邑，汉置皋狼县，属西河郡，东汉废。古治在今方山县

南村。

美稷县

西汉县名。最初治所在今内蒙古准格尔旗西北,为西河属国都尉治所。公元 50 年,东汉光武帝允许南单于率部入居西河郡美稷县就是指这里。东汉永和五年即公元 140 年匈奴发生内乱,又将美稷南移驻左国城。同时西河郡治南移离石,领十三县,其中有美稷县。东汉末废。

《魏书·世祖纪》有"延和三年,行幸美稷"的记载。据考证,美稷县即为左国城,在今方山县境。《晋书》有"今离石左国城即单于所徙庭也"。"庭"即为首脑机关。一说为东汉中平年间徙兹氏界,以《通典》"隰城有美稷乡"为根据,认为美稷在汾阳县西北。

窟胡县·窟胡郡

北周大象年间从离石县析置窟胡县,并置窟胡郡。隋开皇年废郡,改窟胡县为修化县。古治在今方山县南村。

昌化县

离石一带的古县名。《太平寰宇记》记载,北朝时期北齐文宣帝高洋天保三年(522 年)置昌化县,隶属怀政郡。后周建德六年(577 年)又改昌化县为离石县,隶属石州。

石州·永宁州

离石古州名称。北齐天保三年(552 年)在离石设西汾州,北周建德六年(577 年)改西汾州为石州。当时石州领四郡:离石郡、定胡郡、窟胡

清代永宁州山川图

郡、乌突郡。这是离石称为石州的首次命名,实质还是因离石而名州。正如《广韵》说:"秦伐赵取离石,(北)周因邑以名州。"隋代改石州为离石郡,唐朝武德三年(618年)又改为石州。天宝元年(742年)又改石州为昌化郡,乾元元年(758年)复为石州,领离石、平夷、定胡、临泉、方山五县。宋、金、元历朝未改。唐属河东道、宋属河东路、金属河东北路、元属冀宁路。明代前期石州治所在今市邮政局一带。

明隆庆丁卯(1567年)蒙古鞑靼部右翼土默特万户首领率部南下,破州城、焚房屋、杀知州王亮采等众多官民。后来署知州太原府同知李春芳认为"石""失"音相近,不吉祥,便征得上级同意改石州为永宁州,这是离石称为永宁州的首次命名。到明朝后期属山西承宣布政使司冀南道汾州府管辖,清代袭用。民国元年(1912年)改为永宁县。

历史彩云

离石是赵国北疆的
繁华城市与造币中心

伴随着原始商品经济的发展,在我国商代就开始用贝作货币,因此所有关于财产的字多从贝。到战国时代,由于封建生产关系确立,生产力水平进一步提高,经济快速发展,全国范围出现200多处造币地名。地处赵、魏、秦三边的离石邑、蔺邑由于地理位置特殊,边贸繁荣,市场兴旺,就成为赵国北疆的造币中心。

离石、蔺的发展环境条件

离石就是今天的离石区,战国时为赵国的离石邑。蔺在今柳林县孟门镇,战国时也称"北蔺"或"蔺阳邑"。当时这一区域有着得天独厚的发展条件。首先是春秋战国时期,东亚正处于历史上的第二个温暖期,三川河流域的自然环境为生产的发展提供良好的客观条件。山上林木参天,川里土地肥沃、水丰草美,使农牧业发展有了优越的条件。三川河一线本为赵

三川河流域战国城市图

魏边界，南面为魏国，北面为赵国。公元前 297 年赵武灵王征林胡、楼烦后，疆域扩大到九原、云中、大青山一线，使赵之离石、蔺与现在的内蒙古连成一片。秦夺得魏国的上郡、北地后，离石、蔺就成为赵、魏、秦三国的边邑。由秦国渡河东进，沿三川河、越吕梁山到晋中盆地的道路已形成，沿北川河、南川河南来北往的交通也已畅通，为经济发展、商贸流通创造了客观条件。

其次，离石邑、蔺邑是赵、魏、秦争夺的要地。这两地长期为赵国边邑，但魏国强大时一度也曾为魏国占有。《史记·赵世家》记载，赵成侯三年"魏败我蔺"。相传魏将吴起在离石区吴城、柳林县三交及陕北的吴起县一带筑城抗秦，魏将庞涓曾在中阳城北筑寨驻军，这都反映了魏当时的强大。秦国强盛后，这两地又一再为秦所攻占。《史记·赵世家》记载，赵成侯二十四年（前 351 年）"秦攻我蔺"。赵肃侯二十二年（前 328 年）"张仪相秦。赵疵与秦战，败。秦杀疵河西，取我蔺、离石。"《史记·樗里子甘茂列传》记载："秦惠文王二十五年（前 313 年），使樗里子为将伐赵，虏赵将军庄豹，拔蔺。"《战国策·西周策》苏厉对周君说："攻赵，取蔺、离石、祁者，皆白起。"而赵国由弱变强后，成为东方六国中唯一能与秦抗衡的国家，离石邑、蔺邑成为赵国西边最重要的军事、经济重镇。赵惠文王十八年（前 281 年）秦又攻占离石。到赵惠文王二十九年（前 270 年）赵在阏与大败秦军后，秦又归还了离石和蔺。由此可以看到秦、魏、赵三国对蔺、离石的深刻影响，十多年一次的局部边境战争，客观上推动了经济发展，促进了文化的融合。

其三，社会变革促进了生产发展、经济繁荣和城市兴盛。战国时赵、魏、秦积极变法，封建生产关系的确立极大地推动了生产力的发展；哲人贤士争献良策，为社会的进步提供了空前宽松活跃的政治人文环境。土地制度变革，生产方式改进，科学技术进步，军事理论的成熟都有力地促进了经济社会的发展。由于离石、蔺地处赵、魏、秦三边,所以三国的各种先进制度、文化、技术都能传播到这里。三川河流域原始农业、畜牧业、冶铁、铸铜、制革、造船、农副产品加工以及建筑业已相当发达,成为赵国的重要经济支柱地区。

其四,人口的集聚和商业的繁荣形成了城市带。赵国强大后不断扩张,既拥有三晋、冀西大平原,又占据塞北漠南大草原,三川河沿线的离石、蔺更有了向东向北发展的空间,进而促进了交通发展、商业繁荣、城市兴盛。史书记载在三川河沿线就有皋狼(今方山县南村)、离石、中阳(今中阳县城北)、蔺等城市。为适应城市大量商品交换的需要,在当时文化与铸铜业相当成熟的条件下,一种青铜货币"离石"和"蔺"币就大量地产生了。

"离石"、"蔺"币在中国造币史上的地位

"离石"、"蔺"战国币属于我国钱币史上地位相当重要的纪地钱,即钱文上纪的是地名。这些地名都是当时各国政治、经济、文化相当繁荣的都城、要邑及边防重镇。离石邑、蔺阳邑就是赵国的重要边邑。战国时期各诸侯国流通的货币根据形制可分为四大体系,即刀币、布币、环钱和楚币。刀币主要流通于燕、齐一带,布币流通于三晋地区,环钱流通于周、秦地区,铜贝、金币用于楚国。因此,如果有一套春秋战国时的纪地钱币,就可编成一幅完整的春秋战国地图。"离石"、"蔺"战国币就是赵国十分重要的一种货币。对研究当地古代经济社会发展、商业钱币分布及地名演变都是珍贵的实物资

战国"离石"圆足布

料。

　　最早的铜制货币是从仿铸贝币开始的，到战国时货币就从重要的农业生产工具"镈（像铲的形状）"演化而来。"镈"与"布"同音，人们把这种像"镈"的钱币叫作布币。战国"离石"币有平首布、平肩尖足布、圆足布和环钱。离石、蔺无孔圆足布有大、中、小三种，形制整齐，面文为地名，背面从肩至足有竖文。两竖纹之间有一、二、三、四、五、十一、十五、廿、卅六四十、五十、等数字。大型长约 8 厘米，足距 3.8 厘米，重 15 克；中型长 5~6 厘米，重 12 克；小型长 6~7 厘米，重 8 克。一种钱币分为三等，为我国货币史上的创举。

战国"离石"环钱

　　"离石"、"蔺"铸币创新的特点。一是创造离石、蔺圆足布三等币制。圆足布是由方足布演变而来，比方足布好流通，易携带。特别是三等币制的发明，深受市场欢迎，甚至形成异地仿制的情况。1989 年河北省平山县中山国灵寿城曾出土大型圆足"蔺"字布石范、陶范和一枚大型圆足蔺字布币。1992 年在河南省郑韩故城两次出土蔺与离石大型圆足布陶范30 多件。这两地距离石、蔺都很遥远，却仿制其圆足布，足见离石、蔺及这两种货币当时在各诸侯国的巨大影响。二是仿制流通环钱。环钱是战国晚期的青铜铸币，是一种进步的币种。环钱最早产生于政治、经济制度比较先进的魏国，被赵国、秦国仿铸，后来齐国、燕国也仿铸，成为先进的铸币体系。目前发现的赵国 70 多种纪文钱币中，环钱只有蔺、离石二品，十分珍贵。这两种环钱的形制——圆形、圆孔，比"布币"、"刀币"便于携带、易于流通,适合商品交换的需要。对后世外圆内方钱币的产生具有承上启下的作用,历来为专家重视。蔺、离石是赵国唯一制造环钱的地方,其圆足布和环钱的铸造,反映了当时铸币师思想的开放、对新事物的敏感推崇与创新意识,在钱币发展史上具有极其重要的地位。

从出土情况和钱币史的记载看,离石、蔺战国币流通范围主要集中在北方广大地区,特别是赵、魏、中山、韩等国,即今天的山西省的大部、内蒙南部、河北省北部、河南中部。上世纪 50 年代以来,在河北省的易县、蔚县、张家口,河南省的郑州、辉县、洛阳、新郑,江苏省徐州市,山西省的芮城县、屯留县及内蒙古南部和吕梁市的离石、临县、柳林、方山等地都出土过"蔺"、"离石"布币。

古币承载三川河流域的人文内涵

钱币是一种物化了的文化,它反映了当时政治经济发展的水平以及社会生活的状况,也凝聚着古人的艺术思想、审美情趣、思维特点和行为方式。

首先,钱币的生产反映了当时生产力水平提高、商品流通的兴盛以及私人铸币的制度。主要特点是一钱一范、一范一刻,正所谓钱无定范、字无定势;各种类型"蔺"、"离石"币上的字形不一,写法有别,风格不同;原始加工,批

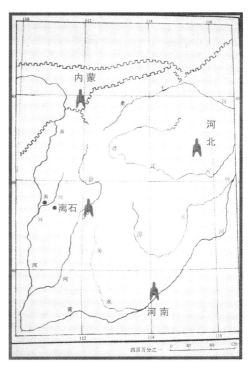

战国离石币流通范围图

量小,品类多样,混杂流通。像中国最初的银行清代票号一样,政府还没有意识到统一主办。其次,反映了文化水准及书法艺术的成就。"离石"、"蔺"这些字的写法豪迈粗壮,雕技娴熟、古朴,都是铸工信手用刀以一范一刻形成,反映了当时铸工师傅的文化水准。其三,"离石""蔺"战国币是纪文纪地钱,它通过货币流通方式把这两个城邑宣传出去。因此,史籍记载战国时代的蔺和离石是各诸侯国中有名的繁华大城市。其四,从各种币形可以看出这一区域人们思想开放,接受新事物快。货币是市场流通的特殊商品,从币形品类齐全、混杂流通及流通范围可以看出,当时三川河流域汉人与戎狄杂处,边贸繁荣。在这一带赵、魏、秦三国虽时有战争,但经济联系紧密;金融币制不同,但商品交换频繁,从而形成人们适应性强、思想观念开放、货币形制日益统一的趋势,也形成生产商贸蓬勃发展的格局。

据老人们口耳相传,战国时离石的造币地址在原军分区礼堂一带(但尚难确定是宋代铸铁钱处还是战国铸币处)。如果发现币范,很可能藏于民间,或当作垃圾倒掉。从一套完整的战国"离石"、"蔺"古币上,完全可以看出铸币的时间先后顺序,发现钱币演变历史的自然规律,同时也是价值不菲的珍藏。因此,我们不要忘记了"离石"、"蔺"这些曾经拥有的古币名片。

注:1.同稿发表于 2008 年 5 月 27 日《山西日报》C3 版《战国时代的繁华大都市》。

2.2008 年 4 月 20 日《吕梁日报》第三版、2008 年第 2 期《山区经济》分别以"离石、蔺是战国时代繁华的大城市"为题刊发。

魏吴起筑城抗强秦

离石区有个吴城镇,地处吕梁山西麓,离石东川河源头,是古代陕北、晋西东进晋阳盆地翻越黄栌关前的最后一站。《永宁州志》(光绪)云:"吴城,州治东八十里,相传战国魏吴起所筑。"

那么战国时代的大军事家吴起,是否真在离石筑城抗秦?离石为七国时赵之边邑,为什么魏将吴起能在赵国的离石一带筑城抗秦?吴起为魏西河守,地在今陕西合阳一带,"西河"一词的概念怎讲?

从魏国疆域及吴起西河抗秦的地理范围看

吴起为战国时卫国人,他于公元前410年由鲁奔魏,到公元前383年(魏武侯十四年)被王错谗害,魏武侯夺其西河守之职而奔楚止,先后在魏国26年。(《史记·孙子吴起列传》)从空间范围考察,魏国是战国时先强盛起来并称霸诸侯的国家。其疆域范围:(一)魏之西部边界。春秋时,最先称霸的晋文公于公元前635年攘白狄,开西河,率先占据了陕北。公元前403年三家分晋后,陕北又归魏所有(《榆林地区志》1994年版),魏国在此设上郡,地跨

吴起画像

黄河两岸。《韩非子·内储说上》记载魏文侯任李悝为上地守,筑城15座。上地,就是上郡,在今榆林市绥德一带。

李悝(前455年—前395年)魏国人,先于吴起事魏。魏文侯四十年

(前406年)任用李悝为相,进行了封建制改革,促进魏国强大起来。吴起到魏国的第二年即公元前409年,魏文侯问李悝:"吴起何如人哉?"李悝说:"吴起贪而好色,然用兵司马穰苴不能过也。"于是被魏文侯任用为将。(《史记·孙子吴起列传》)公元前408年协助乐羊攻中山国。同年吴起率军攻占秦河西腹地,筑洛阴、合阳两城,迫使秦退守洛水。因战功卓著,公元前406年由翟璜、李悝推荐任西河守。《史记·秦本纪》载:"魏筑长城,自郑滨洛以北,有上郡。"可以看出当时陕北一带属魏国的疆域。口传历史说,陕北的吴起镇也是因战国时吴起屯兵驻守而得名。清嘉庆二十四年(1819年)在靖边县设吴起镇。加上先据有的少梁、洛阴、合阳、庞等地,魏国全盛时,其西界即:华山—韩城—洛河—延安—吴起—绥德一线,长达一千多里,至今仍保存断续的遗迹。

(二)魏之北部边界。乾隆《汾州府志》云:"魏未失阴晋(前332年)、少梁以前,其疆土在河西者:南至华阴,西至洛水,北至今榆林府之北。而赵西北边邑蔺、离石与魏邻,不与秦邻。故赵成侯三年,当秦献公十三年,魏武侯十五年(前382年),《赵世家》云:'魏败我蔺(今柳林县孟门)。'"这些记述表明魏强大时,边界已达这一带。万历《汾州府志》在汾州、介休县部分都有"递三家分晋(前453年),魏拔中山(前406年)之后,又为魏所有焉"的记载。《山西通志》说孝义县城"魏文侯时建"。而魏

战国魏河西长城图

文侯生于平周(今孝义古城),在位50年,其中在平周43年。魏国的宗庙社稷就在爪衍(今孝义)虢城南10里。康熙版《宁乡县志》记述,中阳县"庞涓塞,在县治北七里许,庞家会山巅。城基尚存,相传庞涓驻兵于此"。因此村名叫"庞家会"。

历史文献和遗迹表明,魏之北界西起三川河沿线,东至汾阳,而这条边界正好与黄河以西陕北绥德、吴起(镇)一线吻合相连。因此,魏国的西北疆界应为:华阴—韩城—洛河—延安—吴起—绥德—中阳北—吴城—汾阳。其中黄河以东三川河沿线为赵魏交界之地,说明魏将吴起完全有在这一范围活动的可能性。

从吴起在魏国活动时间与三晋各国关系看

吴起于公元前409年31岁时任魏文侯将,"击秦拔五城",建临晋、元里两城。公元前408年,魏完全攻占河西地,筑洛阴、合阳两城,秦退守洛水并筑防御工事。之后吴起被魏文侯任为西河守,立木为信,从事变法改革。"曾与诸侯大战七十六,全胜六十四","辟土四面,拓地千里"。特别是公元前389年(魏武侯八年)的阴晋之战,吴起以5万魏军击败十几倍的秦军,成为中国战史上以少胜多的著名战役,也使魏国成为战国初强大的诸侯国,形成了"秦军不敢东乡,韩赵宾从"的局面(《史记·孙子吴起列传》)。

这二十多年中正是吴起任西河守的时间,也是魏国走向强盛、疆域最大的时期,更是"韩赵宾从"听命于魏的时期。如公元前404年魏率赵、韩伐齐,迫使齐侯会同三晋之君入朝,要求周威烈王任三晋之君为

兵书《吴子》书影

诸侯(《史记·魏世家列传》)。由于韩赵不仅听命于魏国,而且受魏国的保护,所以魏将吴起完全有理由在赵魏两国边界魏国一方的吴城及汾阳、孝义一带督促士兵筑城修垒抗秦。而在吴起奔楚70年后的公元前312年魏才把上郡全部献于秦。

从地名概念与吴城的战略地位及古迹遗存看

吴起事魏任西河守,地在今陕西合阳一带。那么"西河"一词的概念如何解释? 首先要分清这与秦设西河郡(治今陕西府谷西)及东汉时(140年)因匈奴寇扰西河郡南迁五百里至离石之"西河",是完全不同的两个概念。

乾隆《汾州府志》沿革条:"《禹贡》冀州,河行其西,界乎雍(今陕西)、冀(今河北、山西)之间南流为西河;至华阴屈东,界冀与豫(今河南)之间为南河;古黄河自大伾山,西南折而北,界冀、兖(今山东一带)之间为东河。"这个表述非常准确,说明古时的西河是相对于东河、南河而言。《辞源》(1988年版)解"西河"为"战国魏地。今陕西东部,黄河西岸地区。春秋时子夏居西河,战国时吴起为西河守,皆即此"。而《辞海》(1979年版)解为,古时称西部地区南北流向的黄河为西河。到战国魏时有两层意思:一是地域,"在今晋陕间黄河左右。又分为陕西大荔、合阳、韩城和山西汾阳说。"二是郡名,即"战国魏置,一称河西。文侯时吴起曾为西河守。辖境在今陕西东部黄河西岸地区。公元前330年,地入秦,郡废。"所以吴起任西河守应在陕西东部黄河西岸合阳一带,而管辖地域应是大范围,今山西的离石、汾阳、陕北绥德至延安、韩城直到华阴都为西河地,而不是仅陕西合阳一带黄、洛之间(阙勋吾《简明历史辞典》)。

"魏将吴起"打马钱

从历史遗迹、地名及民间口传历史看,孝义市有必独村,其原名壁独,相传吴起镇守西河时,曾在该村东寨垴筑"防井"御秦兵,因防卫士兵只有吴起可调动,故名"壁独"。孝义市还有梧桐镇,相传战国时魏将吴起在此屯兵,故名吴屯,乾隆年间因植梧桐树而易名。因而《汾州府志》在汾阳县、孝义县之名宦条中都把吴起作为本地名宦来记载。康熙版《宁乡县志》记载,中阳县有"吴王城,在县治西一百五十里三交原。上有遗址,俗称吴起塞云(位于今柳林县三交镇)。"特别是清初顾祖禹在《读史方舆纪要》中比较肯定地说:离石吴城"魏吴起为西河守,筑此城以拒秦,因名"。

吴城历来为三晋西部的战略要地,从地理形势看,吴城正如《吴子》所讲,背靠高大险阻地形,依山临水,深沟高壑,守以强弩,万夫莫开。南面为抵御从隰州道(隰县、交口等地)北来,从中阳枝柯镇北大井翻山而来的敌军,设有罗堡(现村名"上萝卜、下萝卜"为讹音);北面为阻从沿川西来东进的敌军建有营盘(今西营梁村)。从陕北与晋西沿东川河东进的军旅、客商只有经过吴城,才可进入驿沟或三交沟翻吕梁山(这里有五六处孔道,其中包括黄栌岭),迅速进入晋阳盆地,否则插翅难飞。古代吕梁山沿线虽也有进入晋阳盆地的通路,如交口县的双池一带、中阳县南大井一带、岚县的社科一带。但从大军进发的速度,商旅、驼马穿行便利看,非此莫属。吴城也成为后世非常重要的军事要塞和通秦商旅古道,成为今天 307 国道、太中银铁路、青银高速公路——华北通往大西北的必经之地。

综上所说,吴起事魏军事活动的时间与魏国当时的疆域是一致的。从三晋关系上也可推断,吴起在(离石)吴城乃至汾阳、孝义筑城修堡、领军抗秦是完全可能存在的事实。区别在于魏国在黄河之西是筑长城而御敌,在黄河之东三晋内部则是筑城与塞来备战。

赵魏涮秦王

危 机

历史上的事情,有时和山村里的孩子玩耍差不多,看起来很有意思。战国中期以后秦国逐步强大起来,公元前282年秦将白起率领秦军攻克了赵国的蔺、离石,拔下祁城。公元前273年(秦昭襄王三十四年)华阳之战,秦将卫胡易救韩攻魏,把赵魏同盟国打得大败,斩首15万。但因秦国压力越来越大,赵魏联盟更加紧密。

赵惠文王分析失去的地盘,感到国家安全问题迫在眉睫,国防形势越来越严峻。离石就是今山西省离石,蔺在今柳林县孟门一带,祁在今山西省祁县东。这三地相连,正好位于赵之太原郡南端和魏上党郡之东西交界上。蔺、离石、祁地物阜民丰,是赵国的布币铸造基地,经济贸易十分发达。特别重要的是从长远战略高度分析,这一线又是秦军从北线东进,攻击井陉,从北面南下围攻赵都邯郸的捷径。为此,赵惠文王十多年间坐立不安,食不甘味,穿着素白衣服,好像要亡国一般,并且努力和魏、韩搞好关系,决心报复一下秦国。

设 计

没有机会可以创造。公元前270年(秦昭襄王三十七年、赵惠文王二十九年)冬天,赵王把公子部作为人质送给秦国。并且向秦国请求用魏国的焦(在今河南三门峡市)、黎(在今河南浚县西)、牛狐(在河南省境)之城换取蔺、离石和祁地。此事得到魏国的同意和支持。秦昭襄王是欲壑难填、得陇望蜀之人,他的美梦是:蔺、离石、祁三城虽然重要,但已让秦将

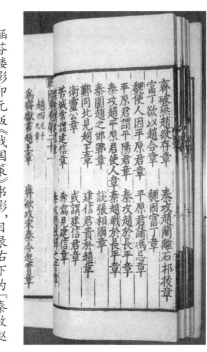

攻占过好几次，即便换过去，以后还可攻下；而如果把焦、黎、牛狐弄到手的话，不就等于构筑了秦国从南线东进的通道吗？

于是秦昭襄王十分痛快地答应了这件事，并且立即把蔺、离石、祁地退还给赵国。可是左等右等，不见赵国出面把焦、黎、牛狐之城的地图送来。秦王由心焦而发怒，便派遣了公子缯去赵国要这三个地方。

公子缯来到赵都邯郸后，赵国十二分热情地招待了他。但就是等不来赵王的召见。原来赵王耍起了太极，从心里并不想见秦公子，而是派遣了外交官郑朱会见秦公子缯。

涵芬楼影印元版《战国策》书影，目录右下为『秦攻赵蔺离石祁拔章』

见面后，郑朱叨起了外交辞令，他当三不当四地道：我们赵王说了，"蔺、离石、祁这些烂地方，距离你秦国近，而离我们赵国都城远。要不是先王主父有本事打下来，我还真懒得管那些扯淡地方。寡人无能，今天连江山社稷都保不住呢，怎么可能急巴巴地要换回这些地方呢！如果有这事的话，那一定是那些不听话的小臣们干的，寡人根本不知道！"

公子缯一听，这不对味儿呀，完全是矢口否认的样子，便说："你们赵王的意思是不承认这事？"

"当然不承认，你们要怎的就怎的！"

公子缯一看，这赵王纯粹是在耍赖，也说不成个啥，只好尽快回去报告。

秦王一听,气得吹胡子瞪眼:"赵王这小子,这还了得!欺到你秦王爷爷头上了,看我怎么收拾你!"

决 战

公元前269年,秦王派曾经在华阳之战中大破魏军的卫胡易,率军攻打韩国的阏与(今山西和顺县一带)。阏与位于赵魏韩三角地带。秦的军事行动立即引起了三国的警惕。赵国迅速派将军赵奢率军相救。魏国一看秦王蠢动,也命令公子咎率领精锐之师驻在安邑(今山西夏县一带)来威胁秦军的退路。

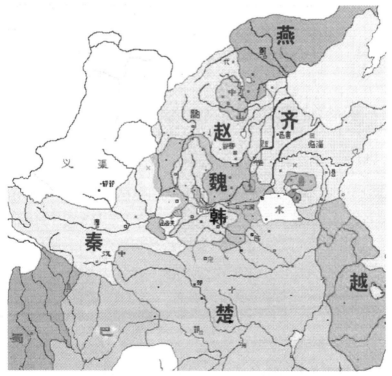

战国形势图

秦将卫胡易率大军陈兵阏与。赵奢领兵离开赵都邯郸三十里就驻扎下来,并下令:"有来劝说进攻的人,就处死!"秦军又进攻到武安西部,并鼓噪攻城。武安(今河北武安市附近)城里的军民用屋上的瓦片打击敌人,把瓦片都扔完了。这时赵军中有人进言,"一定要去救武安啊"。赵奢立即把这个人斩了。赵军固守壁垒,驻扎了二十八天;不仅不发兵,而且还进一步加固了壁垒工事。这时赵军抓住了秦军派来的一个间谍,赵奢很好地招待了他,才把他打发走。间谍回去,向秦将报告了赵军的情况。秦将卫胡易非常高兴地说:"赵军离开国都三十里就停下来,并且还增加壁垒,这是因为阏与不是赵国的土地,他不心疼啊。"于是完全放松了警惕。谁知赵奢刚刚把秦军的间谍打发走,就立即率领赵军卷甲急行。出其不意,把秦军打得大败而逃。

战国武士图

扬　眉

于是秦军恼羞成怒,在逃跑时攻击魏国的几(在今河北大名县),企图抓不住头发抓个辫子。

赵国一看,秦军居心不良,绝不能让他得到任何便宜。于是立即派老将廉颇率军救几。老将出马,一个顶仨。三下五除二,把个秦将新秀卫胡易打得落花流水,溃不成军。

秦昭襄王一听军事上连连失利,差点没背过气去。明明是赵王不守诚信,自己却没有讨回公道。赵魏出兵,韩国默认。三国联手,秦军威信扫地。当时秦昭襄王正处在与叔父魏冉的关系发生动摇之时,心下十分不安,只好把三城又退给赵国:我怎么这样倒霉,眼看煮熟的鸭子又飞了!实际是被赵魏设局涮了一把!

战国青铜器上的《水陆攻战图》拓片

　　这就是著名的秦赵阏与之战。这次战役虽然没有改变秦国东向的大势,但这是秦献公以后 100 多年来秦国的第一次大败仗,也是秦昭襄王被赵魏设局中计最窝囊的一次失败。这次战争对战国国际形势及秦赵内政,都产生了深远的影响。

　　阏与之战赵奢功不可没,为赵惠文王出了口恶气,也使秦昭襄王丢尽了面子。于是赵惠文王封赵奢为马服(在今河北邯郸西北)君。同时,由于此战赵奢用兵如神,使秦军畏服,从而为十年后(前 260 年)的秦赵长平之战中,秦国设计使赵王临阵换将,让只会纸上谈兵的赵括代替父亲赵奢领兵,被秦将白起打得全军覆没埋下了伏笔。

　　注:本文发表于 2009 年 6 月 20 日《吕梁日报·晚报》。

汉画像石与离石汉代的繁荣

汉画像石是我国汉代人用来营造墓室、祠堂并刻有图画的石质构件,它生动地记录了当时的社会生活。吕梁汉画像石对我们研究汉代以离石为中心的三川河流域的政治、经济、思想、艺术和风俗及社会状况具有极其重要的价值,它是我国东汉中晚期最具代表性的画像石作品。

汉代的政治经济社会环境

汉画像石分布全国四大区域,即山东、苏北、皖北和豫东区,豫南、鄂北区,陕北、山西吕梁区,四川、重庆和滇北地区。它大致产生于西汉武帝以后,到东汉末年消失,前后经历约 300 年时间。汉画像石是一种社会文化现象,它的产生是汉代的政治、经济、社会风尚在墓葬制度习俗方面的反映。

汉代的政治、经济与世风流变影响。由于秦王朝统一后,大兴土木,耗尽了国力,导致政权迅速消亡。天灾加人祸直到西汉初年仍然经济凋敝、国力衰弱。《汉书·文帝记》云:"自天子不能具醇驷,而将相或乘牛车。"《汉书·食货志》载汉文帝"治霸陵,皆瓦器,不得以金银铜锡为饰,因其山,不

离石汉画像石《仙人鹿车图》拓片

起坟。"汉王朝鉴秦之弊,实行休养生息政策,经济逐步恢复,国力逐步强盛。到汉武帝时开拓四边,北击匈奴,为巩固边防向上郡、西河包括离石一带移民实边,实行军屯、民屯的政策;为削弱诸侯势力,实行国家垄断冶铁、煮盐、铸钱等经济政策;牛耕与铁农具的普遍使用,技术的提高,促进了国家经济迅速繁荣。《汉书·食货志》记载:"至武帝之初七十年间,国家亡事,非遇水旱,则民人给家足,都鄙廪庾尽满。而府库余财,京师之钱,累百巨万,贯朽而不可校。太仓之粟陈陈相因,充溢露积于外,腐败不可食。众庶街巷有马,阡陌之间成群。"经济的发展为统治阶级奢华生活和厚葬创造了物质条件。

为了巩固多民族的封建中央集权国家政权,汉中央政府加强了思想文化的统治,实行了"罢黜百家,独尊儒术"的政策,大力推行孝道。特别是"举孝廉"的政策,成为人们晋升的阶梯,使忠孝之风遍及朝野。与此同时,随着社会生产力的进步,封建土地私有制确立起来。西汉中期以后,大土地所有制的地主经济得到发展,为古代厚葬之风由皇室走向民间奠定了思想与物质基础。具有营造画像石墓室、祠堂力量的社会阶层、豪门贵族集团逐步形成,成为大兴汉画像石墓葬的社会基础。

三川河流域的政治、经济发展的推动。汉朝历代皇帝大力经营北方,移民实边、军屯民屯。三川河流域成为北方的富庶之地。为此,汉武帝刘彻元朔三年(前126年)封代共王的几个儿子刘绾为离石侯,刘熹为蔺(柳林县孟门)侯,刘忠为隰成(柳林县穆村)侯,刘迁为皋狼(方山县南村)侯,刘郖为土军(石楼县西)侯。这样就进一步提升了三川河一带各城市的政治地位。强化了中央对这一区域的统治,对后世的发展必然产生影响。

吕梁汉画像石产生的东汉时期,土地兼并逐步加剧,官僚阶层、豪强地主兼营商业,富商大贾兼并土地,形成了以大土地所有制为基础的封建豪强地主经济。《后汉书·仲长统传》云:"豪人之室,连栋数百,膏田满野，奴婢千群，徒附万计。船车贾贩，周于四方，废居积贮，满于都城。琦赂宝华，巨室不能容，马牛羊豕，山谷不能受。妖童美妾，填乎绮室，倡讴伎乐，列乎深堂。"三川河流域，由于自然地理水土条件的优越，成为汉代所封王侯、贵族、豪强地主大量集中土地的地方，经济社会的发展要比周边地区繁荣许多。这种封建大地主经济的膨胀，更推动了厚葬之风及画像石墓的盛行。

汉代人的时尚观念与厚葬之风。西汉早期墓葬制度还保留着战国礼制遗风，到汉武帝以后砖石砌成的洞室墓、开凿岩石墓、崖洞墓、石椁墓发展起来，并且更多地仿效现实生活的宅第建筑。这种思想观念源于春秋战国以来先秦诸子抑天尚

吕梁汉画像石《牛马连壁图》

土、人本思想的兴起，加上秦皇、汉武厚葬的示范与推动，逐步形成了汉代人的"事死如生"、"事亡如存"的厚葬现象。这种现象与汉代"孝悌"思想、"举孝廉"制度相一致，既符合统治者的思想，又满足了封建家族关系及博取孝名的需要。于是皇亲贵戚、官吏贵族竞相仿效、互相攀比，厚葬之风愈演愈烈。《后汉书·光武帝纪》云："世以厚葬为德，薄终为鄙"，"京

师贵戚,郡县豪家,生不及养,死乃崇丧。或至刻金镂玉,櫺梓楩柚,良田造茔,黄壤致藏,多埋珍宝,偶人车马,造起大冢,广种松柏,庐舍祠堂,崇侈上僭","边远下士,亦竞相仿效",墓、阙、祠建造的规模越来越大。以离石为中心的三川河流域西汉时曾是诸侯封地,东汉中后期又是黄河中游的政治中心,达官贵人较多,经济文化相对发达,为吕梁汉画像石的产生从政治、经济和思想观念方面创造了重要条件。

三川河流域的地缘政治影响与物质文化条件

汉代西河郡图

汉代西河郡在北方复杂的民族关系中处于十分关键的位置。特别是东汉中期,因匈奴寇掠西河郡内迁离石,成为当时东汉国家重大的政治事件,也对离石历史产生了极其深远的影响。

吕梁与陕北同一行政区域的地缘政治、文化因素影响。西汉时全国有 14 个监察吏治的部,其中朔方刺史部察北地、上郡、西河、朔方、五原五郡。汉武帝元朔四年(前125 年)置西河郡(治平定,今陕西省府谷西北)领三十六县,其中大部分县在今陕北、吕梁一带。山西境内可考者有八县,其中离石、中阳、皋狼、蔺县、隰成五县正是发现汉画像石的地方。当时隰成县跨河

陕西绥德四十里铺杨孟元墓文字拓片：『西河太守行长史事离石守长杨君孟元舍永元八年三月廿一日作』

而治，辖今吴堡、绥德、清涧等沿黄河县的部分地区。到东汉永和五年（140年），由于匈奴疯狂袭扰，西河郡治又从平定南迁离石，省入并州刺史部监察，所辖范围仍在今陕北、晋西北。山西境内可考的有离石、中阳、皋狼、平周（孝义市东）、蔺县。同时上郡治所也由肤施（陕西省榆林市南）迁至夏阳（今陕西韩城）。这种行政区划的变动，对离石当时以及以后的历史产生了重大的影响。一是从区域上看，陕北、吕梁一带在汉代都属于上郡、西河郡辖。西河郡治南迁离石后，陕北汉画像石的主要分布地今榆林市的绥德、米脂、榆林、神木一带，与吕梁汉画像石的主要分布地今离石区、柳林县、中阳县、方山县都是西河郡的范围，属于同一政治、文化圈。二是从时间上看，陕北画像石主要在东汉早中期，即东汉和帝永元元年（89年）至顺帝永和五年（140年）之间，先后流行约50年。这个时限的两端有两个重大事件：永元元年窦宪大破北匈奴，恢复了朝廷对陕北的管辖，使陕北画像石有了形成的可能；永和五年匈奴又占领陕北北部，郡治被迫内迁，陕北汉画像石被迫终止。

匈奴南下的影响与官员对汉画像石的传播。目前发现的吕梁汉画像石，主要产生于东汉中晚期，即从东汉和平元年（150年）到熹平四年（175年），约25年。这与匈奴南下，西河郡南迁离石有直接的关系。表明吕梁汉画像石是在陕北汉画像石影响下形成的。这种影响，首先是西河郡从平定迁至离石，三川河流域成为区域政治、经济中心。 其次，在西河郡辖区内，许多人在陕北做官，把修造画像石墓的风气及技术带回了家乡。如吕梁汉画像石中有题记为"西河圜阳守令平周牛公产"，这个牛公产就是西河郡（今离石）平周（今孝义市东）人，曾在圜阳（今陕西省榆林一带）做守令，去世后在离石入土。也有陕北一带的人在河东做官，如有一石柱题记为"汉河东橡丞西河平定长乐里吴执仲造万世宅兆"。 这个墓主人吴执仲就是西河郡（治今离石）平定县（榆林市境）长乐里人，曾在汉代河东郡主管过文书，去世后埋葬在离石。这些异地做官的人，是把陕北汉画像石的墓葬之风从陕北带向以离石为中心的三川河流域的主要传播者、组织者和实践者。而葬于永元八年（96年）"西河太守行长史事离石守长杨君孟元墓画像石题记"反映出，西河郡内迁前，这个杨孟元尽管负责离石长史的事务，但他去世后还是埋葬在陕北（今绥德县苏家岩乡苏家圪垛村）。

材料资源、技术方面的必要条件。修造汉画像石墓需要大量的石料，雕刻汉画像石更需要上好的石材。石材重量大、体积大，在古代运输状况不好的条件下，不便远距离运输。所以通常在当地没有石材的情况下，由于运输成本高，画像石不会大范围发展。而三川河沿线以及陕北都有丰富而优质的石材，这就为汉画像石的形成提供了充足条件。再加上当时冶铁业大发展，凿刀工具锋利，这就从材料和技术方面完善了汉画像石产生的必要条件。内蒙古和林格尔一号汉墓的墓主人曾在离石做过"西河长史"，并在离石有豪宅、庄园，地位显赫。但由于和林格尔没有修造汉画像石墓需要的优质石材，所以他的墓室中没有画像石，而是用大量壁画来描绘他的荣华。这说明汉画像石的产生是多种因素共同作用的结果。

吕梁汉画像石的分布、内容及艺术

吕梁汉画像石的发现及分布范围。民国八年(1919年)离石城西的马茂庄村西边一座汉墓被洪水冲开,于是揭开了惊世骇俗的宝藏。据传,当时有许多人因获得古宝而发财,所以有"水推王女坟,富贵石州城"之说。同时发现的还有刻有图画的52块巨型石材和两根刻字的墓表,这就是驰名中外的吕梁汉画像石。当时正由外国人设计、出资修筑汾阳至军渡公路,有不少外国人在离石一带活动。信息逐渐传到京城,二年后北京琉璃厂"尊古斋"古董商人黄伯川,从当地富人手中把部分画像石买下运往京城。后来卖给外国人,现藏加拿大多伦多皇家安大略博物馆。目前山西省博物院、北京故宫博物院都有藏石。20世纪中后期以来,陆续在方山县、中阳县道棠、柳林县杨家坪及离石区下水西、马茂庄、交口、贺家塔、石盘、岐则沟一带发现大量汉画像石。目前部分陈列在吕梁汉画像石博物馆。连同省文物局运走及散落民间的部分,估计总数应在300块以上。总的分布范围在以离石为中心的三川河流域。

吕梁汉画像石的内容及墓室结构。吕梁汉画像石墓室主要是砖石混合结构,即在墓门、后室门或耳室门用大块石材构筑,室壁与顶用砖砌筑。墓葬形制主要有两种:一是单室券顶或穹隆顶墓,如离石区马茂庄14号墓,前有甬道,门外有耳室;二是前后双室券顶或穹隆顶墓。离石区马茂庄3号墓是一前室附有耳室的前后双室墓。这种砖石混合结构的特点,决定了画像石的配置全部在墓门、后室门或耳室门的门楣、门柱和门扉部位。通常门楣上刻画有车马出行、祭祀、狩猎、神灵异兽图像,门柱上刻有东王公、西王母、门吏和奇禽异兽,门扉上多刻朱雀和铺首衔环等。

吕梁汉画像石的内容充满地方特色,主要有两个方面:一是充满现世情趣的生动活泼的人间生活描绘，如侯王出巡、车骑护卫、楼阁人物、狩猎放牧、驼马牛鹿、千骑飞奔等社会生活题材；二是充满浪漫色彩的对天上神仙世界的想象描绘，有羽人飞马、龙腾虎斗、遨游天境、虎驾车、斗牛图、仙人图等。如离石区马茂庄3号墓画像石《欢乐升仙图》，位于墓后室门两侧门框。上部刻绘主人乘驾神兽云车，周围有骑神兽、驭仙鸟、御神龙、持幡节的仙人引导陪伴，下部刻绘高大的牛首人身、鸟首人身的护卫之神。整个画面线条流畅、禽兽奔走比例和谐，充满神秘而欢快的气势。吕梁汉画像石的图画，内容广博，构思宏大，图画生动，表现出西河地区"迫近戎狄，修习战备，高上气力，以狩猎为先"的社会风貌。

　　吕梁汉画像石的时间分布与艺术特点。目前在陕北、吕梁发现汉画像石的地域，基本属于汉代西河郡辖区。所以从全国范围来看，应把这一区域的汉画像石作为一个整体来考察。这一区域汉画像石都产生于东汉时期，可分为前后两

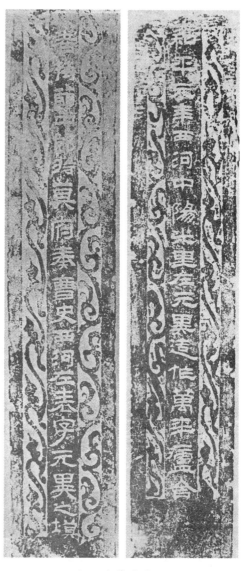

离石马茂庄出土
"左元异墓　柱石"文字拓片

期：陕北地区的汉画像石全部属于前期作品，即从最早的永元二年(90年)"辽东太守左官"墓画像石，到最晚的永和四年(139年)河内山阴尉牛季平墓画像石。而吕梁汉画像石恰又属于后期作品，即从最早的东汉和平元年(150年)左元异墓画像石，到最晚的熹平四年(175年)"西河圜阳守令平周牛公产"墓画像石。由于时间相对集中，吕梁汉画像石的题材、内容、雕刻技巧与风格呈现出更加接近的特征。

艺术特点主要表现为：一是独特的雕刻技巧。主要有剔地平面刻和剔地平面线刻两种。剔地平面线刻是在平面凸起的物象，内用阴线刻画细部，只是繁简不一。其技法是对陕北画像石艺术的继承与发展。其中柳林县杨家坪出土的一组隰成汉墓画像石，完全是对陕北画像石技法的照搬。而大部分采用浅剔地平面刻技法，即只将图像外的石面剔去极薄的一层，而画像的细部用流畅飘逸的墨绘线条表现出来。在平面凸起的图像上施墨线、彩绘手法形成自身雕刻技法的传统特色和独特的艺术风格。二是对刻绘材料的合理布局。构思巧妙，分格分层，布置均衡，图案疏朗，较好地表现了天上、人间、人物、动物、事件等丰富的内容。如马茂庄画像石构图多分三层布局。在刀法、构件处理上，刻工精细，磨研细腻，使各种动物、景物气韵生动，飞灵劲秀，线条基调是简约、古朴、厚重，装饰意味浓，造型能力强。三是构图大胆，表现出盛世艺术的大气与力度。不求形似，但求神似，大处执刀，稚拙天成。如对奔马的刻绘都是线条疏朗，体形浑圆，身形矫健，气宇不凡，夸张地反映了社会生活，充满浪漫主义色彩。其共同特点是以刀代笔，把立体的图像化作飞动的线条，使人在平板单调的画面上仿佛看到色彩多姿的背景物像。艺术地再现了两千多年前封建统治阶级的生活，给人以古朴高雅、悠远浪漫、神采飞扬、热情奔放的感觉。其石刻雕凿水平甚至今天也未能出其右。四是创新发展突出了装饰纹带效果。吕梁汉画像石是对陕北汉画像石的学习继承与发展创新。陕北、吕梁汉画像石有一个共同特点是突出装饰效果。主要在门楣、门柱等主体图像外侧,蔓草云纹、飞禽异兽穿插其间,极富变化。此种效果在陕北画像石中使用广泛,面积较大。吕梁汉画像石的装饰纹带则面积减小,蔓草云纹变化为动感极强的轻灵飘逸的流云纹,不仅突出了主画,而且增强了仙境画面的神话气氛。五是精湛的书法艺术,轰动一时。隶书是汉代书法的代表,它继承了秦代篆书中锋用笔、藏头护尾的特点,增强了"蚕头燕尾"的装饰笔法。方笔、圆笔不拘一格,灵活多变,造型多姿,华丽清秀,形成了扁方峻整、飘逸潇洒的书风。这在《左元异墓石》上表现得尤为突出,当时曾轰动京城。直到今天,连专家著书都叙述不一。马子云、施安昌著《碑帖鉴定》写道:"左元异造庐舍石柱,柱二:一为'和平元年西河中阳光里左元异造作庐舍'十七字;一为'使者持节中郎将莫府奏曹史西河左表字元异之墓'二十一字。隶书,1919年山西离石马茂庄出土,同时有画像十余石。1921年后,淮县范金波将此二石柱并数画像石贩运北京,卖予美国商人。"而李泽奉、刘如仲主编的《碑帖鉴赏与收藏》一书则称:"此刻于1919年在山西离石县发现,旋为帖贾黄伯川运到北京,售予英国,现藏伦敦博物馆。北京市文物商店藏有此刻石初拓本。"但都认为此墓石书法精美遒秀,为汉墓石题字之尤逸者。初拓本拓工精湛,墨色甚佳,光耀人眼。题字两侧饰有浮雕花纹,刀工简古,细腻流畅,精整生动,视为珍品。能在业界引起纷纭传说,足见刻石的珍贵。

汉画像石反映的三川河区域的社会风貌

社会状况及其管理。由于当时陕北、吕梁都属西河郡管辖,所以在一个行政区域内,形成了不少吕梁人在陕北做官的现象。如前述离石马茂庄14号墓主人"西河圜阳守令平周牛公产"。而1919年山西离石马茂庄出土汉画像石墓主人左元异是西河郡中阳光里人,其职务为"使者持节中郎将莫府奏曹史",即管理北方内迁的匈奴族,颁布皇帝下达的诏书,收受胡人的贡品。反映了东汉光武帝刘秀建武二十三年(47年)南匈奴内迁,逐步入驻吕梁山区,三川河一带胡汉杂居,胡民众多,东汉政府派员监管的现实。

生产发展与经济状况。汉代出现了我国历史上第一个大一统的多民族封建国家的盛世。西汉、东汉国祚达420多年,封建经济社会实现了充分的发展。从公元初年即东汉时开始,东亚进入第二个寒冷期,中高纬度的黄河流域不利于农业生产。为了生存,北方游牧民族南下进入吕梁山区,从汉画像石也反映了三川河流域成为胡汉杂居、农业与游牧业兼营的经济。尽管从生态环境社会状况看东汉不及西汉,特别是吕梁山区成为内迁匈奴的畜牧基地,胡人数量甚至超过汉族人口。但东汉仍有近200年的稳定局面,三川河流域的水土条件、局部气候、区域环境及西汉以来的政治、经济技术的发展,促进这一区域经济发展到一个新的高峰。从汉画像石可以看出当时农业、畜牧业、手工业、工商业、建筑业、车骑交通以及文化艺术都发展到一个相当的高度。中层统治者、达官贵人、大土地所有者仍过着相当奢华的生活。

人们的思想状况及精神追求。汉画像石反映出西汉以来政府推崇的儒家忠孝、仁义思想及"举孝廉"制度的实行,适应了封建大一统的农耕经济需要,抑天尚土、重视现实、孝行为先的思想观念完全占有统治地位,且深入民间、根深蒂固,已影响到墓葬制度。"事死如生"、"事亡如存"的观念促进了封建家族关系及统治秩序的巩固。充满激情的生活,无比丰富的想象,强化封建迷信思想,形成了人们对未知世界神仙领域的趋慕与追求。从汉画像石可以看到当时生者

陕北汉画像石《射猎图》

对死者先人的精神寄托与希望。希望死者祖先能升天变仙，过上超越现世的美好生活，并保佑后人发达富贵。实质上这也成为汉代以后佛教中国化的根本土壤。

马茂庄出土左元异墓画像石《骑驼远征射猎》拓片

厚葬之风的影响。汉画像石墓、阙、祠的建造费用很高，有的竭尽家财而厚葬，许多费用最终落到老百姓头上。大操大办，博取美名的人间浮华习俗甚至助推了东汉末期社会矛盾的加剧。正如《盐铁论》所述："今生不能致其爱敬，死以奢侈相高。虽无哀戚之心，而厚葬重币者则称以为孝，显名立于世，光荣著于俗。故黎民相慕效，至于发卖业。"

贫富悬殊，陈列于世，危害所及，朝野共愤也无法止息。对这种现象，曹操十分不满。《宋书·礼志》云："汉以后，天下送死奢靡，多作石室、石兽、碑铭等物。建安十年（205年），魏武帝（曹操）以天下凋敝，下令不得厚葬，又禁立碑。"这种行政命令产生很大效果，至今魏晋碑刻很少。最有效的是东汉末年的起义与战乱。经过有汉400多年的发展，汉以来确立的大土地所有制，已形成各地地主阶级的豪强势力。他们割据四方，强取豪夺，互相攻战，从而形成了群雄并起，汉末大乱的局面。从目前发现的吕梁最后一块纪年画像石公元175年起，到黄巾大起义的公元184年不到10年时间，这也就从根本上抽掉了汉画像石发展的基础。

吕梁境内，特别是三川河流域还应有大量汉画像石埋藏于地下，将来考古发掘的成果，将会进一步丰富我们对汉代离石人的生存状况和社会环境的认识。

注：本文曾刊于2008年第6期《山区经济》。

南匈奴的根据地——

左国城的辉煌

来到离石的北川河畔,你的感官自然地就会提醒,这里在历史上肯定是一个地平川阔、水草丰美的地方。左国城遗址就位于北川河中游,今山西省方山县境内的南村。古代这里北通岚代、南出平阳,向西可至陕北,往东可达太原,战略地位十分重要。特别是向东进入云顶山深处及庞泉沟一带,至今仍是山西有名的大牧场,因而为游牧民族的活动提供了良好的舞台。

左国城,春秋战国为白狄皋落所居之皋狼邑,汉为皋狼县。从公元

左国城内城墙遗址

140年西河郡内迁离石起，这里建为左国城，南匈奴的首脑机关——南单于庭就入驻这里。成为北方少数民族匈奴、鲜卑、羯、氐、羌的核心基地，先后辉煌400多年，孕育了

左国城东城墙遗址

一支强大的"离石胡"人，在民族融合史上产生了里程碑的意义。

南单于庭入驻后，对这里进行了创造性经营。沿用并扩展了春秋战国和秦汉城池，背靠东部大山，面向北川河水。依山就势，构筑城垣，东、南、北三面环冈而筑，东城墙沿山脊线而建，内外双城，严密捍御。内城呈长方形，外城随地形呈不规则变化。总体建设为内城、西城、东城三个部分，成为城套城、城包城，内外结合，互为照应的军事城防。最外围周长9932米，总面积约8平方公里。

这里作为南单于庭匈奴左部帅驻地，统领并督察匈奴五部军事。当时曹操把匈奴五部分布到石楼、汾阳、文水、忻州和祁县一带，其领导核心就在离石左国城。南匈奴统治集团在这里生活、开会、娱乐、研究内部事务，处理各种问题，协调五胡之间及胡汉之间关系。西晋惠帝建武元年（304年），南匈奴首领刘渊根据当时天人环境在此作了当前形势和任务的报告。认为汉朝时：我们先人与汉约为兄弟，同甘苦共患难。当前的处境是：魏晋代兴，单于空有虚号而无尺土之业，各王侯都降同普通老百姓。当前形势和任务：司马氏骨肉相残，四海鼎沸，为我们兴邦复业提供

匈奴单于金冠饰（内蒙古出土）

了天赐良机！

于是，在晋朝皇族骨肉相残、胡人受压、天灾人祸、民不聊生的大背景下，一个以刘渊为皇帝的匈奴汉国迅速孵化出巢。刘渊在此发动匈奴起义，很快推翻了西晋王朝，统治了山西大部分及长安、洛阳等中原的核心部位，成为我国历史上第一个内迁少数民族在内地建立的国家政权。由于胡人有了这样一块根据地，当时陕北、晋西北、晋东南的数十万胡人有了精神的依托，为少数民族混战和十六国的建立，奠定了思想基础和组织基础。位于吕梁山区深山大川的这个指挥中心，指挥着"五胡"千军万马东打西杀，争城略地。又像一个神秘的剧场后台一样，"五胡"部族分别在此打扮一番，领了台词，便在中华大舞台上"乱纷纷，你方唱罢我登场"，演出了十六国混战的活剧。

今天，吕梁一带还有许多当时胡兵征战的遗迹。左国城城墙犹存，略见当年概貌。据光绪《永宁州志》述刘王晖山，上有"饮马池"，曾是刘渊牧马场，"今渊祠尚存"。吴城镇上四皓村有刘渊行宫。卢城（今离石上楼桥村）为晋并州刺史刘琨所筑攻刘曜的城垒。马头山有刘琨庙，玉林山有石勒墓。直到一千多年后，这一带三十多村还组织庙会，祭祀"石勒爷"。临县三交镇刘王沟有祭祀刘渊的刘王庙。

位于吕梁山东部的汾阳、孝义一带，则是对"离石胡"严加防堵。汾阳一带有六壁城，《水经注》云："南魏朝置六壁于其下，防离石诸胡，因为大镇。"《汾州府志》述，府北十五里有八门城，"刘渊遣将乔嵩攻西河，因筑此城,城有八门",俗名罗城。有板桥城,《郡国志》记"刘渊击刘琨于此"。孝义市有偏城村,《孝义县志》载,十六国时后赵离石侯以防西北诸胡筑城于此。由此可见"离石胡"威风当时,史籍不虚。所有这一切以及后赵、大夏

"亲赵侯印"(前赵·马钮)

国等都与左国城有着深刻的渊源关系。当时的左国城在内迁胡人心目中成为中央圣地,其榜样的力量甚至鼓舞了后世的元、清统治者。这里神秘的山河面貌、传说遗迹则如彩云一般吸引着人们的目光,其无尽的光辉则照耀着史册直到今天。

五胡的内迁是在中原政府控制下进行的,而五胡的混战则是民族矛盾失控的悲剧。但站在历史的田埂上你就会看到,五胡的汉化就像冰雪融化成春水一样,其鲜活的生命之水漫过田垅地沿不断地注入中原民族生存发展的原野。这种活水有效地促进了中华民族在政治、经济、文化和血统方面的文明大融合,有力地提升了中华民族的生存活力。今天的中国虽然没有匈奴这个民族,但是他早已融入中华民族的血统。世界各地的匈奴后裔及专家学者都在探讨南匈奴的去向,其实他们的首都就在离石左国城,他们的热血流淌在你我的身体里。这里是陕北那个大夏国统万城的祖庭,应当成为海内外匈奴后裔及北方各民族朝拜和瞻仰的圣地。

注:本文发表于2008年11月11日《山西日报》C3版。

2008年10月19日《吕梁日报》第3版。

中国新闻网、山西新闻网、宁夏新闻网、太原道网站、第三届网络媒体山西行、搜狐新闻网、国学参考阅读站等多个网站转载。

"离石胡"与民族融合

　　魏、晋、南北朝时期是中国历史上的民族大融合时期。其时,北方匈奴、鲜卑、羯、氐、羌等民族逐步南迁,在前后三百多年的时间里,或攻击中央政权,或互相攻伐,形成了"五胡乱华"的局面。当时胡人大量集中在晋西北吕梁山区,其中"离石胡"是"山胡"中最强大的一支。

吕梁山区成为胡人内迁的主要基地

　　"胡"是中原民族对北方各少数部族的统称。从东汉光武帝刘秀建武二十三年(47年)匈奴内乱,匈奴日逐王比率所属八部四五万人归汉起,到东汉大举讨伐北匈奴,北匈奴58部20多万人相继叛逃或归附。到北朝时,中原人以其部落所居称之为"离石胡"、"石楼胡"、"西河胡",统称为"山胡"。

　　当时东汉政府让匈奴日逐王比入居西河美稷南单于庭,即离石左国城(今方山县南村)。这里曾是春秋战国时的皋狼邑、汉代的皋狼县;地处离石北川河中游,水草丰美,地平川阔。特别是进入云顶山、西华镇、庞涓沟一带,至今都有着广阔的草地,有利于胡人设帐放牧,战略地位十分重要。此后成为内迁匈奴各部的首脑机关和基地核心。

汉国王刘渊

北方胡人对汉王朝关系因局势变化而时归时叛。汉顺帝永和五年（140年），南匈奴左部句龙王吾斯、车纽等反叛，围攻西河郡（今陕西府谷西北），杀朔方、代郡长史，侵掠并、凉、幽、冀四州，于是汉朝被迫将西河郡迁入离石。到桓帝延熹元年（158年）南匈奴诸部全部叛乱，188年正月，屠各胡攻破西河郡城离石，杀死郡太守邢纪。

到东汉建安二十一年（216年），匈奴单于呼厨泉入朝供职，曹操对其如同列侯。鉴于南匈奴人口众多，曹操分其众为五部，全部安排到吕梁山区。以匈奴之左部帅驻离石左国城督察五部，左部居兹氏县（今汾阳），右部居祁县（今祁县），北部居新兴（今忻州），中部居大陵（今文水），南部居蒲子（今交口县境），总计3万余落20多万人。整个陇东、陕北、内蒙、晋西北尽为胡人所居。从1919年山西离石县马茂庄出土的左元异墓汉画像石反映出，东汉政府为了加强对胡人的管理，任命西河郡中阳光里（今中阳县境）

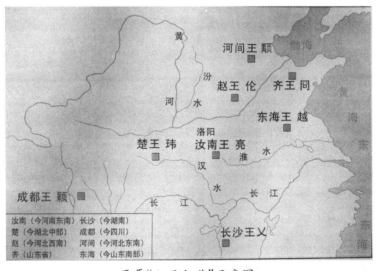

西晋"八王之乱"示意图

人左元异为"使者持节中郎将幕府奏曹史"，其职能就是管理北方内迁的匈奴，颁布皇帝下达的诏书，收受胡人的贡品。

魏晋时期朝廷歧视政策及朝廷内乱

从公元 47 年南匈奴内迁起，到 304 年刘渊建立匈奴"汉国"的 250 余年间，北狄人居塞内者共 19 种，经过十多代人的繁衍，势力壮大。其中刘渊控制的离石、平阳、河东地区仅六夷人口就达 100 多万。

后赵皇帝石勒像

在这样的背景下，一方面魏晋政权实行了歧视胡人的政策，引起了反抗。首先，对"并州之胡"采取征调、迁徙、讨伐的策略。如并州刺史梁习不仅征胡人从军，还把其家口老少数万迁送邺（今河北省磁县），对不从命者，斩首千数。连同单于恭顺名王稽颡部曲（指军队、家兵）也按编户对待。其次，强行征缴赋税。如雁门（今代县西古城）太守牵招，既征敛乌丸五百余家租调，又教民战阵，让其准备鞍马，参与战争。其三，把匈奴人作为奴隶买卖，使其备受凌辱。如并州刺史司马腾把胡人卖到山东作军费。他派将军郭阳、张隆掳掠了许多胡人，两胡一枷，押往冀州。其中有上党二十岁的武乡（今榆社）羯人石勒，多次被张隆殴辱。

另一方面，西晋政权内部矛盾加剧，力量削弱，为少数民族反叛创造了机会。特别是到西晋武帝、惠帝时，朝政昏庸，骨肉相残。永康元年（300 年）四月，赵王伦发兵进攻洛阳，开始了持续 16 年的"八王之乱"。当时幽、并、司、冀、秦、雍六州大蝗、大疫流行，寇盗成群，白骨蔽野。在这天灾人祸频繁、民族矛盾上升的情况下，"五胡乱华"的危局就不可避免了。

"离石胡"为首的少数部族起义与战乱

刘渊起义建立匈奴汉国。刘渊是新兴(今忻州)匈奴人,祖父于扶罗为匈奴单于,父刘豹为匈奴五部之左部帅。他精通汉典,谙熟政治,广交豪杰。晋朝先后任命他为左部统帅、北部都尉、五部大都督,成为南匈奴最高统帅。晋惠帝建武元年(304年)刘渊发动匈奴起义,在左国城建立汉国。二旬之内,聚集五万胡兵。他们认为,"昔我先人与汉约为兄弟,忧泰同之。自汉亡以来,魏晋代兴,我单于虽有虚号,无复尺土之业,自诸王侯,降同编户。今司马氏骨肉相残,四海鼎沸,兴邦复业,此其时矣!"(《晋书·刘元海载记》)刘渊东征,在大陵(今文水)大败晋并州刺史司马腾之夏玄军。司马腾又派司马瑜等并州精兵西击,刘渊派将军刘钦在离石、汾城四次打败晋军。刘渊统治区扩展到今方山、离石、临县、柳林、中阳、交口、隰县、平阳(今临汾)。成为我国历史上第一个内迁少数部族在内地建

离石玉林山石勒墓(民国)

立的区域性国家政权,在民族融合史上具有里程碑的意义。

"五胡"之间征伐,十六国混战。光初二年(319年)刘渊养子刘曜改汉国称"赵",史称"前赵"。从奴隶到将军的羯族人石勒,本为刘渊部下,也称"赵王",其所建政权史称"后赵"。石勒于319年令车骑将军石季龙率3万骑兵到离石讨伐鲜卑、郁粥,俘获及牛马十多万。并于328年攻灭刘曜,成为最强大的少数民族割据政权。在100多年时间里,少数部族建立汉(前赵)、后赵、成、前燕、后燕、前秦、后秦、西秦、前凉、后凉、南凉、北凉、西凉、南燕、北燕、夏等16国,而他们大都与"离石胡"有关联。到公元428年,建都平城(今大同)的鲜卑族北魏拓跋氏政权统一了山西全境。

北魏对"离石胡"的剿抚

当时国家政权初创,处理民族矛盾以武力为主。北魏道武、顺元、太武三朝160余年间,战争主要发生在离石、石楼一带及汾阳、孝义等地。398年三月北魏大规模徙民于平城(今大同)。离石胡帅呼延铁、西河(今汾阳)胡帅张崇等不愿离乡迁居,各率数千人反叛,被魏将庚岳率军镇压。404年正月,魏遣离石护军刘絜率3000骑袭击蒲子(今交口)。410年十二月,魏遣将军周观率众至西河离石镇安抚山胡。

413年五月,西河胡张外反叛。北魏令刘絜率兵3000人驻西河讨伐。七月西河胡曹龙、张大兴各率部众2万入蒲子。张外恐惧,推曹龙为大单于,杀马盟誓并奉美女良马,归附曹龙。到八月曹龙投降北魏,张外被斩。十月吐京胡(今石楼)与离石胡出以眷反魏,北魏令拓跋屈、刘絜、魏勤讨伐。出以眷领夏国赫连勃勃联兵击魏,刘絜坠马被俘,魏勤战死,北魏军大败。赫连勃勃是匈奴铁弗部帅,也是刘渊的后裔。东晋义熙三年(407年)称天王大单于,建大夏国,驻统万城(今陕西靖边县境)。势力发展到黄河以东,攻占蒲子(今石楼、交口一带)设吐京护军。

414年并州刺史楼伏连招诱西河胡曹成等70余人,袭击夏国吐京护军300多守兵,擒叛胡阿度支等200多家。434年七月,魏世祖拓跋焘亲率大军到西河征讨山胡白龙。他每天登山观战,白龙埋伏壮士十多人袭击,拓跋焘坠马几乎被活捉,经过三年苦战才讨灭。公元447年正月,吐京胡及山胡曹仆浑等聚众反叛,后被北魏武昌王拓跋提讨平。次年北魏把西河离石民5000家迁于平城。462年六月,石楼胡贺略孙反,长安镇将陆真出兵讨平。488年山胡刘什婆寇掠郡县,被离石镇将穆罴讨灭。496年十月,汾州吐京胡反,自号辛支王。北魏将军奚康生率500兵破敌,追至石羊城,斩山胡首30级,掳获牛、羊、驼、马数万。

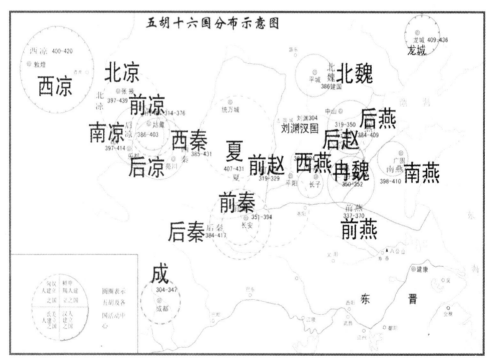

五胡十六国分布示意图

北魏对胡人政策的改变

　　到北魏文成、献文、孝文三朝近50年,政权基本稳固,处理民族矛盾以安抚为主。最初为"防匈奴五部余众散处离石者"(《汾州府志》)而在今汾阳、孝义一带设的辛壁、贾壁、白壁、许壁、柳壁等"六壁",到北魏太和八年(484年)被罢用,标志北魏对胡政策的改变。到497年三月孝文帝南巡离石,对请降叛胡宽加抚慰。并对汾州老百姓百岁以上者以县令待遇,90岁以上者赐爵三级,80岁以上者赐爵二级,70岁以上者赐爵一级。

　　北齐天保三年(552年)十月,文宣帝高洋从晋阳到离石,为防山胡袭扰晋阳,从黄栌岭

匈奴人兽首刀

(今离石汾阳界)起筑长城,北到社平(今岢岚县境)置36戍。554年高洋发动三路大军对石楼胡进行大规模讨伐,把13岁以上男子全部斩杀,妇女幼弱赏给军士。

　　战争毕竟是杀人流血的事情。从古至今在根本上讲,哪个民族也不喜欢战争。所以在"五胡乱华"的年代里,广大胡汉民人千方百计逃避战争。最典型的事例就是离石稽胡人刘萨诃厌战争、祈和平的传教活动。刘萨诃生于晋穆帝永和元年(345年),目不识字,为人凶顽,横行乡里,是梁城(在今河南)突击骑将。在十六国末至北魏初,他"立地成佛",在黄河两岸晋陕稽胡聚居地山西离石、陕西榆林至河西走廊一带展开传教活动,在民间产生了很大影响。唐初道宣在慈、隰、岚、石、丹、延、绥、银八州的稽胡聚居地考察,看到刘萨诃被当地民众奉为民族神来崇拜信仰,"村村

佛堂,无不立像",盛况空前。 这种社会现象反映了经历长期混战杀戮,胡汉人民从心灵深处感到战争的恐惧和对和平的期盼,希望出现平安神来为百姓祈福禳灾。

胡汉民族融合的主要形式与内容

匈奴贵族积极学习汉先进文化、制度。匈奴人迁入塞内后逐步接受汉文化,改汉姓,讲汉语,特别是匈奴上层贵族子弟汉化更深。如刘渊少年时曾师上党人崔游学《毛诗》、《京氏易》、《马氏尚书》,尤其是好学《春秋左氏传》、《孙吴兵法》。并博览《史记》、《汉书》,文武精通。在洛阳为人质时,连掌权的晋王司马昭都很敬重他。刘渊的儿子刘聪通经史诸子书,工草书、隶书,特别善于诗文,作《述怀诗》100多篇,赋、颂50余篇。氐族酋长苻洪的孙子苻坚,八岁便请求从师。后来苻坚统治黄河流域,对儒学、佛学都很重视。这些情况说明,五胡贵族的汉化程度已经达到晋朝士族的水平。刘渊建汉国,用汉姓,祭西汉三祖五宗为先祖。虽是策略,也说明了他对先进文化的认同。这些情况表明,胡汉之间在政策上、形式上虽还有重大区别,但在制度、文化、观念、语言上已经形成实质性的融合。

特别是石勒自身文化浅,但俘获晋朝下级士族不杀。在政治上以失意士人张宾为主谋,并把反晋的下级士族立为"君子营",为己所用。建"后赵"国后,实行贤良保荐、奖励清廉、兴办学校的政策,都是对汉先进文化的尊崇。石勒在襄国建立太学,教授五经,增设十几所小学,下令禁止国人(羯人)报嫂(兄死后弟娶嫂为妻)、居父母丧时仍行嫁娶等旧俗。可看出他对文明的接受与推动。

战乱中形成的胡汉友谊。石勒为羯族人,是入塞匈奴十九种中羌渠人的后裔。虽为小贵族,但生活凄惨。曾在介休商人郭敬、阳曲地主宁驱家做田客,为主人耕种。西晋太安年间(302年—303年)并州饥荒,石勒逃荒异乡。由雁门南返时,被北部都尉刘监捆绑卖掉,宁驱知道后把他藏起来。石勒脱了险南逃,路遇郭敬,哭诉自己饥寒交迫,没有生路。郭敬卖掉货物,给他衣食。饥饿的胡人被并州刺史司马腾掳掠卖往山东时,在路上石勒多次遭到张隆的毒打,饥病伤痛几乎夺去生命。由于郭敬族人郭阳及兄弟郭时的保护,才得幸免。10年后石勒起义,于313年攻入上白(今河北省广宗县),斩李

匈奴动物饰件

恽并准备坑杀降卒。忽然在降卒中看见郭敬,石勒急忙下马扶起郭敬,悲喜交加,泪流满面说:"今日相遇,真是天意!"并赐郭敬衣服车马,署为上将军,并因郭敬赦免所有降卒。

刘渊也曾得到太原王氏的保举。晋朝平吴之时,平定凉州之时,刘渊风华正茂,心欲报国。王浑、王济父子,上党李熹竭力推举刘渊。但都被持有"非我族类,其心必异"偏见的晋朝廷打入冷宫。如果不是王浑以性命担保,必然被置于死地。胡汉之间的友谊不仅在贵族中,在平民间应当更多。

胡汉杂居、战争、迁民及血统融合。自东汉末南匈奴内迁以来,虽实行"胡汉分治"政策,东汉政府设立汉官专门管理胡人,但胡汉杂居越到后来越普遍。后来经过百年的生存、战争、迁徙,已形成了胡汉混融的局面。特别是出现了"生胡"与"熟胡"的区别。所谓"生胡"就是汉化程度浅,从语言、观念、长相、穿着到生活习性多方面仍保留胡人的原始风貌。所谓"熟胡"是经过多少代的文化、生存、血统融合,从语言、穿着、习性到观念方面基本汉化,甚至自己也不认为自己是"胡人"了。北魏为消除"离石

胡"的威胁，一次把五千离石民迁到平城（今大同市）。这些平民既有胡人也有汉人，同命运，同受压，到了迁入地后，平民间的融合共生也更普遍、更深刻。

匈奴动物饰件

胡地胡人先进生活内容的传播。在数千年的进化中，北方部族也创造了许多先进的生活方式。一是畜牧业成熟技术的传播。怎样养马、牧羊、放驼，怎样使其繁殖旺盛，胡人比汉人的技术、经验更丰富。二是胡地物种的内传。如苜蓿、胡麻、胡萝卜、西瓜、葡萄等作物的传入，丰富了汉地作物的种类。三是生活工具的内传。如乐器、日用工具等。《后汉书·五行志》云："灵帝好胡服、胡帐、胡床、胡坐、胡饭、胡空侯、胡笛、胡舞，京都贵戚皆尽为之。"胡乐有圆鼓、腰鼓、长号及曲牌及西域音乐。直到今天，我们仍在享用胡人创造的文明成果。

胡汉民族在宗教、精神方面的融合。五胡十六国是大动乱、大灾难的时期，特别是北方黄河流域、晋陕黄河两岸是最黑暗的世界。统治者、平民百姓；胡人、汉人；命运都变化无常，得失无预，人人都生活在噩梦般的境地。这时佛教送来了共同的精神庇护所，特别是因果报应说，使人们获得精神上的慰藉。石勒、石虎大兴佛教。东汉和曹魏时只许胡僧在都邑立寺庙，汉人一概不得建寺出家。公元338年石虎下令准许汉人出家，为下层百姓开放了精神的寓所。当时离石一带开始出现大量佛寺。如离石稽胡人刘萨诃的传教活动，得到晋陕甘黄河中游胡汉人民的崇拜信仰，形成盛况空前的局面，充分说明了胡汉民族有着共同的精神寄托。

在中国古代天人大环境下，民族融合是不以人的意志为转移的。但占主导地位的朝廷政治军事实力和民族政策对融合道路的选择起决定

胡人美女(现代舞台照)

作用。如果中央政权实力雄厚、举措正确就会使民族融合在可控的和平状态下进行。当各民族矛盾激化失控,这种矛盾能量就会通过战争、杀戮来达到释放与耗竭。这就是"天下大势,分久必合"的哲学道理。同时少数部族内迁也促进了政治、经济、文化和血统的文明大融合,提高了中华民族的生存活力。

中华民族大融合与以离石为中心的吕梁山区密切相关。可以说吕梁山区哺育了北方少数部族,为民族融合做出了辉煌的贡献。

注:本文发表于《吕梁高等专科学校学报》2008年第3期。

刊载于《山区经济》2008年第4期。

维普资讯网、金月芽期刊网等多个网站转载。

李渊起兵首战攻离石

隶朝初年，突厥在蒙古草原逐步发展壮大起来，并已开始南下染指中原。突厥可汗运用各种手段操控中原军阀势力，形成不断混战的局面。到隋大业十二年（即616年）李渊在太原起兵推翻隋朝时，也不得不主动给突厥始毕可汗写信称臣，以解后顾之忧。

结盟突厥之后，鉴于离石战略位置的重要和离石胡人的强大，第一战即发兵吕梁山区。李渊命通议大夫张伦统兵经略稽胡领地，即离石、龙泉、文城诸郡，就是今天的离石、中阳、柳林、临县、隰县、石楼、交口、永和及大宁一带。

当时离石郡太守是隋高祖族弟杨子崇。经历魏晋南北朝的民族融合，胡汉官民形成了彼此毫无戒备的状态。所以连隋朝皇帝也麻痹大意，常到风景秀美的

唐高祖李渊画像

汾阳宫（今山西省宁武县天池一带）巡幸狩猎。这里是中原进入胡地朔州平川及北方草原的天然通道。杨子崇当时任检校将军，随从皇帝巡幸。他已感知到突厥寇边的威胁，多次建议皇帝早回京师。但皇帝已玩在兴头上，根本不听，结果造成"雁门之围"的威局。到突厥兵退后，皇帝不仅不认为杨子崇建议正确，反认为他怯软，胡乱建议，致使军心动摇，对这位族弟颇不感冒。后来便任杨子崇当了离石郡太守。

其时突厥屡屡攻打边塞,离石胡人领袖刘季真、刘六儿(刘苗王弟)也率领胡人部众劫掠郡境。离石一带已经开始混乱。杨子崇发现情况严重,便上表,请求朝廷派兵镇压。隋朝皇帝由于对杨子崇有了很坏的印象,不仅不派兵,反而发怒,下书命令其巡行长城。杨子崇走出一百多里,四面道路都被乱兵断绝,不能前进,只好退回来。这时离石一带老百姓十分饥饿,无法生存,便相聚为盗。郡太守杨子崇不体恤民情,不了解实际,却下令捕斩了数千饥饿为盗人。

一年多后,在突厥可汗的策动下,朔州梁师都、马邑刘武周相继起兵反隋,离石一带诸胡乘机啸聚呼应。"子崇患之,言欲朝集,遂与心腹数百人自孟门关(今柳林县孟门)将还京师。辎重半济,遇河西诸县各杀长吏,叛归师都(指梁师都),道路隔绝。"(《隋书·杨子崇传》)于是又退回离石。部下听说李渊在太原起兵,都不肯入城,陆续叛逃而去。郡太守杨子崇十分恼怒,又把叛逃人的父兄抓起来全部斩杀。不几天,李渊派遣的张伦大军就攻到离石城下。一天夜里,城中豪杰互相呼应,里应外合,迅速攻破离石郡城。杀人众多的郡太守杨子崇,终于被乱兵仇家杀掉。

接着唐军又招抚了离石胡刘季真、刘六儿起义军。为安抚这些胡人首领,唐朝廷还任刘季真为石州总管,刘六儿为岚州总管。与此同时,李渊派李建成、李世民统兵南下攻占西河郡(治汾阳),

胡人军骑图

即今汾阳、平遥、孝义、介休、灵石一带。当时隋朝西河郡丞是高德孺。李渊太原起兵，高德孺不响应，也不从命。李建成、李世民兄弟大军兵临城下，高德孺闭城坚守。李氏兄弟只好发兵猛攻，才攻破西河郡城（万历《汾州府志·汾州旧题名》），吕梁山区域基本为唐军所控制。

突厥可汗不愿看到中原任何力量成为气候。唐武德二年（619年）四月，唐朝政权建立的第二年，突厥可

胡骑拼杀图

汗又与北方割据势力刘武周联兵南下至太原南之黄蛇岭（今榆次北），进攻唐军。李元吉派大将张达出战，结果被刘武周联军打得全军覆没。

在突厥可汗的怂恿下，唐武德二年五月离石胡人领袖刘季真、刘六儿再次起兵，并派人与刘武周联系。刘武周领兵西进离石一带，配合刘季真军队迅速攻陷石州城，杀死唐朝石州刺史王俭。又攻陷平遥，对太原形成战略包围。由于有了突厥的支持，离石胡人刘季真的势力迅速壮大，自称突利可汗，刘六儿为拓定王，对唐朝形成很大边患。唐军招抚不成，只得下决心剿灭，离石一带才逐步平定下来。

吕梁山是唐宋朝廷的伐木场

　　吕梁境域历史上到底是什么样的自然景观？历史文献和现存遗迹表明，秦汉以前吕梁境域曾是森林茂密、草地广阔、山清水秀、环境优美的地方。《孟子·滕文公上》记载，尧时山西汾河流域"草木畅茂、禽兽繁殖、五谷不登、禽兽逼人"。《山海经》述尧舜时"怀山襄秀，草木畅茂"，"万山丛绿，古木参天"。说明那时吕梁山区丘陵、平川盆地到处是茂密的森林。

　　战国后期，赵武灵王破林胡、楼烦，拓地千里，其地就在今吕梁山区至陕北、内蒙一带。"林胡"就是林中的胡人，说明当时吕梁山区有大片森林。西汉时期，社会稳定，耕作技术发展，到平帝元始二年（2年）吕梁境内有12县，总人口284 913。三川河、湫水河沿岸和东部平川农业得到相当开发，而湫水河以北内蒙以南只设了临水县（今兴县西北）。说明这一带林莽人稀，整个吕梁山东西麓仍是森林草原。东汉以后，南匈奴内迁主要分布在吕梁山区，游牧经济

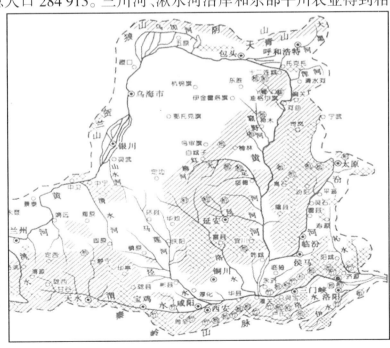

唐宋时期黄河中游森林分布图

逐步取代了农耕经济。山区、平川西汉时开垦的土地又变为森林草原。《水经注》描述山西汾河中上游"杂树交荫,云垂烟接","翠柏烟峰,清泉灌顶"。松、柏、杨、柳、榆、桦,林海茫茫,草地广阔,景色秀美。当时整个吕梁境域单位面积人口少,农业开发程度低,是全国主要林木积蓄地。

从与吕梁毗邻的周边环境来看,汉元鼎四年(前113年),汉武帝刘彻曾乘大船到山西临汾一带进行祭祀活动。他写的《秋风辞》"泛楼船兮济汾河,横中流兮扬素波",反映了当时汾河的水量及汾河周边良好的生态环境。公元5世纪初,陕北也是生态优良的区域。公元407年匈奴铁弗部天王大单于赫连勃勃建"大夏国",在无定河上游红柳河畔兴建了一座规模宏大的统万城。考古发现其运用了许多粗大的松、柏、杉等树干作为建筑材料。当时赫连勃勃北游契吴,叹曰:"美哉!临广泽而带清流。吾行地多矣,自马岭以北,大河以南,未之有也。"(《元和郡县志》)宋代在神木西面的沟谷中,还有着丛生的杉树和柏树:"其地(即神木县)外则蹊径险狭,杉柏丛生,汉兵难入。"(《西夏书事》)当时整个晋西北离石、岚县吕梁山区直到内蒙、陕北有着连绵广袤的森林。

连绵广袤的原始森林,一望无边的修楠巨梓,自然要吸引大兴土木的皇朝的眼球。历代造反者总是把前朝宫殿、庙宇全部焚毁。新王朝座天下,便在一片废墟上重修宫城。《水经注》载,北魏(420年—534年)在洛阳大造宫殿,林木取自西河(离石、中阳、汾阳一带)。最典型的事例是,北周(557年—589年)将军王罴"镇梁州,讨平诸贼还。授右将军、西河内史,辞,不拜。时人谓之曰:'西河大邦,俸禄殷厚,何为致辞'?罴曰:'京洛材木,尽出西河,朝贵营第宅者,皆有求假。如其私办,即力所不堪;若科发民间,又违法宪。以此辞耳'"(《周书·王罴传》)。从这位王罴将军有军功而不受官的原因,可以看出当时砍伐吕梁山巨木大材已形成了一种风气。唐中叶以后,陕西的秦岭、甘肃的陇山修楠巨梓已砍伐殆尽。《新唐

书·裴延龄传》记载，皇帝"要造神龙佛祠，须材五十尺长者。延龄妄奏："同州（今陕西大荔）得大谷木数十章，度皆八十尺。'帝曰："吾闻开元间，近山无巨木，求之岚、胜间。今何地之近，材之良邪？'"虽然裴延龄欺君妄言，但从皇帝的疑问中，可以看出开元间唐玄宗要营造长安、洛阳时木材的来路。岚、胜即今吕梁市岚县至今内蒙古自治区鄂尔多斯市东胜区（当时为胜州）一带。说明这一带当时有连片的大森林，而成为皇家伐木的主要基地。黄河、汾河成为巨木运输的水上交通要道。文水县有个开栅镇，古称"栅城"，其地处文峪河口，实际是交城山里木材经文峪河水运而出的集散地。隋仁寿四年（604年）武则天的父亲文水人武士彠，在交城山庞泉沟一带购置山林，经营木材生意七年，并因此致富才与隋朝高官太原留守李渊结识。

　　到宋代，吕梁山区仍是皇家的主要伐木基地。柳宗元《晋问》云："晋之北山有异材，梓匠工师为宫室求木者，天下皆归。"宋真宗（998年—1022年）广建道观、大伐"岚（今岚县、静乐、兴县一带）、万（今万荣西北）、汾（汾阳、离石一带）之柏"（洪迈《容斋随笔》）。北宋大中祥符年间，吕梁山脉北段的芦芽山一带已为辽国所有，朝廷为修筑开封宫殿，于是把伐木区从岚州转移到石州（离石、方山、中阳）、汾阳一带，伐木工多达三四万人。巨木出山是人抬马拉，或是冬季路上泼水成冰来运送。元代冯钰《河村新润济侯庙记》

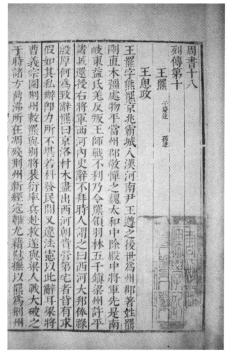

《周书·王罴》书影

云:"宣和元年(1119年),大梁营宫室,遣使取河东大木。时亢旱,汾流既涸。知汾州军周炜,惧违诏命,诚祷于侯。大雨夹旬,木茂(当为'筏'字)得顺流以达。"(乾隆《汾州府志》)由此可以看出当时伐木的状况及运输方式。当时总体上河流水量丰沛,离石一带木材当由三川河输运入黄河。汾阳一带大量木材是顺汾河漂入黄河,再由黄河流至开封。

《金史·食货志》记载,金皇统元年(1142年),"是时营建南京宫室,大发河东、陕西木材,浮河而下,经砥柱之险,筏工多沉溺"。这里的"河东"就是指吕梁山区。金后期仍有"万筏下河汾"的景象。赵秉文《滏水文集·芦芽山》记载,北宋末年汾州附近大旱,河水涸,水运停,积压"修楠巨梓"数万根。到元朝,吕梁区域仍是伐木基地。历代统治者所筑都城、宫殿、行宫、官府、苑囿、陵寝不厌其烦,良才巨木尽出西河。这种掠夺式采伐,给后人造成严重的生态灾难。

此外,为满足京城开封所需薪炭,据《宋史·食货志》记载,仅治平二年(1065年)由河南西北部、陕北和吕梁山区顺黄河而下运送的薪炭、木炭就达9.5万公斤,每年累加,可知整个北宋砍伐多少森林。至今岚县西部仍有大山叫"烧炭山",周11公里,北与岢岚交界。传说,此山原为松子岭或叫"万松山",因松树多、鹿多又名"巨鹿岭"。古代人们不断在此伐木

吕梁山森林

烧制木炭,便称"烧炭山"。而今这里则是荒山秃岭,无林木存在。清道光以后,离石一带以烧木炭为业的人家,也只好另谋生路。

到了清代,雍正十一年(1732年)二月,太原知府刘崇元曾向朝廷申报:交城县(当时属太原府辖理)后山产木最多,交易银两不下十余万两。请于交邑武元城设立税口,水泉滩设立木厂,裕国通商。现在虽于文水县之开栅、峪口两村设立木厂,然而系属私设。理应正式于交城水旱总路武元城设站收税,招商聚卖。伐木三十多年后,林木距税口越来越远。于是,在乾隆二十八年(1763年)四月,工部根据山西巡抚明德的反映,向弘历帝(乾隆)奏请:将税务机关从武元城转到故交村,就近稽查,继续让商人开采林木。后得旨准行,并要求将征额税银及盈余全部报解,不得丝耗截留。由此可以看出清代对吕梁山林木砍伐的严重程度。直到解放后,吕梁山森林经营部门(林场)的职能仍以伐木为主。这种现象一直延续到上世纪九十年代。

古生物学家杨钟健1929年实地考察时,断定当地原为森林地带,面对晋西、陕北到处荒山秃岭、沟壑纵横的情景,十分感慨"我民族摧残森林的可怕"。1955年,中国科学院黄河中游水土保持考察队指出:"从残存的原生植被来看,可以肯定,本区在农耕以前原始植被是属于森林和森林草原。"

由于历代朝廷的大肆砍伐,明清时代政府与民间持续的放牧、垦殖,连绵的大片森林被分割、缩小,林边退到深山。古来优美的生态环境急转直下,到清末只有吕梁山脉的山脊深沟,因山深路远,留有断续的、点片状态的原始森林,大片地方形成荒山秃岭的面貌。

注:本文曾以"吕梁山林木支撑起唐宋京城巍峨宫殿大厦"为题,刊于《山区经济》2009年第6期。

吕梁是历代政府的牧马基地

中国古代,由于马在战争、交通、仪礼及耕垦拉引等方面的重大作用,被称为"六畜"之首。在冷兵器时代,牧养军马对提高国防力量具有特殊重要的作用。朝廷的马场,就是潜在的军事基地。《后汉书·马援传》云:"马者,甲兵之本,国之大用",这就把养马提高到国家战略的地位。因此,秦汉以来,历代都设牧师苑,设马政官。直到近代新式武器的出现,牧马的重要性才逐步消失。吕梁境域因其客观条件和自然环境,所以成为历代朝廷的军马基地。

吕梁成为古代养马基地的条件

养马的必要条件就是要有广阔的牧场、丰美的水草。从文献记载和考古成果看,吕梁境域唐宋之前有着广袤的原始森林和草地。《山海经》

西华镇牧马场

述尧舜时"怀山襄秀,草木畅茂","万山丛绿,古木参天"。商周时期吕梁为工方(或土方)及戎狄部落所居,他们以游牧为主,生态自然良好。战国后期,赵武灵王"破林胡、楼烦,拓地千里,"其地域就在今吕梁山区至陕北、内蒙一带。"林胡"就是林中的胡人,说明当时吕梁山区自然景观是森林草地。经历西汉大发展,三川河、湫水河沿岸和东部平川农业得到相当开发。而湫水河以北内蒙以南只设了临水县(今兴县西北),说明这一带林莽人稀,整个吕梁山东西麓仍是森林草原。东汉以后,南匈奴内迁主要分布在吕梁山区,游牧经济逐步取代了农耕经济。山区、平川西汉时开垦的土地又变为森林草原。《水经注》描述山西汾河中上游"杂树交荫,云垂烟接","翠柏烟峰,清泉灌顶"。松、柏、杨、柳、榆、桦,林海茫茫,草地广阔,景色秀美。

当时晋西北离石、岚县乃至整个吕梁山区直到内蒙一带都有着连绵广袤的森林草地。《水经注》述,北魏在洛阳大造宫殿,林木取自西河(离石、中阳、汾阳一带)。北周时,将军王罴有军功而不受官的原因就是"京洛材木,尽出西河,朝贵营第宅者,皆有求假"(《周书·王罴传》)。可以看出吕梁山区森林之广袤。历经五胡十六国到隋唐时期,国家城市建设耗费了大量木材。唐中叶以后,陕西的秦岭、甘肃的陇山修楠巨梓已砍伐殆尽。开元间,唐玄宗要营建长安、洛阳,也只能"近山无巨木,求之岚、胜间"(《新唐书·裴延龄传》)。岚、胜即今吕梁市岚县至今内蒙古鄂尔多斯市东胜区(当时为胜州)一带,说明当时有连片的大森林和草地。

1955年,中国科学院黄河中游水土保持考察队指出:"从残存的原生植被来看,可以肯定,本区在农耕以前原始植被是属于森林和森林草原。"据山西省林业部门估计,夏商以前山西森林覆被率高达70%以上,西周至春秋战国时期在50%~70%,秦汉魏晋至南北朝时期为40%~50%,唐宋辽金元时期为30%~40%。明初为30%左右,明中叶骤降到15%,明末清初约 10%,1949 年新中国成立时仅为 2.4%。

由于生态环境良好,森林茂密,草原广阔,所以吕梁山区成为历代统治者的军马基地。

历代朝廷在吕梁养马的文献记载

考古成果表明,商代甲骨卜辞中已有管理商王马匹的马小臣。当时黄河沿岸柳林、石楼的工方部族以牧业为主,他们以马为依托,为生存而战争,与殷商王朝进行了长期的征战,创造了灿烂的草原式青铜文化。石楼—绥德青铜文化中,常见的青铜卣和带把鬲就是非常适用于骑马的饮具。

周代逐步形成政府管理全国马匹组织的雏形。春秋时,吕梁山区尽为戎狄所占,戎狄以善于经营畜牧而著称,吕梁一带牧业发达。战国时期,伯乐、九方皋等相马名家辈出,并著有《相马经》,推动了牧马业发展。吕梁三川河流域城市带崛起,商业发达,马市兴旺。特别是石楼一带成为晋国战马的重要产地。《左传·僖公二年》曰:"晋荀息请以屈产之乘,与垂棘之璧,假道与虞以伐虢。"《太平寰宇记》载:"隰州石楼县,屈产泉在县东南十里。相传昔有白马,饮此泉,得产龙驹。"《水经注》云:"龙泉出吐京(今石楼县境)城东南道左山下,牧马川上,多产名驹。亦名屈产泉,即晋献公以屈产之乘假道于虞者。"当时"千乘之家"、"万乘之国"成为一国实力的代名词。晋国最强盛时有

明嘉靖刊本,北魏郦道元《水经注》书影

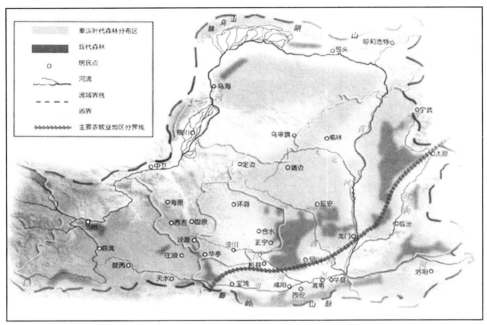

秦汉魏晋北朝时期农牧分界线及森林分布图　引自：史念海《黄土高原历史地理研究》

战车 5000 乘，一车驷骑，需马两万匹。三家分晋后，各有马匹 5 万~6 万，全晋有马 15 万~20 万匹。"晋国多马，屈焉是产"，吕梁为赵魏之域，马匹保有量应在 8 万~10 万匹。赵武灵王"胡服骑射"，拓地千里，吕梁山区及三川河流域的战马起了很重要的作用。

　　秦国的大一统，深得益于以战马为基础的军事力量。从秦始皇兵马俑中可以看出军马在秦国的重要地位。秦统一后，为了保持一支有迅速应变能力的常备军，秦国把养马作为国策，成立专管车服与马的太仆寺，太仆一职也由周代国王车驾的御从变为马政长官，位列九卿。从此形成马政机关，又设六牧师令掌边郡养马。

　　经历秦汉战争，社会生产力遭受极大破坏，军马严重乏匮，甚至出现"自天子不能具钧驷，而将相或乘牛车"（《汉书·文帝记》）的现象。为此，西汉政府大力发展以养马业为基干的国营畜牧业。设"太仆牧师诸苑三十六所,分布北边西边,以郎为苑监,官奴婢三万人,养马三十万匹"。其中上郡、北地郡、西河郡牧师苑,范围即在吕梁山区、陕北和内蒙南部,养马数万匹。到汉武帝时军马增至四十万匹,大批军马为汉武帝驱匈奴、通西域做出巨大贡献。大将军卫青西击匈奴时,曾派人到河东、太原买马。清代《读史方舆纪要》说,汾州府有"牧师城,在府西北境。汉边郡皆置牧师苑以养马,此即西河郡牧苑也。或曰:亦在今废胜州境,后汉永元六年(94年),匈奴大帅逢侯叛,南单于师子与汉中郎将杜崇屯牧师城,是也。后亦移置于府(指汾州府)境,其地广斥,宜畜牧。宋治平中,崔台符按汾州,得牧地三千二百顷。明年,移沙苑马五百牧于此,即古牧师地矣"。其地在今离石区境与汾阳市、文水县、交城县、方山县交界的西华镇四十里跑马墕至云顶山、庞泉沟一带。

公元140年西河郡迁到离石,南匈奴主要分布在吕梁山区及周边,使中原畜牧复盛。草原民族引入大量蒙古马种,使原有马种逐渐消失。吕梁山区乃至交城、文水、汾阳和孝义一带平川,汉以来得到开发的土地,又逐步变为草原林地,农耕经济逐步被游牧经济取代。乾隆《汾州府志》云:"刘王晖,西少南距州(永宁州)治百里,高八里,盘踞二十二里。上有池曰'饮马潭',刘渊都离石时曾居此,故名。其左右溪涧:右涧为州之东川,入离石水以达(黄)河;左涧入文水以达汾。山之东麓接交城县界,在交城县西百八十里。自是而南,左右汾阳、永宁之间,西山之正脊也。"实际上讲的是这里山高、林密、沟宽,南匈奴首领、牧民集中在这一带进行牧马活动。

北魏迁都洛阳后,在河阳(河南孟州市

西河马丞印

境)重置牧场。每年自河西牧场(河西走廊)迁徙大量牲畜于并州马场,牧养一段后,再逐渐南移,使其适应中原炎热的气候和水土。历史上的所谓并州马场,主要在晋西北吕梁山区。因为吕梁山主峰骨脊山以及云顶山是山西西部宗山,这里四通八达,自古森林茂密,水草丰美。历代马场主要分布在今天离石的关帝山、西华镇、北川河、交城县庞泉沟、中阳县至交口县山区、岚县秀容川以及娄烦、宁武山区。位于交城县与方山县之间的庞泉沟一带曾是北魏道武帝拓跋珪的皇家马苑。北魏398年封尔朱羽健于秀容(今岚县)以后,尔朱氏把三百里秀容川发展为规模庞大的家族牧场,史称"牛羊驼马,色别为群,谷量而已"。由于牲畜太多,牛羊驼马以颜色分类,以河谷计数:红色的一沟,白色的一沟,黑色的一沟,花色的一沟。那气派真是牛马如云,牧场似锦。

　　唐初平定突厥后,北方少数民族南下入居晋西北山区,养马放牧成为当地主要生业。随着疆域的扩大,马对国家社会的作用更大。唐朝除太仆寺统管全国牧政外,又设驾部主管驿马,建立簿籍,完善了马政组织。唐代兵马苑的范围进一步扩大,虽然山西大部分地区转牧为农,但吕梁境内石州(离石)至岚州仍是朝廷重点经营的牧区。贞元十五年(799年)唐朝政府在全国设立48处牧监,专为朝廷牧养军马。仅吕梁山麓就有天池、神池、楼烦三处。《新唐书·兵志》云:"岚州使三,统楼烦、玄池、天池之监。""其后突厥款塞,玄宗厚抚之,岁许朔方军西受降城为互市,以金帛市马,于河东、朔方、陇右牧之。"岚州属河东道,其地约当今晋西北岚县、兴县、静乐、岢岚一带,其东南与唐太原府比邻。楼烦镇马监,最初由岚州刺史监管。其地在吕梁山东麓,管辖范围主要是吕梁山区,养马几十万匹(《中国地理》1986第8期)。

　　五代时,后汉天雄军节度使郭威曾对高祖刘知远说:"河东山川险固,风俗尚武,土多战马,静则勤稼穑,动则习军旅,此霸王之资也。"说明即使在唐末五代的战乱年代,河东特别是以离石为中心的吕梁山区的老百姓仍喂养大量马匹。吕梁成为军阀们的必争之地。宋代除太仆寺和驾部外,又设群牧使、茶马寺,以茶叶等向西部少数民族换取马匹。北宋牧监主要分布在中原地区,全盛时多达14处。景德年间,设太原监于交城,主管吕梁山区军马牧养。大臣欧阳修在考察山西后的奏章中说:"河东岚(岚)、石(离石)间,山荒甚多,及汾河之侧,草地亦广。其间草软水甘,最宜牧养。"熙宁五年(1072年)在河东、河北、陕西、京东和京西五路实行《义勇保甲养马法》,"赋牧地与民而敛租科,散国马于编户而责孳息",由民户按家产多少养马一至两匹,民间养马得到很大发展。

元朝统一中国,"以弓马之利取天下",牧业十分发达。但元朝经营的大牧场主要在边疆和江南,在内地搜刮民马,怕汉人起义,禁止汉民养马,所以元代养马衰落。

明初在全国南北各地推行马政,在陕甘、河东和辽东设养马场,在农区厉行官督民牧,由太仆寺、苑马寺分管,统于兵部。明代都察院左副都

庞泉沟牧马场

御史杨一清督理陕西马政时,建言:"惟国之大事,莫急于兵;兵之大要,莫先于马,马资于国用甚大。"说明马对于国家安全的重要性。当时河东牧马场主要在吕梁山区。官地山为吕梁山脉主峰,是方山县、交城县和楼烦县界山,现称"关帝山"。《交城县志》载:"明晋藩牧马地在其下,俗呼官地里,山称官地山。"这里至今也是山西最大的牧场。

到了清代,吕梁境域更成为政府的养殖基地,主要放养马、驼、羊、牛、驴和骡。《近代的山西》记载,"清代以来,山西设立的养马场较多,马厂、马场多集中于晋北、晋西北地区及太原府一带"。除官马外,吕梁民间养马也很发达。离石县东川西华镇一带有大量牧民,养马数量大、品质好。交城县牧养的品种有古祖马、青海马、蒙古马,青少年喜欢驯马、骑射。这一带大山相连,官府见民间养马过多,怕起事,便申令禁止,引起老百姓激烈反抗。离石县长板塔村牧民王显明,就是因为官府禁马并经常刁难牧民,便揭竿而起,带领起义军在交城山与官军斗争十几年。汾阳县养马远近闻名。明末清初,这里的老百姓曾为李自成义军和吕梁交山起义军提供了大量马匹。因当地产马多,所以汾阳、文水、交城一带马市十分兴旺,成为晋中、吕梁一带的马匹集散地。此外,吕梁当时成为山西最大的骆驼牧养基地。离石、方山、临县、孝义以及岚县、文水、汾阳放养大量骆驼。清代中期山西养驼不下一万峰,主要集中在吕梁境内。康熙五十五年(1716年)山西巡抚苏克济奉朝廷之命,从汾州府、大同府选出2000头肥壮的骆驼、驮骡送往甘肃,支援清军。吕梁山区的岚县、兴县、临县、离石、石楼,特别是交城县成为有名的养羊基地。当时全山西养羊在1000万只,其中吕梁境内要达到三分之一以上。清晚期军制改革,马政机构合并成军牧司,保留上驷院到清末。

森林草地与古代牧马地名遗迹

　　司马迁在《史记·货殖列传》中对战国末期中国北方经济地理进行了大致划分,他认为"龙门碣石北,多马、牛、羊旃(毡)、裘、筋角",这其实是一条农牧区的分界线。"龙门碣石线"大致从陕西韩城、山西河津龙门山向北,经吕梁山东麓之孝义、汾阳、文水、太原北,至燕山达河北昌黎县北。从文献记载看,当时吕梁山区确是戎狄等游牧区域,把历史文献与现实相结合,发现历代牧马区域分布基本是一致的。

　　吕梁市到 2007 年底有林地面积 729 万亩,森林覆盖率达到 23%,分别是解放初林地面积和森林覆盖率的 5 倍。截至上世纪八十年代初,优质牧草 100 多种,天然牧坡 782 万亩,其中 3000 亩以上的大草地有 627 万亩。至今最为有名的草地仍是临县、兴县、岚县一带的紫金山、黑茶山草地,离石、方山和交城之间的关帝山、云顶山、西华镇和赫赫岩草地,中阳、孝义、交口一带的上顶山、高庙山草地。按全国 18 类草地标准,吕梁有 6 类。其中灌木草丛牧坡是主要成分,主要分布在交口县、中阳县和石楼县;山地草甸类分布在离石西华镇、文水县北云顶山、方山县赫赫岩山、中阳县上顶山和岚县敦厚乡;山地灌木丛类分布在中阳县雪岭山、兴县王寨山。

汉代骑兵俑

　　围绕这些大草地，吕梁山东西麓有许多有关牧马的村名地名，可以看出吕梁古代牧马基地的遗迹。《元和郡县图志》说："牧师城，在府（汾州府，今汾阳）西北境，汉边郡皆置牧师苑以养马，此即西河郡牧苑也。""其地广斥，宜畜牧。"这是吕梁境域有牧师苑的明确记载。在关帝山、云顶山、西华镇和赫赫岩草地周边，今离石区大小东川有马寨、寨马塔、走马塔、走马梁、马城社、续（驯）马梁、马槽里等村名和四十里跑马场。方山县有马坊，马圈沟、马坊湾、马则梁、马鞍梁等村名，传说尉迟恭在此养马。交城县有马岭、歇马头村。汾阳市有北马庄、南马庄、东马寨、西马寨、牧庄。在上顶山、高庙山草地周边，中阳县有前师峪（苑之谐音）、中师峪、后师峪、牧峪、牧师。孝义市有马术岭、马庄营、王马、马庄。石楼县有马村、马门庄、马儿山、马头山。在紫金山、黑茶山草地周边，兴县有马圐圙、马则寨、马铺滩、栏马、马圈沟、牧里圪窝、饮马会等村名，岚县有马坊、上马铺、下马铺，都在吕梁山中。饮马池山位于岚县、岢岚界，山下有饮马池，山上至今有森林，相传尉迟恭得宝马于此。汾阳峪道河、离石东川都有马跑泉。这些地名反映了古代吕梁山区养马的盛况。

"石州火塘寨"气势不凡
印证杨家将生聚历史

——"石州火塘寨"考察与辨析

在今天山西离石、柳林一带,说起"石州火塘寨",老百姓众口相传杨家将练兵的故事,脸上写满了神秘与敬仰。其地就位于今柳林县境、三川河北岸的悬崖石山之巅,距县城约5公里。因宋代这里是石州(今离石)辖境,故称"石州火塘寨"。

一个星期天我们对"火塘寨"进行了实地考察、踏勘。三川河是古来华北通往大西北的交通走廊。位于河北岸悬崖山顶的"火塘寨",全部建在原始石基上。古寨坐北向南,东西宽约30余米,南北长约80余米,总面积约2500平方米。寨子西半块地势较高,从建筑坍塌痕迹可辨共有7排26孔石窑:最北面一排两孔保存完整,其余6排,每排4孔石窑全部坍

三川河北望火塘寨

塌。中间两组为两排窑洞共用一道背墙，分别形成两组面对面的封闭小院。

古寨东半部在约 2 米高自然石垯之下。最北有 2 孔石窑遗迹，当是厨房；面前为小广场。南北各有一道寨门，南寨门保存尚好，北寨门已成豁口。南北寨门内各有一石窑，当是守卫室。北守卫室坐西面东，与正面最北边 2 孔石窑同体异向。南寨门外数米即悬崖，门内左手坐西向东有 2 孔石窑遗迹，当是仓库之类；迎面为守卫室，守卫室左侧有巷道通小广场。这样寨内共有石窑洞 32 孔，除去厨房仓储，可驻扎家人兵丁 100~150 人。

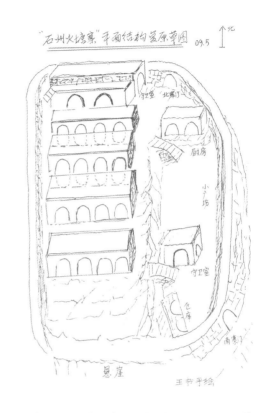

火塘寨复原平面图

寨内所有石窑洞规格略同，约深 5 米、宽 3 米、高 3 米。全部为就地所取石材修建或凿削原始石壁作墙。从残留部分可见黏合材料及窑洞内面全部为泥浆泥抹。东西寨垣尚完整，高 3~4 米，宽 1 米多。在东寨墙之外下山的缓坡地带还筑有二道护卫石墙。传说北面山上为走马梁，是当时杨家练兵跑马之处。据以往记述，寨内有宋政和三年（1113 年）石碑一通，今已不见。从悬崖处观音庙右面四五尊无首石佛雕像看，为宋金风格，并有半通石碑，无法确认。综合判断应为五代至宋遗迹无疑。

站在古寨南边向下望去，东西 10 里之内，三川河谷尽收眼底。南面三川河村庄鳞次栉比。青银高速、307 国道上车流滚滚。那么口传历史是否传递了历史的真实信息，当年杨家将果真在此练兵了吗？

从杨家出身及唐末五代的社会背景、生存选择看

唐末五代社会失控，各地军阀称霸立国，东打西杀，人命如草芥。在这种大背景下，被《资治通鉴》称为"麟州（今陕西神木）土豪"大族的杨氏，利用自己的豪强武装势力，在军阀混战的缝隙中，维护豪强地位，保护家族生存繁衍是其根本宗旨。杨家父子先后为后晋、后汉、北汉、后周、北宋边将，正是其适时应势"土豪"宗法观念的反映。

杨业画像

但从麟州所处的周边环境看，又十分不利于他们的生存与发展。故麟州城（今陕西神木县杨家城）地处中原势力边缘和少数部族攻伐的主要战场。西有党项，北有突厥、吐谷浑，东有契丹，经常围攻麟州。特别是党项与契丹为杨家世敌，杨家青壮受命外出作战，最怕敌人端掉老巢。加之这里地处沙漠边缘，物产匮乏，所以从保家抗敌的大局出发，另找一个安全之地是合理的选择。

严峻的形势迅速降临。大约在 937 年（后晋天福二年）党项、突厥、吐谷浑诸族大酋长拓跋彦超，趁石敬瑭后晋将燕云十六州"奉献"给契丹的机会，占据了麟州一带。为此，杨信率军在晋西北与诸族及契丹大战。在

无法扭转局势的情况下，来到石州地面。他见这里山川秀美、地形险要、物产丰富，便选择三川河北岸石崖之巅，建造火塘寨，作为后方根据地。其时石州一带属后汉领地。当时割据政权进攻的重点是州县城池，所以各地豪强、士民结寨自保已成为普遍的选择，也不是杨信一家这样做。

从属国疆域及杨家父子所任职责与战争地域看

杨家父子担负着为属国效力与保护家族安全的双重任务。而这两个任务的根本利益是一致的。所以他们必然要东打西杀，疲于奔命。

944年(开运元年)后晋委杨信为麟州刺史，947年(后汉天福十二年)后晋亡，后汉又任杨信为麟州刺史，兼领丰州。后晋、后汉先后建都在东京开封府，麟州在边地，而家族则居于石州安全地带。但是杨家虽移居石州火塘寨，却没有放弃麟州地盘。为此，不得不反复与契丹等群胡拼杀，夺占麟州、丰州、河曲等地。

到951年(北汉乾祐四年)，后汉晋阳节度使刘崇在太原称帝，建立北汉。麟州地属河东，杨信又附于北汉。其时杨业二十岁左右，已经成家，被召入太原任保卫指挥使，于是他这一门便留居石州火塘寨。北汉疆域有并、汾、忻、代、岚、宪、隆、蔚、沁、辽、麟、石(今离石)等十二州。其时火塘寨位于北汉腹地，距太原近，有利于保卫家族安全发展。但当时后周的疆域远大于北汉，所以大约在952年群羌又围攻麟州时，杨信、杨重勋父子为获得后周的夏州(今宁夏银川)、府州(今陕西府谷)的援助，便举州臣周。由此可看出严峻局势下杨家的适从：杨信、杨重勋父子占据麟州故地，附后周；杨业家住石州地面，为北汉效力。一家两国，这或许是万不得已的选择。

北汉皇帝刘崇待杨业如子，杨业骁勇善战，号"杨无敌"，又任为建雄军节度使(治代州)。为保卫北汉领地，先后于960年(其年后周亡；北宋立国,为建隆元年),968 年与宋军战于太原、榆次一带,969 年战于祁州,976 年战于洪洞,同时还要备兵北边,抵御契丹。这样如以石州为中心,其作战半径大致在 500 里。从战略纵深、军事迂回看,无论是太原保卫指挥使,还是建雄军节度使,家住石州火塘寨是最安全的。由于火塘寨位于吕梁山之西,所以从太原位置看,便称为"山后火塘寨"。

杨信去世后,杨业弟杨重勋又附宋。特别奇怪的是 962 年,麟州防御使杨重勋、府州永安军节度使折德扆为策应宋军攻略河东,还率州军攻取了石州(今离石)。杨重勋为杨业胞弟,折德扆为杨业岳父,很明显是以作战为名,到火塘寨看望亲人。其时折赛花(即佘太君)应在火塘寨生活。为对宋朝有个交代,还活捉了北汉石州守将杨璘。这也表明,杨业、杨重勋兄弟两属,分据两地,是杨家父子在割据政权谁主天下还不明朗的情况下,为保族保种、保卫生存发展所作的精心筹划。

从石州火塘寨的地理形势及建筑格局看

"石州火塘寨"位于古秦晋大通道三川河北岸 200 多米高的悬崖石山之巅。背依大山,下临深渊;居高临下,易守难攻。寨内屋室仓厨,布局合理;重墙复卫,设施齐全。远望东西 10 里,敌情尽在眼中;俯察水阔渊深,飞鸟走兽难以通过。在这交通要道口设寨,既有利于掌握中原势力斗争信息,又有利于获取过往敌情。古代这里山高林密,比较隐蔽,根据形势分析,杨家应是以集寨自保、练兵防护为主,不到万不得已,不会主动出击。

从以上情况看,建筑如此规模的石寨,必须要有相当的经济实力和组织动员能力,必须要有相当的战略眼光及建筑堡寨常识,不是普通老百姓可为。同时,这一带比麟、府地区社会物质条件优越。后汉天雄军节

火塘寨垣遗址照

度使郭威曾对高祖刘知远说:"河东山川险固,风俗尚武,土多战马,静则勤稼穑,动则习军旅,此霸王之资也。"对此,杨家必然洞晓。

此外,从古石州历史记载看,宋代石州管辖吕梁山中部以西地域,为抗击西夏次边,朝廷曾多次下诏在河东路沿边修筑堡寨。但较大的堡寨如克胡寨(今山西临县境)、孟门寨(今柳林县境)、伏落寨(今柳林县境)、向阳寨(今山西汾阳境)的修建都有记载,无记载的都是沿交通干线的土堡。像"火塘寨"如此规模的兵寨,如果是朝廷诏建必有记载。所以火塘寨应如民间口传历史所说,是火山王杨信练"走线铜锤"的家族堡寨。

从文献记载和吕梁境域杨家将的传说看

如果从937年(后晋天福二年)杨家从麟州迁到石州火塘寨计起,到979年(宋太平兴国四年)宋灭北汉,杨业归宋后止,杨业一门应在三川河流域生活40多年。

杨业归宋后,被授右领军卫大将军、郑州防御使,是宋太宗侍卫与军事顾问的角色,这样他就要陪驾回东京开封。同年十一月因战争需要,他被任为知代州兼三交驻泊兵马部署,到前线抗辽作战。这种情况下宋朝廷一方面为安抚归宋将领,另一方面为监督前线将领,削平割据山头,自然会把杨业全家安排到开封居住(实为人质)。当时杨家住在开封城内西北隅天波门附近,并非小说家演绎的"天波杨府",这样就基本离开了石州火塘寨。小说家所谓"山后火塘寨搬兵",应是虚构。

据清代所修《弘农杨氏宗谱源流记略》载:杨衮(即杨信)"因五代残唐作乱,投山后应州刘钧帐下为将军,加授火山王。生子三:继美,王氏;继业,吕氏、佘氏;继康,呼氏。俱住石州火塘寨"。但从宋代《供备库副使杨君墓志铭》看,杨家将的故事在当时即"天下之士,至于里儿野竖,皆能道之"。到明清时更出现许多"杨家将"的小说、戏剧。如《石塘关》戏词有"家住石州火塘寨,泗水关前有家门"。因此,清代家谱所记有攀高门第之嫌,戏词所唱内容恐受传说影响。然而虽非铁证,也应成为一个佐证。

《续资治通鉴长编》卷一五二:"皇祐中,韩琦经略河东,案堡寨置处,

火塘寨内断垣残屋

陕西省神木县麟州故城(杨家城)遗址图

多北汉名将杨业所度者。"这些寨有阳武寨、崞寨、西陉塞、茹越寨、胡谷寨、大石寨等,都位于代州(均在今代县、繁峙县境)契丹军出入的要道口。这一记载说明杨业"老于边事,洞晓敌情",修筑堡寨,很有经验。从"石州火塘寨"的选址、功用、布局看,必然是杨信、杨业这样有经验之将所为。

从民间传说看,吕梁山区杨家将的故事非常多。如火塘寨对面的石仑山为折赛花练兵处。离石黄栌关有杨六郎跑马坪、饮马池,有孟良寨遗址。方山县烧炉山,相传"火山王"杨信曾在此炼铁制造兵器;焦家峪是焦赞驻军之所,潘家坂为潘洪(仁美)元帅祖先居地。兴县孟家坪为孟良驻军之地,堡头村为杨家将筑堡之地,强家山为焦赞、孟良抗辽之处。石楼县团圆山为杨六郎娶亲团圆之地等,口耳相传,历久不衰。这些传说中虽有虚构的成分,但也一定有实际的信息。正如王国维所说,史实总是和传说杂在一起,有传说的地方很多有史实。

综上所说,杨家将抵御羌胡也好、北边抗辽也好,将士出征不可能把妇孺家小带到前线。所以杨家将石州火塘寨练兵应是可信传说,三川河流域应为杨家将可靠的后方。

注:本文曾刊载于2010年第1期《柳林史志》。

石州:北宋抗击西夏的次边

在我国北宋时期,由于国家军事体制及军事指导思想所致,无论是对辽国还是对西夏的战争,宋朝都处于被动的局面,因而形成了文化繁荣而国格软弱的历史状况。吕梁境域由于其特殊的地理位置,在宋夏战争中处于无可替代的战略地位。

西夏国是以党项族为主建立的封建割据政权。党项族是唐代活动在今宁夏、甘肃、陕西一带的游牧民族,一度曾渡过黄河来到吕梁山西部的三川河、湫水河流域。

唐朝末年党项族首领拓跋思恭率兵助唐镇压黄巢起义有功,被封为定难军节度使(治所在夏州,即陕西省靖边的白城子)、夏国公,并赐姓李氏。北宋时期,其后人李继筠曾出兵助宋平定北汉,其弟李继迁不愿归宋,990年被辽国封为大夏国主,成为宋西北边的劲敌。1032年十一月,宋定难军节度使、西平王赵德明(李继迁儿子)病故,子元昊继位,契丹册封元昊为夏国王。从此,宋夏战争升级,宋开始修筑堡寨并在河东陕西路与西夏

西夏国党项贵族图

交界处停止互市。到1038年李元昊称帝，建大夏国。其时西夏疆域东尽黄河(晋陕间黄河)、西界玉门、南接萧关、北控大漠，地方万余里(《西夏书事》)。

宋夏战争不断，陕北地区成为宋夏战争的前线，所以黄河以

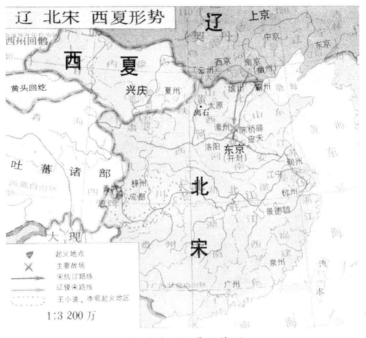

辽、北宋、西夏形势图

东的吕梁境域就成为北宋抗击西夏的次边。特别是经过三川口之战(1040年)、好水川之战(1041年)、定川寨之战(1042年)三次大战后，宋夏双方国力疲惫，宋辽夏鼎立格局形成。河东路曾向朝廷报告"自前年复葭芦(今陕西省佳县)，去年筑神泉，今年筑乌龙，通接鄜延，稍相屏蔽。今又北自银城，南抵神泉，斥堠所及，深入不毛，秦晋更为声援；自此岚(岚州，今山西岚县东)、石(石州，今离石)，遂为次边，麟(麟州，今陕西省神木县东)、府(府州，今陕西省府谷县)不为孤绝"(《续资治通鉴长篇》卷514)。吕梁区域的战略地位迅速提升。

筹备军马粮草，成为宋边防军主要战略物资供应基地

宋代的河东路指今山西中部、南部及陕西北东部地区。麟州城(今神

木县杨家城）是宋辽、宋夏最前线的堡垒，但城内无水。宋真宗担心因缺水导致城失守，1002 年六月便派使臣在河东征集井匠到麟州凿井。

1039 年（宋仁宗宝元二年）即宋夏三川口之战前一年，宋朝廷即"募河东、陕西民入粟充边"（《续资治通鉴》卷 41）。同年，鄜州判官种世衡上书朝廷"延安东北二百里，有故宽州，请因其废墟而兴之，以当寇冲。右可固延安之势，左可致河东之粟"（引文同前）。朝廷立即准允执行。1040 年又"命大理寺丞、秘阁校理石延年往河东路同计置、催促粮草"。1048 年（宋庆历八年）宋下诏"开封府、京东西、河东路括驴五万以备西讨"（同前，卷 42）。1069 年（宋熙宁二年）宋三司奉诏以钱 32 万缗及绸绢给河东路麟、府、丰、石、隰五州，募人入中粮草。1071 年（宋熙宁四年），河东、陕西巡抚使韩绛组织修筑罗兀城（陕西米脂县西北）及抚宁堡，调发河东民夫 4 万运送粮饷。

王安石画像

由于战争负担重，加上自然灾害，使得河东路今吕梁一带村庄十室九空，"民厌赋役之烦，不聊其生，至有父子、夫妇携手赴井而死者"（同前，卷 150）。1083 年，宋河东路薛义等于葭芦（今陕西佳县）西岭击败西夏军。同年宋于河东路吴堡寨（今陕西吴堡县）、永宁关（今山西石楼县西北）购置军粮十万石运送陕北前线，朝廷以绛州、垣曲县钱监所铸钱拨还。

组织"义勇"、"弓箭手"出征应战，并大量屯兵河东沿线

"义勇"是北宋时按比例征用的民丁，手背刺字，农闲习武，战时守

黄河沿线烽火台遗址

垒,官府给米、钱,后改为保甲。"弓箭手"是招募蕃汉边民,人给二顷闲田,出甲士一人;二顷半或三顷者出战马一匹。按亩纳租,免除折变科徭。"义勇"、"弓箭手"有较强的战斗力,实际类似于现代的民兵,成为抗击西夏的主要力量。

宋仁宗庆历年间(1041年—1048年)出现第一次大办民兵的高潮。由于宋军在"三川口"、"好水川"、"定川寨"战役中惨败。1040年(宋康定元年)六月宋朝廷下诏河东等路,根据州县户口多少,登记居民参加弓箭手、强壮(即义勇)。其编制是25人为团,置押官;34团为都,置都头;5都为指挥,置指挥使。乡民年满20岁登记入册,60岁以上退役。弓箭手自置弓弩轮番训练,第四等以下户,由官府给置办。1046年(宋庆历六年)宋令河东路义勇乡兵,每年九月农闲时分别于本县接受半月训练。当时河东路义勇达到77 079人,义勇在抗击西夏战争中起到了重要作用。

第二次大办民兵高潮在宋神宗熙宁年间(1068年—1077年)。当时按照王安石变法,改募兵制为征兵制。由于宋神宗对民兵有疑虑,王安石说："臣以为民兵与募兵无异,顾所用将帅如何尔";"募兵不如民兵,籴米不如兴农事";"臣愿早训练民兵,民兵成则募兵当减矣"(《续资治通鉴长篇》卷240)。后落实为"保甲法"。王安石变法期间,河东路义勇、保甲总数达21万。

其实,早在1001年(宋咸平四年)六月,李继迁率2万骑兵围攻麟州(今陕西省神木县),占据了城外水寨。守城宋军虽英勇作战,仍难以扭转被围困局。于是宋真宗命河东地区并、代、石、隰等州,发兵救援麟州。并根据著作郎张方平《平戎十策》,在河东地区驻扎了大量军队。当西夏兵入侵时,长驱直入,攻敌后方,攻其必救。1006年(景德三年)宋令河东路等地部署、钤辖、都监对所屯禁军常加训练。1007年宋把河东路部分军兵,调往鄜、延(今延安)一带替换当地宋军。1071年(宋熙宁四年)宋岚、石、隰州都巡检康从领兵进入西夏境内,遭到敌军截击,死伤惨重。1073年,宋令河东路就粮马军四十七指挥,轮流派七指挥,赴鄜延路驻军,一年一替换,并令河东等各路招募敢勇,效用300人。

离石区王营庄村墩梁上的烽墩遗址

修筑军事堡寨袭击西夏营垒

1004 年(宋景德元年)宋废石、隰州部署,置石、隰州缘边都巡检使。1029 年宋设置石州定胡县(今山西柳林县孟门)兵马监押一员。1036 年定胡县监押、右侍禁高永锡,击退来犯蕃部,斩其为首一人。

为了加强边防,"宋人于岚、石、隰三州以至黄河,皆置城戍关,杜河外入麟府路以捍夏人"(《读史方舆纪要》)。1037 年(宋景佑四年)十月,宋下诏河东路及河北路转运司,令其秘密布置各州修缮器械,加固城墙,以加强边防。同年八月,宋修筑石州伏落寨(今柳林县西),1040 年(宋康定元年)宋置岚、石沿河都巡检使,防备元昊于河东路采伐林木造筏。1041 年宋派人视察河东岚、石、隰州等地,于地势平坦处开挖战壕,以阻挡敌军骑兵。同年宋下令河东路沿边州、军、县、镇设置烽火台。1042 年宋于汾州置向阳峡寨。1071 年(宋熙宁四年)宋于河东路定胡县(山西柳林县孟门)、克胡寨(今山西临县克虎镇)黄河两岸依险筑堡。同年十二月,宋于河东路、陕西路沿边较大城寨各置主簿一员。

1075 年(宋熙宁八年)宋以河东、河北路义勇、保甲代替沿边地带巡检守军。1082 年(宋元丰五年)宋筑葭芦寨(今陕西佳县)、吴堡寨隶石州,令河东路经略,转运司管认其合用兵马、战守器具、粮草等。1084 年(宋元丰七年)九月,宋以河东路第九将岚、石州马步军指挥,每年更迭赴石州葭芦、吴堡寨驻防。同年十月两寨各置水军一指挥,每指挥满额 100 人。1085 年五月,西夏军进攻葭芦寨,宋供奉官王英战死。

1086 年(宋元祐元年)宋将河东路葭

西夏国"首领"印模

芦、吴堡寨部分军兵调往黄河东岸定胡寨就食或调回岚州。1087年宋调发河外麟、府州步兵赴岚、石州沿河地带与岢岚火山军驻扎。1089年（宋元祐四年）西夏送还元丰五年（1082年）永乐之战被俘宋人，宋归还西夏葭芦等四寨。（《宋史·外国二》）

1091年十月宋下诏陕西、河东路经略司，令相机派兵轮流袭击西夏。1092年，宋下诏河东陕西路，令于沿边要地加筑守御堡寨。1097年（宋绍圣四年）三月，西夏军至葭芦城下。宋知石州张构等率兵击退西夏军，并收复葭芦寨。同月宋修筑克胡山（今临县克虎镇）新寨，宋哲宗赐名"平羌寨"。

1098年（宋元符元年），宋河东、麟府路钤辖张世永领兵入西夏，斩首千余级，其中有大小首领20多人。同年，宋派人赴河东等路检验各路所筑城寨。为在攻西夏战争中获得神灵护佑，宋河东路经略安抚使、知太原府林希曾下令："岚、石、麟、府西路出师，进筑堡寨，凡所过神祠，并令致祭"。石州统治官王文振积极响应，认为近二十年来，前后出师，必有冥助，便奏请封石州"明灵侯"为"明灵公"（此庙暂无考）。朝廷得报，便于1099年（宋元符二年）二月，由尚书省批准至牒。云："王师济河，问罪西夏；元戎慎奉，有祈于侯；正直聪明，惟顺是助。晋宁建垒，遂合新秦；我陵我阿，民乐耕牧。底兹胜绩，实灵之休。进封贵公，秩冠五等，永福并土，尚其格思。"这件事在当时还立了块石碑，名为《宋将西征祷应克捷碑记》（见乾隆《汾州府志》艺文二）。1099年八月，宋以葭芦寨建晋宁军，下辖原石州临泉县。九月宋以河东路岚、石、慈、隰州隶属岚州路，其余沿边州军隶属河东沿边安抚司。1109年（宋大观三年）宋以定胡县划归晋宁军。

安置归附的西夏蕃部平民

古代中华民族内部所谓国与国之间的战争，实际是地方割据政权之

间的征战。所以老百姓为避害趋利、求得平安，总是趋奔比较稳定的一方。宋夏战争时，西夏国因其国小力量有限，总是动员全民奔赴战事。所以老百姓深受其害，就千方百计归附内地。1002 年（宋咸平五年）李继迁部下指挥使卧浪已等 46 人归附石、隰州宋军，朝廷令于石州分给田地，予以安置。同年八月，西夏蕃部教练使李荣、指挥使拽浪南山等率族属也归附宋石、隰州守军。同年十一月，宋把河西归附的蕃户 2 万余户安置到石州平夷（今山西中阳县）等县。

西夏国钱币

因闲田不足，宋真宗令转运司以逃亡民户田地来安置归附蕃部。1003 年绥州东山蕃部军使拽臼等 195 人归附宋石、隰州（今隰县）。1004 年正月，河西夏蕃部 45 族首领李尚然等带领族属归附宋石、隰州。所以，今吕梁境内沿黄河各县多有西夏移民后裔。

1082 年 5 月，宋免除河东路所借招纳蕃部功赏绢 1 万匹。

1045 年（宋庆历五年）宋河东路克胡寨（今临县克虎镇）捉生指挥使高磷，招诱西夏团练使莽布赛 12 户内附。1055 年（宋至和二年）宋延州等地饥民流入河东岚、石等州，河东安抚使奉诏赈济。

1043 年（宋庆历三年），宋权三司使事梅尧臣曾统计用兵西夏后河东、陕西、河北三路财政收支情况。1038 年（宝元元年）河东路收入 1038 万，支出 859 万；用兵后收入 1176 万，支出 1303 万。

在北宋与西夏近百年的战争中，吕梁境域及河东路人民出粮、出钱、出驴、出役、出兵，作出了无比巨大的贡献。由此也可以看出，吕梁境域人民在历史上的无私奉献精神。

徐徽言晋宁军抗金

——气壮山河的晋宁军保卫战

在文化繁荣而国格软弱的宋代,产生了许多铁骨铮铮、忠贯日月的文臣武将,彰显了中华民族威武不屈的豪气,北宋将领知晋宁军兼岚、石路沿边安抚使徐徽言就是其中一位。

徐徽言(1093年—1129年),字彦猷,浙江衢州观塘村人,享年36岁。他的父亲叫徐量,字子平,武举及第。征讨西夏时,为吕观文元帅的第二部将,战功显赫,授封"皇城使"。徐徽言受父亲的影响,少怀大志,刻苦学文练武,年仅八岁就中进士,大观二年(1108年)应诏,赐"武举绝伦及第"(武状元)。以后长期在西河地区当军官,曾任知火山军(治今山西省河曲)兼统治河西军马、石州知州(治今离石)。

靖康元年(1126年),金人围攻太原时,分派部队截断了宋军的运粮道路。从隰州(治今隰县)、石州以北,北宋军令几个月无法通达。徐徽言率领三千人东渡黄河,一战就击溃金军。因功提拔为武经郎,并知晋宁军(治今陕西佳县)兼岚(治今山西岚县)石(治今山西离石)路沿边安抚使。晋宁军为军政一体,管辖今陕北榆林、延安至黄河东岸临泉县、定胡县一带。

婺剧《忠壮公徐徽言》剧照

不久，宋钦宗割让河东、河西两路等黄河以北州、府给金人，黄河两岸军民无比悲愤。徐徽言毅然挥师，收复了黄河以西的麟（治今神木）、府（治今府谷）、丰（治今内蒙古五原）三州及岚、石等州。次年（1127年）金兵攻破开封，北宋灭亡，而徐徽言率领本部军队，坚守战斗。开始了近两年可歌可泣的晋宁军保卫战。

陕西省佳县一角

当时徐徽言启奏朝廷，建议动员当地民军参战抗金。但南宋小朝廷正向金人乞和，拒不采纳，晋宁军处于孤立无援的境地。徐徽言仍坚守危城，训练兵民使用戈矛，在黄河上乘羊皮浑脱迷惑敌人。金兵也在克胡寨（今山西省临县境）、陕西吴堡津加强防备，与晋宁军对垒。徐徽言常出奇兵把金兵驱走，同时暗中联络汾、晋（今晋中、吕梁一带）豪强士卒数十万，准备恢复故土。金人十分惧怕徐徽言的威力，准备迅速拿下晋宁军，以除后患。

建炎二年（1128年）11月，金兵西路军元帅粘罕的部将娄宿从蒲津渡过黄河，攻破延安府，下绥德，陷清涧，进而围困晋宁军。徐徽言坚决抵抗，并派人渡黄河召集藏避吕梁山区的数万平民壮士。吕梁军民响应号召，乘筏西渡，在黄河上与金兵鏖战数十次，杀了大量敌人。

位于杭州烂柯山石室街的徐忠壮公祠

　　晋宁军地处黄河西岸石山之巅,易守难攻,号"天下险"。徐徽言又组织军民加强城防,修整城垣,命令各将领划区坚守,并组织精兵往来巡防。徽言凭借有利地势,常与金兵对战,金兵屡攻屡败。但晋宁军山高缺水,平常老百姓用水,都在山下葭芦河中汲取。建炎三年(1129年)三月,金兵乘机在葭芦河上游筑坝堵水,切断晋宁城水源,致使城中用水断绝,储备罄尽。被围困五个月之久的孤城,陷入了援绝、粮绝、水绝的困境。城中军民十分忧心,都知道城不久就会被攻破,在徐徽言鼓舞下,炸烂并焚烧了守城的武器,坚决不留给敌人。

　　一天,金将娄宿把宋降将折可求挟带到城下,以私情劝降徐徽言。原来,折可求是徽言妻舅。在此之前,徐徽言曾送书信给在府州(今陕西省府谷)的折可求,约请他联合攻打金军。但当时金将娄宿也派人劝降折可求,并许以关中之地,折可求便以麟、府、丰三州投降了金军。徐徽言一见,义愤填膺,登上城楼,张弓搭箭,大义凛然,怒目相向。

　　折可求仰望着城墙上的徐徽言说:"您对我为什么这么无情啊?"

徐徽言厉声怒斥道:"你这个对国家无情无义的东西,我对你还有什么情义可言?不但我对你无情,我的箭更无情!"话落箭出,一箭射中折可求,折可求只好狼狈地逃跑了。徐徽言乘胜挥军出击,斩杀了金将娄宿的儿子,大胜而归。

金将娄宿,战场丧子,恼羞成怒,千方百计要报杀子之仇。十二日夜,晋宁军监门官石斌叛变,打开城门,引金兵入城。

听说城破,徐徽言先把妻、儿关在家中,积薪纵火;然后手持宝剑,坐于大堂之上,慷慨地对将士说:"我是为大宋朝天子守卫国土的大臣,要坚守气节,绝不能落入敌手,被敌人侮辱。"于是拔出佩刀准备自刎,他的部下急忙上前去抢救了他。妻子折氏,儿子徐恭均殉难。

此时大批金兵围来,徐徽言与太原路兵马都监孙昂誓死抗击,杀了很多敌人。终因寡不敌众,最终为金兵所俘。三月十三日晋宁军陷落。

因为徐徽言威名远震,金将娄宿软硬兼施,想以封官许愿劝降。娄宿见徐徽言整理衣冠,便说:"你为什么要冠黻整齐地去见金帅呢?"

徐徽言怒斥道:"穿朝服,行君礼,难道是为进入毡帐吗?你这伪官,不羞愧死,反以为荣,还为敌人摇唇鼓舌当说客!如果不赶快离开,小心点,我还有足够的力量把你打死!"

娄宿又觍着脸说:"你们的两个皇帝都已经到了北方(当时宋钦宗、宋徽宗都已被金兵掳去),你还为谁守卫呢?"

徐徽言怒答:"我为建炎皇帝守!"

娄宿说:"我军已经南下,中原最后到谁手还不知道,你又何必自找苦吃呢?"

徐徽言大怒道:"我恨不得杀死你们,再回去参见皇帝。我只知道要以死报太祖、太宗于九泉之下,其他我一概不懂。"

娄宿又拿出金国皇帝的命令说:"你如果能稍微屈服一下,就可让你世代统管延安城,整个陕地全都归你所有。"

徐徽言更加愤怒,大声斥责:"大宋国对我有很厚的恩德,为国而死,死得其所。难道我这双膝是为你这匪辈下跪的吗?你可以亲手杀了我,但不能让其他人来羞辱!"

娄宿举起手中的戟准备向徐徽言刺去,看他有没有害怕的样子。徐徽言坦开衣襟,迎着刀刃,神情镇定自若。喝下一杯酒后,拿起酒杯掷向娄宿,说:"我还准备喝你的酒吗!"接着大骂不停。

金军知道徐徽言不可能屈服,于是用乱箭射杀了他。徐徽言壮烈殉国,史称"一门殉节"。

金军统帅粘罕听说徐徽言被射死,气愤地对娄宿说:"你这家伙,为什么专杀义人来报私愤呢!"并对娄宿严加治罪。

宋高宗赵构听到徐徽言的事迹,抚着几案沉痛地对宰相说:"徐徽言以死报国,临难不屈,忠贯日月"。追封为"晋州观察使",谥忠壮,再赠"彰化军节度使"。

徐徽言墓葬在浙江省清平乡杨家垄(今尚论岗村五坟头)。南宋宁宗庆元年间(1195年—1200年),敕建徐忠壮公祠于杭州城外烂柯山石室街。祠的正殿悬朱熹题匾:"忠贯日月。"徐徽言的塑像两旁对联为:

克岚石守晋宁危局孤掸忠贯日月,
射可求斥娄宿丹心永鉴气吞山河。

牌坊对联为:

忠规义慨武穆望尘,
壮怀激烈亭侯逊色。

据说,杭州岳飞雕像就是模仿徐徽言雕像而造的。二者极其相像,也许都是爱国英雄的缘故吧。

吕梁军民抗金之战

北宋末年,新兴的女真族在北方兴起,在完颜阿骨打的统帅下,屡败辽军,夺城五十余座。书画大师宋徽宗赵佶认为,建立旷世伟业的机会到来了。于是采纳了宦官童贯的建议,联金攻辽,决心夺回自五代时儿皇帝石敬瑭出卖给辽国的燕云十六州,洗雪国耻。双方签订了"海上之盟":金取辽中京大定府(今内蒙古宁城县西),宋取辽燕京析津府(今北京市)。灭辽后,宋将把原来给辽的岁币全部给金。

宋金联合灭辽后,宋似乎一时出了口恶气,但没想到盟友将要变为敌人。特别是在征辽战斗中宋军软弱暴露无遗,这样就进一步刺激了金奴隶主统治集团向封建制转化时期的扩张和侵略野心。加上金国的重臣多为内地宋境之人,欲归故土;金收容的辽旧贵族也想报仇,所以都主张南侵,从而加快了金兵征宋的步伐。

张克戬坚守汾州城

宋宣和七年(1125年)十月,金太宗吴乞买发兵两路侵宋。西路军以粘罕(完颜宗翰)为主将,由大同进兵太原。东路军以斡离不(完颜宗望)为主将,由平州(今河北卢龙北)进兵燕山,两路军预期会师汴京(今河南开封)灭宋朝。

十月,东路军连克檀(北京市密云县)、蓟(今河北省蓟县),乘胜占领河北,直抵黄河沿线,宋徽宗匆忙传位给钦宗赵桓,仓皇南逃。宋朝派到太原负责向金交涉边境州县归属的大臣童贯,得知战况,也立即逃归京师。

1125年十二月,金西路军进逼太原城下,太原军民在宣抚司统制王禀率领下，进行了近一年的顽强机智的抵抗。直至三军先食牛马骡，次烹弓弩甲；百姓煮浮萍、树皮、糠秕、草英以充腹。

与此同时，金将银朱孛堇攻汾州（今山西汾阳），纵兵到处抢掠。新到任的汾州知州张克戬予以坚决反击。金人预先派数十人潜入城中活动，企图里应外合攻破汾州。敌计被识破，潜入者被全部斩杀。同时城中多次派出精锐士兵潜入敌营，出其不意焚烧金军棚帐，敌人十分惧怕而逃走。

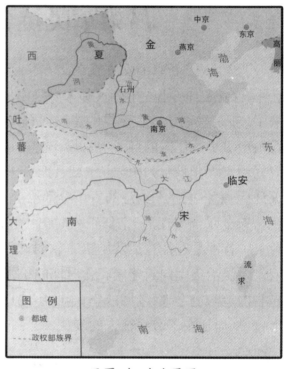

西夏、金、南宋界图

靖康元年（1126年）六月，金兵大举围攻汾州。朝廷命河东察访使张灏、都统制张思正、转运使李宗率兵数万来增援。八月张灏所率援军被金将拨离速击溃。后来张灏、张思正等又组织军队在文水夜袭敌营，大败金兵。

金元帅粘罕南攻潞州北还后，见太原还未攻下，便留完颜银术可总督诸军，经略晋阳。在击败救援太原的宋守将黄迪等三十万大军后，金军各路将领汇集到汾州之境。其时宋河东军帅郝仲连、张思正，陕西军帅张关索及其统制马忠联兵数万来救援太原，屯兵于文水一带。金将耶律怀义捕捉了宋军"生口"（舌头），掌握了宋军驻防的关键，于是金各路将领娄室、突曷速、拔离速联兵作战，直攻宋军要害。宋军被打得大败，宋将领逃归汾州。

1126年九月太原陷落。于是金军统帅粘罕亲自率军，以塗山为先锋直扑汾州。这时恰遇宋将都统制折可求折家

民国初期汾阳古城墙一瞥

军(原驻府州，今陕西府谷)。两军在子夏山一带作战，异常激烈。粘罕组织多处兵马援助，才合力打败折家军。

听到太原城陷落，宋军将领张灏、张思正、李宗全部逃奔慈州、隰州。其时威胜、隆德、汾、晋、泽、绛的老百姓多渡黄河向南逃亡，州县乡村十室九空。

援军将领逃跑，引起了汾州城内人心动摇。戍将麻世坚半夜斩杀守关兵丁出逃，通判韩虎相继逃走。张克戬召集兵民说："太原已陷落，我早知道汾州也将被攻破。但大义告诉我们，不能辜负国家辱没祖宗，我愿与汾州城共存亡，以此来表明我的节义。诸君自己考虑吧。"众人都泪流满面，不能仰视。大家异口同声地说："你是我们的父母啊，愿意拼上死命，服从你的指挥。"敌人攻来，张克戬身先士卒，率军御敌，但还是等不到援军。

金兵先攻陷汾州外围的平遥、介休及孝义,又组织军工在距汾州城南二十里的村庄作攻城器械。并且两次派使者拿着书信劝张克戬投降,张克戬连信都不拆就焚烧了。张克戬晋又招募勇士,瞅空抄小道向朝廷报告汾州守城的艰苦状况,朝臣却没有向皇帝报告。

十月,金兵万余骑,气势汹汹来攻城,战斗异常激烈。这时有十个人唱起了投降歌。张克戬立刻把他们斩杀。金兵各将领列于城下,张克戬边骂边发炮,一炮打中一个金将,立刻毙命。张克戬知道城难免被攻破,便手书遗表(报告)及给家人的遗书,派一士兵缒出城送入京师。

第二天,金兵从城西北角攻入。都监贾宣被杀,张克戬仍然率领士兵奋勇抗战。直到力所不敌,才回到家中,穿上朝服,又向南方焚香朝拜,最后自决就义。全家被杀八口人。金将捧其尸体,葬于后园,并设祭罗拜。朝廷知道后,追赠延康殿大学士及银、绢,谥"忠确"。

吕梁义军顽强抗金

1127年(建炎元年)五月,金将娄宿进攻石州。石州守将投降,属县温泉(今交口县温泉乡)、离石、方山全被金军占领。同年,宋河东路知晋宁军(治今陕西佳县)徐徽言又率军克复石州。金戍将乌虎弃城而逃,回金国后被杖打并削去官职。十二月,金将孛堇乌谷又攻石州。石州军民顽强抵抗,打死三个金兵将领,打死金兵数百人,金兵屡败。

金将突合速对孛堇乌谷说:"敌人都是步兵,我们不能用骑兵和他们作战。"乌谷说:"听说敌人会耍妖术,地下画马,用绳系其足,奔驰飞快,速度胜于快马,我们用步兵与其作战,怎能追上他们呢?"突合速笑着说:"难道真有这样的事?"于是命令各军去掉战马,经过惨烈的战斗,才打败宋军,第二次占领石州。

绍兴元年(1131 年),宋军又出兵河东克复石州。金将斜卯阿里又来进攻,金将粘割胡撒率领所部士兵攀城而上,石州城又被攻陷,金兵第三次占领石州。

绍兴十年(1140 年)秋,宋太行义士王忠植(今方山县人)举兵又恢复石州等十一郡。被宋朝廷授予武功大夫,统治河东忠义军马以及河东经略安抚使等职。次年,金军围庆阳。其时川陕宣抚使胡世将约请王忠植率军赴陕西会合。军行至延安,叛将赵惟清设计把王忠植送予金军,让拜金副元帅撒离曷。王忠植说:"本朝诏则拜,金国诏则不拜!"宁死不屈。金兵送王忠植于庆阳城下,让其劝降。王忠植大呼说:"我是河东佛步山(《汾州府志》云:'离石水之左,曰"佛步山",南距州治百六十五里,地在今方山县境。')忠君爱国之人,被金兵捉住,让来招降。愿将士们不要辜负朝廷,坚守城壁。忠植马上死在城下!"撒离曷十分恼怒,大声斥责。王忠植披着衣襟大呼说:"快杀了我!"于是壮烈牺牲。被宋朝追赠奉国军节度使,开府仪同三司。

对金兵的入侵,吕梁老百姓宁死不屈,纷纷起义抗金。文水人石頖,率起义军占据高山险地,屡败金军,坚持斗争八个多月。战斗失败被俘后,金西路军统帅粘罕,命人把他钉在车上,臀部插上利刀,以活体解剖相威胁,要其投降。石頖坚贞不屈,大声回答"爷是汉人,宁死不降!"终于被金兵杀害。

石州(今离石)起义首领"闫先生",率数万人抗击金兵。金兵攻占汾州后,闫先生率众攻至汾州城下,声势浩大,城中金兵惊惧万分。守城金将是宋降将原天德军节度使、知汾州事郭企忠,不敢出城迎战。后来等到金援军赶到,才里应外合打败义军。金军攻占吕梁山区很长时间,石州、岚州一带仍汇聚着大量义军,使金人不能安稳。金廷命汾州军节度副使石抹元毅追捕,抗金义军才被镇压下去。

"霜雾都"与元朝商贸

在离石区的北川河岸，有两个村庄的名字十分奇异。光绪《永宁州志》卷六"城池·坊都"中有："北乡，双雾都（二十里），西属巴（三十里）、东属巴（三十里）"的记载。当地老百姓土音把这两个地名叫做"商物脱"（今作霜雾都）、"属巴"。用汉语解，无论如何不明其义。其实这是突厥语系蒙古语的音译，这与元朝统治时期政治经济制度有关。

元朝入主中原后，实行了带有强烈民族压迫色彩的政治制度。把全民分为四等，即蒙古人、色目人、汉人、南人。从中央到地方，汉人、南人任官只能做副职，犯罪从重处罚。色目人是中亚、西域、波斯和阿拉伯地区以及西藏等地不同国家不同民族的人，

蒙古武士图

伴随着蒙古大帝国的建立，大量涌入中原。他们以到汉地经商为主要职业，被元蒙官方称为"斡脱"。

元朝初期，经济凋敝，国家运转、打仗，急需大量资金财物。中国历代王朝都是重农抑商，但元蒙统治者原来过着游牧生活，不从事农业生产，只重视现成的财物。于是以擅长理财经商的色目人为主的"斡脱"官商集团应运而生。从成吉思汗起，蒙古贵族就提供本银，委托中亚木速蛮商人

经营商业、放高利贷，从中坐收高额息银。大汗以及诸王、公主和后妃，都各自设置"斡脱"获取巨利，因而这种官商有"黄金绳缆"之称。

为了加强对"斡脱"事务的管理，元世祖忽必烈于1268年在中央设立"斡脱总管府"，地方设斡脱局、斡脱所等机构，支持、管理西域、中亚商队。同时，元政府还为"斡脱集团"提供了种种特权：政府为持有圣旨、令旨的官商专立户籍，称为"斡脱户"；这些官商手持圣旨、令旨，可以使用驿站铺马，官给饮食。由官府备资或向"斡脱"提供低息贷款，回商交易税低至3.33％。他们携带军器或有官军护卫，行船过关，鸣锣击鼓，强行通过；甚至假公济私，欺侮仓官，殴打守关人员。斡脱户常常不出差役，与僧、道等神职人员享受同等优待。如果欠斡脱债无力偿还，便籍没财产，甚至断没妻子儿女。

为了巩固国家政权和促进商业发展，忽必烈后期在全国设驿站1400

西域商人歌舞（现代舞台表演照）

多个,任何地方相隔80里左右就设驿站。当时草原"丝绸之路"已开通。元定宗时就有很多山西商人跑到和林(今蒙古首都乌兰巴托西南)经商贸易。从交通格局上,离石周边的交通干线有:从甘州经夏州到包头、和林格尔的北线,从甘州到长安再经汾河流域到太原上大同的南线与东线。而柳林、碛口这些由黄河东渡或南下的商埠还没有开发。因此,由蒙古草原南下,分别经临州(今临县)、岚州到离石北川是主要交通干线。

离石在元朝为河东山西道太原路(后为冀宁路)石州,是晋西最大的中心城市(当时孟门县、方山县并入离石县),所以也引来了大量的斡脱商人。斡脱商人经营的商品主要是金银珠宝、名贵皮毛、金锦罗缎等贵族、官员享用的奢侈品,以及蒙古草原的马、牛、羊和西域来的各色商品。离石一带外销的是粮油、牛、车及地方土产。这样需要有一个长期的物资集散地。斡脱商贩人多物多,需要一个距城距离适当的地方囤积物资和经营牲口。于是把距城二十里的北川河畔今霜雾都一带,作为经营地点。在古代方山县和岚县交界处大道上有个辉回(谐音)村,也应是元代回商居住地,是从离石出发经霜雾都沿北川河北上,翻赤坚岭进入岚县前的一个站点。

至元宝钞

　　"斡脱"是突厥蒙古语 ortaq 的音译。综合分析其意，一是元蒙时期，蒙古人原有的"斡脱"一词，意为行帐宫殿，引申为行营或大本营。汉文译为"斡耳朵"、"斡儿朵"、"兀鲁朵"或"斡脱"。《元史》中有元顺帝至元三年（1337 年）七月丙午，"车驾幸失剌斡耳朵"的记载。《辽史·营卫志》："有辽始大，设制尤密，居有宫卫，谓之斡鲁朵；出有行宫，谓之捺钵。"二是西域人"斡脱"一词传入元蒙后，意为合伙经商的人，官方叫他们"斡脱"。徐元瑞《习吏幼学指南》说："斡脱，谓转运官钱，散本求利之名也。"又称为"见圣旨、令旨，随处做买卖之人"。把汉语的"商"与蒙语的"斡脱"结合起来，就叫作"商斡脱"。在长期的语言流变中，被后人写作"双雾都"，而当地老百姓口语的"商物脱"中还保留了它的本音。三是"斡脱"演变为地名称斡脱商人的居住地。如《元史》中有"十五年庚辰春三月，帝克蒲华城。……秋，攻斡脱罗儿城，克之"。这是元太祖西征时的一个地名。双雾都就是斡脱商人的居住地。四是中原汉人在与斡脱商人打交道中形成的创造意。由于斡脱商人唯利是图，与中原汉人贸易为蝇头小利而胡搅蛮缠。加之胡汉语言难通，汉人争斗不过，便鄙夷这些人为"斡脱则"或"斡脱胡"，意指"脑子不够用"。至今吕梁一带的人仍把那些蛮不讲理的人叫做"斡脱则"或"斡脱胡"。

　　综上所述，"商斡脱"（即"霜雾都"）一词是外来词的汉化。就是指元蒙时期，斡脱官商集团在离石北川一带设置的大本营。其中居住众多"斡脱户"与斡脱商人，囤积着大量的物资和牲口，设有"斡脱所"及驿站等机构，传递军政命令、管理回商事务，并为商业发展服务。"商斡脱"演变为地名，相当于今所说的"商业中心"。今人又写作"霜雾都"，认为这里肯下霜降雾，这是附会之意。据当地老人们讲，当时大道在北川河东岸，这里古代确有过较大规模的建筑，只是因北川河改道被洪水冲走了。

　　就在"双雾都"附近还有个村庄叫"属巴"，两个村庄都在北川河东岸。属巴在突厥语系藏语中是"新鲜"的意思。这与当时"霜雾都"是西域商人物资集散地直接相关。因为元朝商人中有包括藏人在内的西域各族人，所以"属巴"在当时就是"新鲜货""新来的货"的意思。至今甘肃省有个保安族，他们的语言属阿尔泰语系蒙古族语，大多数人通晓汉语。这里的男人在冬天穿着底厚约一寸的"索巴鞋"。这种鞋鞋头突出，中间皮梁，尖略卷。实际是汉地人过冬穿的"牛鼻

元代民窑瓷器

鞋"或叫"砍山鞋"。这种鞋兴起于元朝，由斡脱商人引进。在农业社会，无论走路、劳动，这种鞋耐穿又新颖，所以风靡一时。当时在三川河流域，属巴一带是最大的经营销售点。人们就用"索巴"代指新鲜货、新样式、新品种。到后来这里的商品集散地消失了，但名字却留下来了。由于是音译，所以连当初的意思也不知道了。又后来有人在河西岸也建了村庄，为区别方便就叫做东属巴、西属巴。由于解放后，西属巴是乡镇府所在地，所以西属巴比东属巴、双雾都的知名度要大一些。

古代离石大垦荒

如果说伐木对生态环境是粗放性的破坏的话,农垦过度则是全面彻底的破坏。

古代离石境域森林茂密,草原广布,自然生态环境非常优美。司马迁在《史记·货殖列传》中,对战国末期中国北方经济地理进行了大致划分。他认为"龙门碣石北,多马、牛、羊、旃(毡)、裘、筋角",这其实是农牧经济区的分界线。"龙门碣石线"大致从陕西韩城、山西河津龙门山向北,经吕梁山东麓之孝义、汾阳、交城、太原北,至燕山达河北昌黎县北。从文献记载看,春秋战国时吕梁山区确是白狄、楼烦等戎狄游牧区域,吕梁山以东平川为农耕地区。吕梁山区只是离石三川河流域有一定的农业开发。唐宋以后,随着农耕产业发展,对生态的破坏愈演愈烈,逐步打破了这条分界线。

自秦汉以来,农耕产业对离石及吕梁区域的生态破坏主要有三次滥垦高潮:

第一次是秦汉时期大规模的"屯垦(军垦)"和"移民实边"垦荒。当时上郡、西河郡是朝廷战略经营的重地。元鼎六年(前 111 年)汉政府派遣兵卒 60 万到上郡、西河、朔方一带屯田,其中西河郡就包括离石三川河流域。汉武帝时重用农学家赵过,推广代田法、牛耕和新式农具。从吕梁汉画像石看出,农业开发在三川河流域有了较大的发展。

第二次是宋、明朝廷的大规模"屯垦"。《宋史·兵志四》记载,欧阳修和韩琦关于募员开垦晋西北沿边土地以增强边防力量的报告提到,招募弓箭手,"视山坡川原,均给人二顷。其租,秋一输,川地亩五升,(坡)(坂)原地三升,毋折变科徭。仍指挥以山险为屋,以便居止"。这是用武装民兵、分配任务的办法进行垦荒。明代实行军屯、民屯、商屯"三屯"。对边

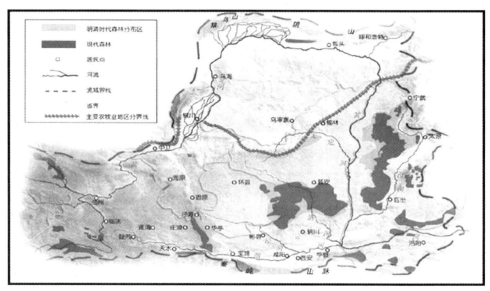

明清时期农牧分界线及森林分布图　　引自:史念海《黄土高原历史地理研究》

防军规定了毁林开荒任务,使黄土高原特别是吕梁境域生态遭到严重破坏。《天下郡国利病书》述"天下兵卫邻近间旷之地,皆分亩为屯。"军、民、商争相锄山为田,使屯田"错列万山之中,岗阜相连"。《明经世文编》记载,"自永宁(今离石)至延绥(今绥德)屯田,即山之悬崖峭壁,无尺寸不耕。"明代宁乡官员顾峤曾在《离石行》一诗中写道:"离石离石蚕丛道,插天峰顶田星罗。农夫腰镰割禾黍,耕云锄月何嵯峨。"由此,可见明代离石一带至陕北开垦的深度与广度。

第三次是清代推行奖励垦荒制度。清朝政府鼓励官员、百姓开垦荒地,规定州县、卫所无主荒地,准流民及官兵屯种,有主荒地令原主开垦。凡地方官招来的各处民人,不论原籍别籍,编入保甲,开垦荒田给以印信执照,永准为业。这种方法也是离石籍官员于成龙在黄州任知府时根据实际创新,并在全国推行的,有效地促进了清初社会的稳定与繁荣。但同时无节制地开荒与垦植,也带来了严重的生态灾难。北方垦荒范围从陕北、晋西北扩展到内蒙南部，吕梁至内蒙亿万亩森林、草原被开垦为农田。从清康熙至乾隆以来，盲目毁林垦荒、焚林为田。有的甚至伐林卖钱，南方等地流民也来开荒，森林荡然无存。垦殖对生态的破坏最严重、最彻底。如果说伐木只是对巨木大树掠夺的话，垦殖则是刮毛剥皮，是对幼林灌草植被的彻底破坏。于是离石乃至整个吕梁区域黄河两岸童山秃岭、土地荒漠、水土流失、灾害频繁，自明清以后便形成了。

生态环境的好坏还与人口密度、农垦程度成反比。民生需求吃粮、筑屋、造窗、椅柜、炭薪，甚至墓葬、庙宇用材不可胜计。西汉社会稳定、耕作技术发展，吕梁境内有12县，平帝元始二年（2年）总人口284 913。山区、平川土地得到相当的开发。东汉永和五年（140年）西河郡内迁离石后，吕梁境内有9县，总人口58 047。而内迁吕梁山区的胡人达到汉人的3倍多，农耕产业又逐步变为游牧为主。山区、平川西汉时开垦的土地又变为草原森林。唐代贞观十三年（639年）吕梁境内共有13县，总人口114 981。宋代元丰初年，吕梁境内约有人口13万左右。其时人口对土地的垦殖并不严重。明代万历三十一年（1630年），吕梁境内人口增至40余万，这也是吕梁土地大垦殖、生态大破坏的时期。到清代乾隆三十四年（1769年）吕梁境内人口接近90万，约为现在人口的四分之一。现在吕梁市人口达372万，每平方公里达到170多人，超过138人的全国人口密度，也大大超过美国31人、俄罗斯8人的人口密度，对生态形成很大压力，这也是形成吕梁区域自然生态恶化的根本原因。

据省林业部门上世纪80年代调查，吕梁山脉两侧狭长森林地带，森林覆盖率为25.3%，每平方公里37人；吕梁山东侧林区和盆地过渡带，森林覆盖率为8.4%，每平方公里79.7人；中部盆地农业区每平方公里358.8人，森林覆盖率为2.4%，且主要为人工林。由此可见，垦殖过剩，农耕产业对土地的过度开发，对生态的破坏是非常严重和彻底的。

"闯王"义军三战吕梁

　　自古以来,推翻旧王朝,建立新天下决不是偶然的事件,而是天人条件较长期的酝酿组合造成的历史必然。这种历史必然又与具体的人物、时间、地点相联系,从而形成特殊的历史面貌。从李闯王义军三战吕梁,我们便可看出其历史端倪。

天灾人祸民遭难

　　明朝末期的将近半个世纪中,天灾连年、朝政腐朽、人心紊乱,人民生活处境十分悲惨。在吕梁境内,1581年(万历九年)交城县、文水县等晋中一带发生病疫。大同等地发生地震,房屋倒塌。山西巡抚辛应乾奏请万历帝同意以预备粮赈灾,同时又提请兵部核准豁免因灾伤拖欠永宁州(治今离石)等五州县未完的万历七年(1579年)

李自成画像

以前站银(嘉靖年间实行的驿传夫役计粮折银称"站银")1652两。1585年交城、兴县等地大饥,太原赤地千里、饥殍遍野、疫亡枕藉、狼群吃人。官府出告令民捕一狼奖谷一石。1586年(万历十四年),太原、平阳、汾阳、汾州、泽潞大旱,赤地千里,死亡无数,官府发府库资金予以赈济。1588

年,太原、交城地震,交城降暴雨,文峪河水浪高三丈,冲没田庐、人畜无数。1594年(万历二十二年)宁乡县(今中阳县)发生地震。1602年离石降冰雹毁庄稼。1604年六七月间孝义降暴雨,孝文河、汾河泛滥入城,毁官民房舍、伤人无数。1616年文水及晋南等地飞蝗蔽天,庄稼全被吃尽。在这样的背景下,1619年、1620年,明政府先后两次增加田赋,抽调各镇兵马,加征练饷、剿饷。1625年(明天启六年)文水大旱,交城饥。而吕梁周边如陕北、大同、晋南等地,天灾人祸比吕梁有过之而无不及。于是在半个多世纪几乎连年遭灾,政府虽赈济,但又加重赋税的情况下,民不聊生、社会动荡,就为朝政的倾覆。

英雄遍地起蒿蓬

　　明末农民起义的烈火首先从陕北燃烧起来,起义队伍众多。从1630年起(崇祯三年),各路农民起义军纷纷进入山西。三月,起义军首领"横天一字王"王子顺、苗美部进入山西,攻陷蒲县后,又兵分两路一路东进赵城、洪洞、霍县;一路西攻石楼、永和、吉州、隰州。

　　同年陕西府谷变兵义军以王嘉胤为首,从神木县渡河,占

陕西省米脂县盘龙山李自成行宫门楼

据兴县瓦塘一带。1631年又攻永宁州,火烧吴城堡(今离石吴城镇)。后来王嘉胤进入河曲县境,山西总兵王国梁率师前来镇压,结果被义军炮火轰击,官兵自乱。义军乘胜攻来,占领河曲县城,并以此为根据地,接应农民军转战山西。四月,王嘉胤被明官军悍将曹文诏率艾万年部击败,后被叛徒王国忠杀害。起义军共推左丞王自用为盟主。王自用号紫金梁,汇合在他旗下的有老茴茴(马守应)、八金刚、扫地王、射塌天、闫正虎、满天星、破甲锥、邢红狼、上天龙、蝎子块、过天星、混世王。可以看出,农民义军领袖颇善于应用那些威震敌胆的外号来制造影响力。这些外号在信息不灵、无知盲动的大众中很具有吸引力,而又足以使敌人闻风丧胆。

1631年(崇祯四年)高迎祥、张献忠(李自成为张献忠部下)等三十六营20多万人转战山西,农民起义的重心转向山西。交城山农民军任亮、王董英、郭彦等部以赫赫岩、三座崖为根据地,紧密配合。三十六营以外,陕西赵胜农民军6000多人,在官军追击下,也转战山西。赵胜绰号点灯子,后被明将曹文诏、艾万年部在石楼县击杀。

明宁武总兵孙显祖言:闻喜、稷山贼二十余万,日剿日益。官兵不过二千,奔逐不支,请求再发京营或调边骑六千协剿。令下兵部,总督以兵饷紧缺,竟不执行、不调兵。

1632年(崇祯五年)陕西起义军首领张存义、贺宗汉与山西农民军王之臣进攻山西临县城,汾州参将刘光祚领兵镇压,被农民军全部消灭。当地农民起义军田福、田科等与义军配合,官军无可奈何。起义军在太原以南平阳、泽潞、汾太、沁辽等三个地区发动猛烈攻势,形成三十六营在山西活动的高潮。

当时义军将领李双喜一军进攻永宁州。明朝永宁州守将陈忠部下只有一千多人。看到义军来势凶猛,便连夜向山西巡抚求援,一面死守城垣。义军虽围城骂阵,陈忠只死守待援。义军攻打两天未能攻下。时山西巡抚宋统殷急遣副将柳国镇星夜救援。但大兵到了吴城岭前,却被义军挡住,无法前进。这时义军将领李双喜,已从李自成后军借来十万斤开山大炮。对准永宁州南门,只一炮,天崩地裂,烟尘弥漫,城墙立时崩开缺口,义军蜂拥而进。陈忠见力量悬殊,便立即率残兵杀开血路,从北门逃走。

农民起义军又攻陷蒲州。义军李自成、八大王、马守应、紫金梁、翻天鹞等集兵蒲州,选精兵三百偷袭攻陷大宁。山西巡抚宋统殷因带兵援剿不力被罢免,许鼎臣继任山西巡抚、巡按御史。罗世锦归咎于陕西,认为陕西以邻为壑,驱灾入晋。

明廷兵部制定集团作战、分区防守策略。宣大总督张守衡驻平阳,巡抚许鼎臣驻汾州。起义军在陵川、潞州、阳城、沁水皆失利。于是王自用决定向北发展,兵分三路:闯王李自成据交城、文水,以窥太原;邢满川、上天龙据吴城(今离石区吴城)、向阳(今汾阳市向阳村)以窥汾州;紫金梁大军集结泽潞东南,并乘虚从沁州北入榆次、寿阳、紧迫太原。此外钻天哨、开山斧踞石楼永宁关,固守数年。

之后王自用、张献忠、李自成进攻辽州;山西起义军土笼子、刘滚子、周四儿与岢岚农民军高加计,配合围攻兴县城;孝义通天柱也进兵吕梁山。晋西农民起义烈火渐成燎原之势。1633年明廷命曹文诏节制秦晋诸将。曹文诏至霍州,与起义军在汾阳、太谷等汾河沿岸交战,义军失利。并有被明军在晋冀豫三省交界处歼灭的危险,于是设计突破黄河天险,进入河南中原。

农民义军一战吕梁,为日后攻战山西打下了群众基础。

汾州美酒迎闯王

三十六营农民军离开山西,山西农民军斗争转入低潮,但仍有三支力量。一是山西农民起义军，有三关王刚、孝义通天柱、临县王之臣。1634年正月，被山西巡抚戴君恩与副总兵艾万年设计宴请镇压。二是留在山西的陕西农民军贺宗汉（号活地草）、刘浩然（号乡里人）、高加计（号显道神），1635年被山西巡抚吴甡遣将虎大威、猛如虎二参将和副总兵刘光祚镇压。三是陕西农民军二郎神、混天猴。1635年被虎大威镇压。

1631年三月太仆寺卿郑宗周上疏说："晋土自天启初年以来，无岁不灾，而去年尤甚。重以沿黄之派，急于星火，转运艰难。""鬻子卖妻、刳心敲髓，民之皮骨已尽。""弱者转于沟壑，强者瞋目语难。斩揭四起，势所必至"《崇祯长编》卷44）。

1633年（崇祯六年）七月初，临县降冰雹三天，积二尺厚，大如鹅卵，打伤庄稼和人畜。直到1643年，山西文水、孝义、稷山等地及全省范围不断发生旱灾、冰雹、地震灾害，饥荒连年，许多地方发生人吃人的现象。

天灾更加重了老百姓的战争负担。1633年七月，汾阳知县费甲鳀因被总兵张应昌进剿军索取军需，在民众身上再刮不出油水，而投井自杀。这时官兵反为民害。吴甡巡抚山西时说："晋民有三苦。一苦凶荒，无计糊口。一苦追呼，无力输租。一苦杀掠，无策保全。由此悉为盗。"《明史·吴甡传》）引发农民起义的阶级矛盾、社会矛盾仍然存在。灾荒又为战争火上浇油。三十六营出晋后，经过10年的艰苦奋战，形成了由李自成、张献忠为首的两支农民起义大军，并在西安建立了"大顺"政权。

1643年（崇祯十六年）十二月，闯王李自成二渡黄河，分道东进，兵至蒲

李自成"大顺"政权官印

州,前锋直逼平阳。山西巡抚蔡懋德回太原过春节,起义军攻陷平阳,杀明宗室西河王300多人。各州县开城门投降,迎接"闯王兵"。同时义军将领田虎攻破永宁州。

1644年(崇祯十七年)二月初二日,起义军包围汾州府城,交城山农民义军积极配合。李自成看到汾州城严整威武,不愿攻破。便要知府舍命保城,并全其忠臣美名。知府黄廷柏于是跳城而亡,把城献于义军。义军进城对反抗的市民和明皇宗室,进行了残酷的镇压,杀掉1500多人。而城外老百姓则对义军十分欢迎。义军驻扎城北,汾州老百姓自动精选良马送来,义军按马市行情付予马钱,并修筑木栅圈起来。

李自成率义军来到驰名海内的杏花村,发钱粮赈济农民。民众十分高兴,以汾酒、竹叶青招待义军。李自成兴之所至,题写"尽善尽美"四字。

农民军围攻太原。复任的巡抚蔡懋德、布政使赵建极、知府孙康周召集壮丁登城环守,以火炮轰击义军,义军死伤惨重。后义军以守将张雄为内应,乘大风夜间登城涌入,处死顽抗的明朝官员46人,晋王朱求桂被俘。

三月李自成冲破宁武关。明大同总兵姜瓖慑于农民军威力,献城投降。明朝宣府、居庸关守将、总兵纷纷投降献城。北京城外三大营溃败。李自成大军以破竹之势,于农历三月十九日攻占北京,明朝灭亡。

李自成三战吕梁固后方

李自成领导的明末农民起义军,摧枯拉朽、波澜壮阔,迅速摧垮了明王朝。但大顺军进京后很快腐化。农历四月二十二日山海关一战,被满汉联军吴三桂、多尔衮击败,形势急转直下。农历四月三十日义军撤离北京。

陕西省米脂县李自成行宫

撤出北京后,起义军与清军吴三桂、多亲王阿济格、豫亲王多铎在庆都(河北省望都县)、定州(河北省定州市)、真定(河北省正定县)三战均失利,便退守山西。五六月间,李自成经太原、平阳、禹门口返回西安。大顺军的失利,清兵的推进,使归附农民军的山西官绅们纷纷倒戈,背叛大顺政权。六月间,曾开门投降的前明大同总兵姜瓖,擒杀义军将领,公开投降清军。

七月,李自成从西安带领数十万农民军出潼关,渡河进入山西平阳。紧急征集军需,并命将军刘宗敏率10万大军收复晋北失地。把太原府、潞安府绅士官僚押往西安集中管制。然后亲率大军冲出固关(今山西平定县境)、占领河北井陉,积极扩大战果,准备二次北攻。

正在这个时候,后方传来变乱的消息。原来投降大顺军的前明永宁州(今山西离石)都司崔有福叛变。他组织乡兵攻占州城,逮捕农民军知州,还扰掠附近临县、宁乡(今中阳县)城乡,实际是掠取军需。农民军只好退师山西,再次兵围永宁城。由于此前,起义军进攻永宁时,四乡杀掠,所以城中士民十分恐惧,死守二十五天,进行了顽强抵抗。这时在义军的进攻下,东北城墙崩塌。义军进城大肆杀戮焚烧。崔有福趁黄昏出逃,被义军捉住,义军把他和老婆儿子全部处死。

平定崔有福兵变后,大顺军领导集团认为,当前只有先巩固后方秩序,才能进攻。于是在晋北、晋中、晋西地区,处斩了一批策反分子。在太原防卫中,处死有复辟之心的明宗室1000多人,以安定局面。

由于清军大兵压境,大顺军武装单薄,兵力不足,终未能大规模反攻。整个义军在湖广一带被清军镇压下去,一场轰轰烈烈的起义壮举成为一曲千古悲歌。

对于李自成义军的教训,毛泽东进行过认真总结。

从李自成及农民起义军三攻吕梁情况看,主要教训:一是农民军没有严明的军规纪律。《永宁州志》记载:"城破,屠戮殆尽,官民庐舍焚毁无算。在城生员被杀者百七十人,惟在乡获免。""焚掠三月,较隆庆(1567年)之屠毒,尤烈焉。"二是没有强势的思想工作引导,严重的问题是对农民军教育不够。民间相传,农民军在离石一带,到处强奸妇女、抢掠财物、杀戮平民,如同盗寇。三是没有巩固的根据地。流动作战,没有后方。四是任用了思想不坚定的前明官绅将领,到大顺军作战失利时,他们立即反叛。五是高层领导思想不纯,占领京城,立即腐化。最后造成农民军推翻了明王朝,清皇帝坐了金銮殿的结局。

通秦古道黄栌岭

——三十里桃花洞考察记

三十里桃花洞到底有多美？向阳沟里到底有多少神奇的故事？民国年太(原)军(渡)公路未开通前平川人到陕宁、昌梁山里人过东路走哪里？在阳春三月桃花盛开的季节，从离石出发东进吴城，经九里湾、三交、黄栌沟等小村庄，路过深山古道、栅栏野田，便登上了古代永宁州东去汾州的通秦古道——黄栌岭。

黄栌岭上黄栌关遗址照(20世纪90年代)

废关古道雄风在　残碑荒垒榛莽中

　　展现在眼前的是一片古道荒垒、榛莽丛林。刻着"永宁州东界"的石碑立在古道边。"黄栌关"位于黄栌岭上，往昔的雄关主体犹存，是古代永宁州东去汾州的第一大关。乾隆《汾州府志》云："汾阳县西六十里曰'黄栌关'。"指的就是这里。送我们上岭的老乡指着一片灌木说，这就是黄栌。黄栌岭是境内吕梁山沿线从南到北鹊颉岭、薛公岭、黄栌岭、白彪岭、将军岭、黑暗岭中最高威的大岭。明弘治《黄栌岭碑》云："黄栌岭，高峻莫及，岩石险阻，其路通宁夏三边，紧接四川之径，凡羁邮传命，商贾往来，舍此路概无他通也。"因而从汉晋直到元明清，历代都在此设关戍守。现在岭上还有北齐文宣帝高洋为防山胡东袭而由此至岢岚修筑的长城，以及孟良寨、王墓洼、六郎庙、刘渊赛马场等遗迹。

　　据乾隆《黄栌岭候馆辟路记》等碑碣史料记载，元代天历初开始

黄栌岭上的"永宁州东界"碑

穿堑垒石,明代宣德年间为防瓦剌、俺答入寇,永宁州曾在此设巡检司。但过去只是马帮、驼队、商旅行走的山道。直到乾隆丙戌(1766年)朱浚在汾州任职,才组织工程打开石壁,凿通路基,"曩者崎岖岭峡,至始可通车无阻"。十多年后道路断塞,致使陕西、边外、归绥经碛口、吴城和太原、平阳经汾阳东去西来的商贸物资,"仅借牲畜驮运,为数无多,而囤积之处,徒患壅滞"。为"一方生计",汾州府委派冀村、柳林巡检,分路确查疏通。现在仍可看到当年穿凿石梁时刀劈斧砍般的痕迹。为过往官员、驿递及商旅方便,还增设了驿馆、客栈、茶亭。从荒垒中两通"施银碑"上,可看到一些晋商人名及"永盛义、恒盛刘、自成公、永顺馆"等商号。可知这里古代既是雄关,又是经柳林、碛口通往陕宁绥蒙的明清商道。

由于地势险要,这里也成为历代义军、强梁据守的地方。《永宁州志》记载,明嘉靖年间起义军据黄栌岭逼吴城,石州同知陶玺率军征讨。义军佯退,把官军从黄栌岭诱至黑暗岭。陶玺率军追至狭窄山间,义军伏兵四起,把官军打得落花流水,打死陶玺和部下闫大刚、罗天佑等六人。

站在岭巅垭口,向东眺望,满壑花木葱茏的向阳沟便展现在眼前。顺

岭底驿遗址照

着森林中弯曲的坡路，居然有老百姓赶着马车，甚至开着三轮车不时过关。仔细观察，原始古道在坡下几米外。因路面在石上凿成，车碾雨冲，上面坑洼不平，早已废弃，长满荆榛。走着原始森林中的马车山路，不觉已到了昔日车马喧嚣、飞贼出没的古汾州第一栈——岭底村。

厅堂楼址七眼井　当年闹市耳犹闻

岭底村，顾名思义，黄栌岭下的村庄。当年曾设驿站，叫岭底驿。现在基本没有村民，只有放牧人季节性居住。展目四顾，在沟的两边到处是墙倒屋坍留下的滚滚乱石，房屋基址、厅堂围墙随处可见。在这里看到了很深的水井，当年饮驼马的石槽，滚在山坳的石碾。一位放牧老乡热情地介绍了旧时的情况。从前这里人多畜多，有 7 口水井。我们还发现两块"施银碑"，其中一块为《聚峰山题名记》，碑上写有"建堂都功德主"的字样，尽为捐款人名、商号及地名，其中有"石州安业坊"。

综合判断，这里过去曾是从汾州到石州的最后一站，也是由石州经黄栌岭下汾州的第一站。曾经有许多客栈、商店、货铺。每到傍晚鞭响马嘶，车震驼鸣，在这狭窄的古关下、深沟里组成一幅热闹非凡的古代《暮

三十里桃花洞

色客栈图》。到了晚上喜欢热闹的客商便汇聚在堂都听戏、喝茶、打牌、赌博消遣。从水井、房址推测,常留驻人口在1000以上。

路边坪地上几块一尺大小的碎碑,经拼凑居然发现是大清光绪十一年(1885年)三月十六日遵府县谕立的《西乡一十三村革除锢弊石竭》。其大意为:这里是"通陕大道",曾经有过往公差横行村里,滋扰百姓,"属汾民大患",经上级批准督饬清徭,"以杜滋扰"。现在分析,或许当时也有假冒公差,滋扰乡里。老乡笑着说:"这里比《水浒》的十字坡要险得多。自古道、岭底、向阳,杀人的地方。"确实从岭底村到向阳村三十里,中间再没有村庄,沟深峡长,经常飞贼出没。到了冬天,赖皮小子想吃驼肉,就偷偷把水泼到林里坡道上。第二天黎明骆驼上去,蹄下一滑就滚到山下摔死了。客商明知有人作点,也只有暗中叫苦。有位姓赵的商户,积攒了许多金银财宝,埋到地下。结果他去世后,儿子又被日本鬼子杀害,埋到地下的金银谁也不知道了。向四周一望,山高如罩,丛林密布。设想古代到此,真有掉入井底之感。好在如今是太平盛世,阳春三月;顺沟前行,不觉就进入汾阳离石一带有名的三十里桃花洞。

满空桃花乱人眼　牵松挽荆如变仙

身前身后、山顶陡坡、沟沿路边、满山遍野到处是盛开的山桃花。由于沟深路窄,山高坡陡,沟两边山坡上桃花如凌空飘飞,使人视觉迷乱,仿佛进入桃花洞中。

这里有一个远近闻名的传说:古代有一学子进京赶考,进入向阳峡,忽然黑云盖顶,四壁合围,雷鸣电闪,大雨如注。在这危险关头,身下的坐骑骒骒也要产驹。既怕洪水涌来,又照顾不了坐骑,学子心急无奈,便向天喊道:向阳沟不准起水,骒骒不准下驹!果然,从此雨再大,向阳沟不发洪水，骒骡也不再下驹了。原来此人是真龙天子，口无戏言，天地遵命。其实是这里林木茂密、植被蓄水的原因。正走着，面前突然出现一个巨大的工地，挖掘机、大卡车来往不断，挖出的土石堆满山沟。这是正在建设中的太(原)中(卫)银(川)铁路施工现场。现代化的铁路也把线路选在这一带，真是古今英雄所见略同。

在这荒沟古道里，居然有如此美丽的景致！阳光明媚，壑风轻拂，桃花映红，山中特有的香气扑面而来，使人心情无比爽快。心中不禁庆幸：幸亏没有误了桃花盛开的季节！真是一路桃花一路春，一路美景道不清。不知不觉就进入了壁立千仞的——向阳峡。

举目望空一线天　古道森严忆当年

向阳峡是因峡口有向阳古镇而得名。进入峡中原来花木葱茏的两面山坡，突然变成刀劈斧砍、直上直下的石壁，高50~100米，宽30~100米，这里有闻名的"刀劈崖"。由于壁高峡窄，峡风吹来好像空气也发生了变化，使人顿生旷古未有的紧张之感。向空一望，蓝天一线，仿佛有飞盗强贼一跃从此岸飞向彼岸。设想在古代黑夜，商旅匆匆进入十里长峡，驼铃叮咚，车马辚辚，突遇强贼，真是逃无路，爬无梯，溜不掉，飞不去。汾阳人把这里写作"向阳匣"，一个"匣"字，描尽了匣中的憋闷、惊险、绝望之感。《汾州府志》述：隆庆元年(1567 年)九月，俺答攻破石州后，就

大明通行宝钞

向阳峡照

是从向阳峡分掠孝义、介休、平遥、隰州等处，杀了数万男女。"崇祯五年，贼分道四出，邢天狼、上天龙，据吴城、向阳以窥汾州。"官军追讨，被义军打得全军覆没。这里确有一个地方叫"强盗沟"。传说古代有一大盗，只偷平遥、介休人，不偷汾阳人。老乡笑着说，这大盗也懂兔子不吃窝边草。

十里长峡一线天，对比巴东的三峡而言，向阳峡更窄、更险、更绝。走着忽然发现绝壁处有一佛庙，栈道盘旋而上，这大概就是人们说的大佛湾。壁下有乾隆、道光年立的《重修石佛阁记》和《重修佛庙碑记》等石碑。老百姓传说的狐仙洞、点将台、孩窝眼、九龙池也在这一带。原来石峡中还有这么多神奇的故事，为古人惊险的旅途平添了许多乐趣。

说话间已走过"十里桃花十里峡"，来到"十里荒沟心发麻"的地方，眼前豁然开朗，两面山坡缓缓展开。遥想古人经过雄关险峡，心惊肉跳，来到这里，惊魂未定，心里如何能不发麻！向阳沟口应是闻名的"金锁关"所在地。府志云："县西三十里曰'金锁关'，在向阳峡，岩险插天，中断如关，为汾石咽喉。"实际是古汾州西去石州的第一道大关。当初必定是待阵列兵,壁垒森严,但时过境迁已无法辨认。这里有"金锁关水",以前曾发过电,现在村民养鱼。

回首一路考察,有三个没想到:没想到古关比想象的雄,没想到桃花比想象的艳,没想到古道比想象的险。在这里古关、险峡、桃花洞连为一体,一路风光看不尽。有人说,要的就是时而心情紧张时而全身放松的感觉。

近年出版的《山西通史》、《太原经济研究》等专著都认为:古代从晋阳盆地到吕梁山区必有一条交通大道。但专家们说不清、道不明。而当地老百姓知道,"三十里桃花洞"就是民国十年(1921年)太(原)军(渡)公路未开通之前,从山西平川到陕北进入吕梁山区的交通干线。

这里确是一条勾通晋中与吕梁的黄金旅游走廊:既是古代"通秦古道",又是商旅大道;既有绝美的自然景观,又承载着深厚的人文内涵。建议做好规划,保护为主,科学开发;建立自然地质生态保护公园;搞好旅游基础设施建设。

注:此文发表于:

2008年5月11日《吕梁日报》"东有金锁关,西有黄栌关,三十里桃花洞连通东西"。

2009年4月3日《山西日报》,题为"吕梁通秦古道今犹在"。

2008年第3期《山区经济》,题为"吕梁发现连通晋阳盆地与大西北的通秦古道"。

多家网站转载。

孔祥熙"祥纪公司"在离石

在外忧内患的旧中国,北方的大地上出了一位声名显赫的人物——山西太谷府的孔祥熙。他就是蒋宋孔陈"四大家族"中之"孔",是官僚买办资产阶级在北方的代表人物。

孔祥熙发迹之初,为了敛钱,一手抓金融,一手抓商业。民国五年(1916年)他在老家太谷组建了"祥纪公司"后,于第二年(1917年)就在离石城设立了商业分支机构——离石"祥记公司"。

孔祥熙头像邮票

当时的山城离石商贸比较兴旺。民国十八年(1929年)离石城有"天顺德"、"义聚"、"祥记"等大小商号达200多家。全县7个集镇,兴盛时商店发展到720多家。从经营规模、管理方式,经商理财等方面看,"祥记公司"顺应潮流是其中比较先进、富有特色的一家商号。

离石"祥记公司"从1917年创立,到1938年日军侵占倒闭,经营长达20年之久。地址先在城内西街路,后迁于小十字街。拥有二层楼,上下共18间(孔)房屋窑洞的四合院落,其中临街门面5间。这里地处繁华闹市中心,房宽屋亮,服务优良,一度成为达官贵人下榻的"宾馆"。从1935年到1937年,国民党将领张学良、杨虎城、孙楚、李生达、高贵滋都先后住过这里。(1936年在围剿红军东征失败后,李生达因受蒋介石器重,被阎锡山派人暗杀于此)。

祥记公司经理先后有陈贻伟、孔庆基,都是太谷人。从业人员由十多

人发展到 20 多人。主要业务是包销英商设在上海的亚细亚火油股份有限公司和其他公司的煤油、洋蜡、香烟、日光皂、炼乳、洋碱、洋白糖,后来兼营绸缎、百货、副食等。人称"祥记公司上至绸缎,下到葱蒜,没有不卖的"。

祥记公司的特点是经营方式先进,商业信誉度高,管理十分严格。初成立时总公司仅拨给 2000 银元开办费。二十年间业务由三四万元发展到 12 万元(约相当于今天 500 万元),增长近三倍。财务核算每月结账一次,并按时向太谷总公司报送会计月报表。年终结算,编制年报,并上缴红利。

结算货款方式,根据不同情况主要有:①代外商包销。贷物周转由亚细亚公司支付,销售后定期结算货款,从中净赚批零差价。②按标期交款。与国内城市批发厂、商建立业务往来,先提货,到规定标期清货款。如春季提货,夏标付款,以此类推。③押约金。初打交道,双方不摸底或货款额大,提货前,提货方找担保签名盖章,办押约金手贯。④赊销售货。为拉拢生意,招来顾客,按惯例对当地信誉高、有声望、常来往的人,准予记账

晋商遗物:"离石孟门镇万盛长"商号纸币图

赊欠。

公司在选人与待遇方面认真严格,井井有条。上至经理,下至学徒录用、调动、提升、任免都由总公司统一管理。经理主要由孔氏本族及亲友担任。其余人员一是经理推荐,二是学徒提升。学徒进店要由经理认可,填写保证书,找铺保签名盖章才可接收。工资按月领取,经理 20 元,助理 10 元,业务主管、会计 5 至 6 元,营业员 4 至 5 元,学徒 1.8 至 2 元,伙食由公司支付。太谷总公司经理每年是否来视察均支付一笔车马费。年终根据经营情况给职工发 20 至 50 元不等的酬劳金(奖金)。公司每年开股分红一次,公司协理以上人员都有"人身股"。如公司总经理人身股为一分,分公司经理为三厘,再按公领钱。

为保障业务兴旺,运转正常,公司在管理方面规章制度全面而严格。如保守机密(有密码电报)、严守信用、请假制度、生活严谨,经营作风机关化,作息时间制度化。为掌握各地商情,订有《大公报》、《益世报》、《民国日报》、《山西日报》等。到 1938 年日军占领后,人散财毁。

"祥记公司"在民国初期,国内近代化迅猛推进的背景下兴起,继承了祁太晋商的优良传统,又吸收了外国先进的经营管理方式,在经营管理方面经验是值得借鉴的。

史迪威设计督修汾军公路

——山西省第一条出境公路修筑纪略

太(原)军(渡)公路是山西省近代史上第一条出境公路,这条公路是在民国十年即1921年修筑的。

华北与大西北的联系,对中华民族的生存与发展,从古到今都是十分重要的。因此,从商周的工方部族东掠,到秦伐赵统一六国;从汉代平定匈奴,到唐代稳定北边;从宋代抗击西夏,到清代的平定西疆,自太原盆地越吕梁山到离石,再沿三川河西行渡黄河到西北的交通大道,发挥了极其重要的作用。历史进入二十世纪初,世界近代化的潮流浩浩荡荡,马车、人畜道路已经不能适应发展的需要。于是,交通问题就提到了民国初年山西当政者的议事日程上。

修筑公路的背景

国家要兴盛,交通要先行。民国初始,孙中山先生就非常重视交通道路的建设。1912年9月20日,孙中山先生第一次来山西,就在太原海子边劝工楼前万人大会上演讲,建议山西"从速调查户口,修筑模范道路为各省倡"。孙中山在《建国大纲》中明确指出:"道路者,文明之舟也,财富之脉也。试观世界今日文明之国,即道路最多之国,此其明证也。"孙中山的号召,在全国产生了重大影响。

民国初期山西近代工业的发展,火柴、机械、电灯、印刷、冶铁、轻纺、煤炭等工业的建设和商业的兴盛,也对交通建设提出了迫切要求。

1917年(民国六年)阎锡山就任山西督军兼省长后,雄心勃勃,在政治、文化、经济方面实行了一系列新政。在清末山西近代实业的基础上,迅速向近代化的门槛迈进。1919年（民国八年）山西省公署拟订了《修筑全省道路分期办法》，并上报北洋政府获得批准。尔后省政府立即颁布了《山西省全省修路计划大纲》。为得到沿线地方和群众支持，1920年（民国九年）1月颁布了《山西省路收用土地及给价办法》，同时颁布了《督军兼省长布告》，并成立了山西路工局。由军署参议赵守钰（赵友琴）任路工局总办（即局长）。

山西督军阎锡山照

1921年4月1日开始至年底，以省城太原为中心，南至平遥，北达忻州，全长213公里的山西省第一条公路修通。修建这条公路，孔祥熙积极参与筹划，向中美华洋义赈会贷款100万元，用"以工代赈"办法解决了民工的口粮，支持公路建成，也为山西省第一条出境公路——汾（阳）军（渡）公路的建设提供了经验。

工程的组织与资金筹措

修一条近代化的公路，首先面临的难题是民工队伍的组织和资金的筹措。

组织民工队伍任务重,工作复杂。当时生产力水平低,没有开挖机器,只是用原始的炸炮、镐挖、锹铲、土车子推土、平车运土,需要大量工人。从1919年起,华北地区大旱二年半,山西受灾60多个县。所以,借鉴修建太(原)平(遥)公路"以工代赈"的办法,民工只要解决了吃饭问题,其他就好说了。当时按标划路,平遥到军渡由村长负责,每个村都要抽年轻民工组团,一团30名。民国之初,国家环境比较宽松,老百姓可在全国各地谋生。因此还有河北、陕西、广东民工参加,共有四省民工6000多人。特别是公路最吃苦的技术活,如打炮、炸山都是外地人干。

第二大问题是资金的筹集。从平遥经汾阳、离石到军渡全长201公里,翻山、越涧、跨河、过岭,需要资金巨大。当时在同盟会的鼓舞下,全国都兴起一股建设热潮,外国人也热心帮助中国建设。于是在山西当局的发动组织下,1921年美国红十字会捐助赈灾款27.1万元,美国咨询委员会捐助25万元,山西旱灾救济委员会捐助15万元,共67.1万元(银元),构成了平遥到军渡的筑路款。资金筹集到后,由汾阳基督教公理会承办修路。

史迪威设计督修汾军公路

公路是近代化的交通设施,必须要有一个懂得现代筑路专业技术的人来担任总工程师。谁来担任这一重要职务?当时国家刚从封建大清王国中脱胎出来,百废待兴,懂现代科技的人才缺之又缺。于是在组织筹集建设资金的同时,红十字会国际赈济委员会便帮助从美国陆军物色、借调史迪威少校来担任公路建筑总工程师。

约瑟夫·沃伦·史迪威,出生于佛罗里达州帕拉特卡,定居纽约州扬克斯市。1904年美国西点陆军军官学校毕业,曾参加过第一次世界大战。当时,史迪威在北京刚完成华北协和语言学校的学业,主观上很想到实践中检验一下自己的汉语能力，干一番事业。他有愿望，山西有需求。于是，通过国际赈济委员会的帮助，史迪威于1921年4月离开了北京温馨的家，乘火车到了石家庄。又换乘窄轨火车，来到了山西太原。

对于史迪威来山西任筑路总工程师，阎锡山和商震（时任晋军第一混成旅旅长兼山西军人工艺实习厂总办）都感到脸上有光。因为史迪威是第一次世界大战中在欧洲得过美国勋章的英雄。

二战名将史迪威

特别是商震对他满怀敬慕之情，竭力向阎锡山赞扬推荐。史迪威一到太原，便受到隆重欢迎，宴会菜肴丰盛、气氛热烈。后来，史迪威在第二次世界大战中成为国际著名将领。

吃苦耐劳　高度负责

史迪威少校当时38岁，工作热情很高。他任总工程师，主要负责道路的踏勘、选线、设计，并指挥施工。他手下工程技术班子有12名外国人。当时这条路分两段修筑：一是平遥到汾阳46公里，二是汾阳到军渡155公里。特别是汾阳到离石的82公里，要求坡度不超过6度，路面全用石子。

史迪威到达离石工地时，当地最高行政官员和驻军团长，非常重视，为他举行了有 50 多道菜肴的欢迎宴会，并让他骑着马检阅了当地驻军。同时，在北川河畔一位传教士的避暑胜地附近（今凤山底村），为他找了一处消夏的地方。史迪威把它装修成乡下"别墅"，从北京把全家人（夫人、3 个孩子、保姆及仆人）接来。

汾阳到军渡公路的选线，避开了古代从向阳峡、翻黄栌岭的走向，而是从汾阳经三泉翻薛公岭。进入吕梁山区后，沿东川河南北岸绕行，经离石、柳林，翻八盘山到达黄河东岸的军渡。史迪威每天骑马或步行，不畏酷暑，跋山涉水，风餐露宿，穿行在工地。他的背包里有罐头、饼干等食品，但他常常和中国人吃一样的饭；只是晚上不睡乡民的土炕，而睡自

汾阳军渡公路落成典礼一角，图中左一为史迪威。

己用门板搭的床铺。在设计过程中，他按照当地条件，因地制宜。如根据当时东川河北岸村庄多、拆迁任务重的情况，把主要路线选在南岸。具体设计中史迪威用尽了在西点军校所学军事工程课的全部知识，这条公路（当时称"黄河公路"）成为他独立设计完成的第一个筑路工程。之后他被邀请完成了临潼到西安的公路的设计。抗战期间又组织设计修建了举世闻名的抗日战争国际援华大通道滇（云南）缅（缅甸）公路——史迪威公

路。

艰辛的筑路过程

最能反映筑路实际情况的是，当时离石民工编的一首长篇"快板书"《民国十年修路工》，多角度地描述了修路的情况。由于修公路在当时是十分新鲜的事，涉及拆迁和过村、民工与工头、劳动与生活、当地人与外地人等等情况，老百姓有各种不同的反应。

经过村庄、田地时老百姓反应十分强烈。看到"毁了青苗毁了地，庄户人家好着气。路过庙宇就要拆，路过宅院刨倒塌，路过坟墓摊土平，撵得老鬼不能停"，很有怨气。并且认为是"中国没有厉害人，谁敢阻挡外国人；不敢堵，不敢说，单怕人家骨碌跌（即用棍棒打）"。公路路过吴城时，"驿沟门前要打坝，根玉老汉就死下"。说明老百姓对修公路占土地，侵占个人利益有着强烈抵触情绪。"上楼桥家不走运，石头围起黑圪洞；出来钻出回钻进，你看倒运不倒运。白天钻也还好，晚上钻得磕烂脑；碰烂脑

汾(阳)军(渡)公路柳林寨东桥　　　1921年史迪威　摄

袋流红血,老婆骂你真可惜".完全是无奈的嘲讽。当公路经过田地中间时"义居村里当坪下,大家小家没招架;水地种成旱地了,活契倒成死契了;一亩分成八圪塔,咱把人家能怎么!"可以看出,在以农业为主的社会里,沿线老百姓作出很大的牺牲。

工人的劳动强度大,环境严酷,为了生存,外省民工很能吃苦。"过了清明动了工,用的都是直隶人。又能饿,又能受,饭菜好坏能迁就"。当公路修到圪埫湾时,"陕西人,没眼睛,不顾死活往里朋(入股、搭伙的意思);只顾挣钱不顾人,核碣圪塔要了命"。修交口大桥时,"盖桥的都是广东人,镘的石头平又平"。在八盘山修公路时,靠打炮来炸石。"陕西人,实在能,几根钢钎捻现成;两个打,一个钻,钻开窟窿把火药(即炸药)灌。'轰隆'炮音响一声,石头飞到半空中。石头自来不非轻,不知打坏多少

汾阳至军渡公路通车典礼(汾阳现场)

人。捎折胳膊打折腿,拿着土筛往回抬"。可以看出修公路的危险与艰辛。

说到民工的生活,"路工活、太实累,吃不里好的支不住"。"凉窑冷炕不好停,塌的工人肚子疼。半夜三更跑茅子,急屙急尿屎逼着,肚子里要发大水,屁眼里刮风下急雨"。可见当时筑路工人生活条件多么恶劣。公路翻吕梁山时,"王家池,太实苦,又没住处又没水;只吃干的不喝汤,才把工人困倒秧"。于是团头、段长向上汇报,区长雇下木匠割稍桶,组织民工用驴往薛公岭一带驮水。八盘山修路时,"担水一回八里路,一担水要一百三"。

到了中秋节,工人们都想回家,"月儿上来圆又圆,八月十五在外边,有婆姨的看不见,没婆姨的短半边"。到落霜收秋季节,离石民工急着要回家收庄稼,但大洋(工钱)没发下来,很着急。工头怕"炸工"(工人逃),便加强监督,"未曾出门骑上马,不是骂来就是打"。民工们"只做营生不发钱,工人急得滚油煎"。于是工人们来到外国工头住的离石吴城庙前,"几团人围得不透风,手拿砖头捣山门",真有起义暴动的态势。于是只好把当地的区长、乡绅、崔举人叫来劝解平息。公路修了二年,"苦了工人骨头贱,一条人命十八块钱(银元)",这应是当时的抚恤补助。

当时参与组织领导的外国人主要是"美国有个王大夫,还有传教的裴牧师"。裴牧师即美国人,汾阳公理会牧师裴德生。"中国有个郝振林,游洋外国当先生,读修身,念国文,ABCD 讲得精。"这应是翻译加组织者。他们的工作、生活也很艰苦,但组织、执行工作很有力,遇到问题迅速解决。公路修到田家会时,也攘动了当地有势力的人,"李□□的银子大,挡不住汽车强要过;拆了五眼窑壁子,虽然厉害没说的"。七里滩大桥盖好不到二十天,就被洪水冲毁,只好重修。"大家小家商议通,咱和牧师揽营生",牧师很高兴地说"只要大桥盖得稳,大洋给你们一千整"。当公路修到李家湾一带时,有个叫王恩成的善于做饭,"烹调味口很合口,吃得

洋人怪叫好"。

汾军公路终于竣工,老百姓真是"开洋荤,饱眼福"。"十月初三汽车来,马号里(离石旧城小广场)搭起宣讲台",进行竣工庆典。人们很稀罕,"说汽车,真日怪,又没头来又没尾;不用牛拉和马拽,跑起来好像风刮开。外洋各国女人来,离石军渡打来回;一点来钟走一回,你看汽车美不美"。

汾军公路对晋西陕北的影响

汾军公路路基工程,从 1921 年(民国十年)初开工,大约到 1922 年(民国十一年)6 月 10 日竣工。11 月 21 日,在汾阳、离石举行了盛大的"汾军公路落成第一次开车式"庆祝大会。阎锡山特派代表崔文徵、南佩兰带着他的手谕,偕同山西路工总局局长赵友琴、山西大学堂校长王猷臣及数名工程师和中外来宾,分乘五辆汽车,从省城专程前来汾阳参加大会。当时人山人海,盛况空前。会后,在汾阳公理会裴德生牧师带领下,一行十余人乘车参观公路全程,沿途还向群众散发了传单。1988 年春,史迪威将军的女儿南希·史迪威·易斯特布鲁克曾专程从美国来山西,全程察看了他父亲修过的路。

这条路的建成产生了深远的影响。首先,在当时面对华北大旱,山西当局筹措资金,采用"以工代赈"的方式,既开通了晋西大道,又解决了数千人的生活就业问题。是吕梁历史上第一次利用外资由外国人参与搞建设,第一次用"以工代赈"办法搞建设。其次,改变了古来太原盆地到晋西的交通走向与格局。古代汾阳到离石,必经过向阳峡、黄栌岭。虽然清代乾隆年间黄栌岭凿开马车道,但终究还是原始交通。汾军公路的开通,奠定了现代化公路的基础,同时也改变了交通格局,使离石县的吴城、临县的碛口——这些以水旱码头而兴起的古代晋商贸易古镇,逐渐萧条、衰

2007 年 12 月 21 日离石—军渡高速公路通车剪彩会场

落。

　　1922 年 6 月，太原到汾阳路修通后称"太军公路"。直到解放后的上世纪 60 年代中期，这条路才铺成油路。1968 年，军渡黄河大桥建成通车，里程延长至绥德，称"太绥线"，编成了 307 国道。这条路也为今天青银高速公路（汾离段 2005 年 10 月 3 日通车，离军段 2007 年 12 月 21 日通车）、太中银铁路(2011 年 1 月通车)的策划、选线、设计起了先导作用，成为中华大地上华北连通大西北的捷径，对推动华北、大西北，特别是吕梁经济社会发展起了决定性作用。

　　说明：1.快板书"民国十年修路工"A、B 版见本书"采风传奇"。

　　　　　2.本文曾刊载于 2010 年 6 月 11 日《今日离石》报第 4 版。

名
人
风
采

民族融合的旗手——刘　渊

刘渊剧照

公元304年，即西晋惠帝永兴元年，匈奴人刘渊建"汉国"，建都离石，称汉王，为离石历史画下浓重的一笔。

刘渊，字元海，出生于新兴(今山西忻州)匈奴贵族，是冒顿单于的后代。由于汉代采取和亲政策，汉高祖曾把宗女作为公主，嫁给冒顿单于，并以兄弟相称，所以这部分匈奴人及其子孙多称刘姓。刘渊的祖父是匈奴南单于于扶罗，父亲为左贤王刘豹。他们就是曹魏时散居并州西五部中的左部帅。

东汉初，匈奴内讧，分为南北二部，南匈奴内迁。公元50年东汉光武帝让单于入居西河郡美稷县 (今内蒙东胜县境)，晋时迁于离石县左国城。公元216年曹操又把南匈奴分为左右南北中五部，分别散居于今汾阳、祁县、隰县、忻州、文水一带。而离石左国城为南单于的首脑部，左部帅刘豹率一万余众就住在这里。匈奴人与汉人杂居，为汉守边，受汉官统治，并受到免纳赋税的优待。

公元265年，魏国权臣司马炎夺取魏政权，自称皇帝，定都洛阳，史称西晋。西晋统一不久，发生"八王之乱"。居住于西北部的各部族不满统治者的残酷压迫和战乱之苦，阶级矛盾民族矛盾日益激化。匈奴贵族刘渊便利用各族人民对西晋统治的怨恨,打起了反晋旗号。

刘渊拥有多方面优势。一是他有匈奴贵族的身份,司马昭当政时曾作为人质留在洛阳,因而在匈奴人中有了很大的政治资本。刘豹死后,他又回离石代父为左贤王,在匈奴人中有很高威望。二是积极向中原文明靠拢依附,自称汉族的外甥,汉化程度很深。曾跟上党人崔游学习经史,精通《春秋》、《左传》、《孙子兵法》,谙熟《史记》、《汉书》及诸子百家。三是为人机敏、文武兼备。在西晋王朝中有着很好的人脉,深得晋武帝赏识。泰始初,鲜卑树几能在凉州起兵反晋。上党李熹建议,署刘渊为大将军,发五部匈奴,西征凉州。大臣孔恂说:"元海若能平凉州,斩树几能,恐凉州方有难耳。蛟龙得云雨,非复池中物也。"结果没有任用。齐王司马悠见刘渊才智出众,劝司马炎:"陛下不除刘元海,臣恐并州不得久宁。"刘渊靠王浑等帮助,才幸免于难。

到西晋太康十年(289年),晋武帝司马炎封刘渊为北部匈奴都尉。刘渊做了左部帅后,推诚接士,轻财好施,幽、冀名流,千里拜附。晋惠帝继位后,杨竣辅政,署刘渊为建威将军,五部大都督,封汉光乡侯。八王混战时,成都王司马颖为壮大声势,任刘渊为宁朔将军兼管(匈奴)五部军事,留守其根据地邺城。

"八王之乱",统治者自相残杀,无暇他顾。刘渊的从祖父、右贤王刘宣看到时机可乘,便策划起兵反晋,恢复匈奴政权。他们认为,魏晋以来,匈奴空有单于虚号,但无"尺土之业","今司马氏骨肉相残,四海鼎沸,兴邦复业,此其时矣。左

匈奴羊首杖头

贤王元海，姿器绝人，斡宇超世，天若不恢崇单于，终不虚生此人也。"于是秘密推举刘渊为大单于，并派党羽呼延攸到邺城（今河北临漳县邺镇）叫刘渊回匈奴本部举事。刘渊谎称要回去会葬祖先，司马颖未许。刘渊只好叫呼延攸先回，让刘宣以响应成都司马颖为名，先把匈奴五部及杂胡人马召集起来，为举事做准备。不久，并州刺史司马腾和北安将军王浚联合进攻司马颖。刘渊便借机请求回去招集匈奴五部军队来阻击腾、浚。司马颖高兴地放回刘渊。

刘渊回到左国城（今方山南村）立即被拥为大单于。二十多天，聚集部众五万多人。刘宣等要求刘渊干脆做皇帝，刘渊说"今四方未定，且可依高祖称汉王"。于是即汉王位，建都离石，年号元熙，大赦境内。为得到汉人支持，追尊刘禅为孝怀皇帝，立汉高祖以下三祖、五宗神主祭祀。立其妻呼延氏为王后，置百官，以刘宣为丞相，崔游为御史大夫，族子刘曜为建武将军。当时陕北、晋北、河北一带大多为胡人占领。刘渊称王建"汉国"，迅速得到各部响应。

胡人誓兵图

刘渊据离石称汉王后，并州刺使司马腾派将军聂云讨伐。结果在大陵(今文水县)聂云战败。司马腾十分害怕，率并州二万余户，避逃山东。汉元熙二年(305年)，司马腾又派司马瑜、周良、石谢来攻，刘渊派刘钦迎战，在离石、汾城一带摆开战场。一连四仗，司马瑜屡败而逃。

刘渊起兵后，一面攻打西晋并州刺使刘琨，并派刘曜攻占了泣氏、屯留、长子、中都等地；一面挥师南下攻占了河东、平阳、蒲子等地。

公元308年刘渊从离石迁都蒲子(今交口县境蒲依村)改年号"永凤"。这时上郡(今陕北)四部鲜卑陆逐延、氐酋大单于徵、东莱王弥等先后投奔而来。上党(晋东南)羯人首领石勒造反失败，率胡人部众千人、乌桓部众两千多人纷纷归顺刘渊，形成了巨大的反晋势力。后因"蒲子崎岖，难以久安"，又迁都平阳(今临汾市西金殿镇)。公元309年，刘渊正式称皇帝，国号仍为"汉"，定都平阳，改年号为"河瑞"。并逐步逼近西晋国都洛阳，王弥、石勒又攻占山东河北大部分地区，中原几乎全为刘渊占据。公元310年7月刘渊病死，其子刘和即位，后四子刘聪杀刘和自立。311年攻占洛阳，俘虏晋怀帝司马炽；316年攻占长安，俘西晋最后一个皇帝司马邺，西晋覆灭。

刘汉政权虽然推翻了腐朽的西晋统治，并没给人民带来好处，反而连年兵祸战乱。如刘景攻占延津时曾"沉男女三万人于河"。后来，刘曜灭汉称赵(前赵)，石勒自称赵王(后赵)。他们互相攻打，于是开始了中国历史上五胡十六国大混战的局面。北方人民纷纷逃亡江南，黄河沿线生产力遭到严重破坏。

中华民族生存发展空间受到天人环境的制约。古代中原周边各部族在中原文明的吸引和天灾人祸的压迫下，只能向先进文明的汉地聚集、融汇，这是不以人的意志为转移的。刘渊抓住西晋统治者内乱和阶级矛盾、民族矛盾激化的机遇，领导各族人民推翻了腐朽的西晋王朝，扛起

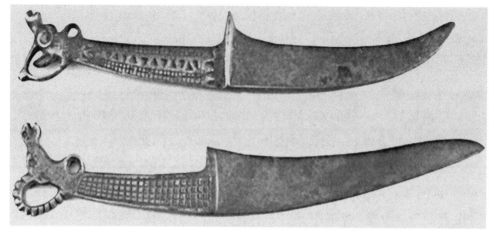

匈奴人兽首刀

"汉国"大旗,建立了中原模式的国家体系,推动"五胡"各族在汉化道路上大步前进,在中华民族的融合史上做出了不可磨灭的历史贡献。

而刘渊在中国唐宋以后的历史上,常被文人、官员痛骂。蔑称其为"屠格逆奴"、"荡覆天下之妖"、"刘渊发难",甚至连离石一带(时称"西河")也被认为是"西河多事","山胡"之渊薮,战乱之祸源。今天应当运用历史唯物主义的观点,重新认识这段历史,重新评价刘渊的历史功绩。刘渊本人是积极汉化的楷模,可称为民族融合的旗手,而由此引发的"五胡乱华"、民族混战,既是历史能量释放的必然,也是他本人不可主宰的结果。

弥合民众心灵创伤的
佛教宗师——刘萨诃

在我国东晋十六国至北魏时期,离石出了一位高僧刘萨诃,被佛教界尊为第 22 代宗师。

刘萨诃约生于东晋穆帝永和元年(345 年),法号慧达,是并州西河离石稽胡人。他的主要功绩是为当时生活在人间地狱的胡汉百姓提供了精神的抚慰,推动了佛教中国化。他的出现对推动当时社会发展、遏阻战争、弥合人们的心灵创伤有着积极的作用。

胡汉百姓祈和平、反战争寻求精神寄托

五胡十六国南北朝, 前后一百多年时间里,既是中国民族融合的高潮,又是北方至中原最黑暗的时期。其时由于全球气候变化,中国长城以北草原地区连年干旱瘟疫,人类难以生存。所以北方五胡匈奴、鲜卑、羯、羝、羌等部族纷纷南迁。大量居住在今晋陕黄河两岸地区。经过数代繁衍生息便形成了"步落稽"即稽胡族。《周书》卷四十九云:"稽胡,一曰步落稽,盖匈奴别种,刘元海五部之苗裔也,或云山戎赤狄之后。自离石以西,安定(今甘肃)以东,方七八百里,居山谷

刘萨诃佛 (大英博物馆藏敦煌遗珍)

间。种落繁炽,其俗土著,亦知种田,地少桑蚕,多麻布。"这些胡人"与华民错居",虽语言、风俗不同,但已形成了民族融合的态势。

五胡内迁最初是在曹魏政权控制之下。但到晋朝时,因国家政策失措,加上"八王之乱",便在尖锐的民族矛盾中给刘渊为首的匈奴起义立国创造了天赐良机。从此,展开了"五胡乱华"的黑幕。其时无论是当官的还是为民的,无论是胡人还是汉人,无论是军人还是农牧民,都是过着朝不保夕、生命无常的日子。狼烟战火,连年不息;战争冲击,动辄屠城;血流漂杵,尸骨塞壑。各色人等到处藏匿,生不如死。特别是晋陕黄河两岸,既是战争策源地,又是胡人聚居地,更是战场杀戮地。这样的岁月长达半个多世纪,直到刘萨诃出生长成,仍是如此。广大北方胡汉人民,从心里反对、厌烦战争,祈求和平,亟需有一个精神的庇护所。这就是刘萨诃弘扬佛法的大背景。

胡汉军人放下屠刀、立地成佛的心理需求

刘萨诃出身离石稽胡族。家族豪富,但"目不识字,为人凶顽,永健多

浙江鄞县阿育王寺

力,乐行猎射"(唐道宣《续高僧传》卷二五)。实际上,他参与了当时"五胡乱华"的杀戮战争,按他的性格是杀人不眨眼的刽子手。但从《冥祥记》、《高僧传》等著作得知,他忽然经过一个"冥游事件"就皈依了佛门。

《梁书·诸夷传》卷五十四关于梁高祖武帝萧衍改造阿育王寺塔一事记载："西河离石县有胡人刘萨诃,遇疾暴亡而心下犹暖,其家未敢便殡。经十日更苏,说云:有两吏见録向西北行,不测远近,至十八地狱,随报重轻,受诸楚毒。见观世音,语云:汝缘未尽,若得活,可作沙门。洛下、齐城、丹阳、会稽,立有阿育王塔,可往礼拜。若寿终则不堕地狱语。竟如堕崖,忽然醒悟。因此出家,名慧达。"这件异事同样记载于《集神州三宝感通录》卷上之中。这件事虽然蹊跷,但在佛教大量传播胡人之中,特别是在他杀戮过多、心理恐惧、神志昏乱的情况下,依托佛教理论为自己寻求精神解脱是迫切的,也是可以理解的。在科学不发达的年代里,在他身得重病、精神将崩的条件下,也可能确实经历了精神的冥游。

刘萨诃"冥游"故事具有强烈的时代特征和典型性。当时参与杀戮或家族被杀的人不计其数。被杀者如同无主羔羊,杀人者如同行尸走肉。所有的人心灵上都无比恐惧,利刃、鲜血、惨叫、白骨,人人生活在黑暗地狱。所有的人,包括军官、贵族、国主都想在精神上找到自己的宿主。于是刘萨诃的典型示范作用给他们指明了道路。无数的士兵、杀人者都想"放下屠刀、立地成佛",无数的惧杀者都想得到佛祖的保佑。这样,刘萨诃这个平安神的传教就有了深厚的群众基础,因为任何人都不愿做杀人的"魔鬼"和被人宰杀的"羔羊"。

胡汉民族为生存发展而重农桑的需要

自公元140年(东汉永和五年)西河郡从平定(陕西府谷县西北)内迁离石以来,大量胡人入居塞下。经过二百多年的繁衍生息融合,胡人逐步汉化,虽然战争频仍,但平民百姓还是要生活生存的。因而出现大量"熟胡",即已经汉化的胡人。从生业上看,晋陕黄河两岸、晋西北、陕北一带改变了汉代农业为主的局面,而成为半农半牧区域。匈奴人的所穿所用,以往是靠塞下掳掠或榷场贸易,现在要靠自己生产自给。为了穿吃所用,稽胡民众就要改变"地少桑蚕,多麻布"的生产结构,开始大量种田、养蚕、缫丝、织布。刘萨诃的故事正好适应了群众这一需求。

《集神州三宝感通录》卷下述,刘萨诃"昼在高塔,为众说法;夜入茧中,以自沈隐;旦从茧出,初不宁舍。故俗名为苏何圣。'苏何'者,稽胡名茧也。以从茧宿,故以名焉。"唐代道宣的记述,表明刘萨诃是稽胡所居慈、隰、岚、石、丹、延、绥、银八州之地备受供奉的蚕神。原有佛教中并没有蚕神,中国在佛教传入前有自己的蚕神。而刘萨诃"苏合圣"蚕神的出现,正顺应了佛教中国化、胡人汉化、游牧业农业化的社会需求,也符合北魏入主中原之后

图2

浙江鄞县鄮山舍利塔及文字书影书中有"晋刘萨诃,并州人也。生在畋家,屠猎为业"的记载。

重视农桑的国策。其实"萨诃"与"苏合"是音译汉字写法不同,含义一致,都是"蚕茧"的意思。这样约到五世纪末六世纪初的北魏中后期,稽胡人基本掌握了养蚕缫丝的重要生产技术。综上所说,刘萨诃的影响之所以到唐初能在晋陕黄河两岸的八州之地形成"故今彼俗,村村佛堂,无不立像,名'胡师佛'也"(《集神州三宝感通录》卷下)的盛况,最根本的是他为当代社会塑造了平安神、免罪神、农业神(蚕神),从而适应了分裂混战状态下北方民众的心理需求。

弘教模式适应了胡汉百姓精神抚慰方式

在传教弘法的实践中,刘萨诃也确实做出了丰功伟绩。一是勇作佛教中国化的先行者。东晋隆安三年(399年)他孤身经河西走廊到敦煌,西出阳关,沿丝绸之路南道到印度拜佛取经。隆安五年初(401年)在于阗国(今新疆和田)与法显、慧景、道整等高僧相遇,结伴前往那竭国(今阿富汗贾拉勒阿巴德)、北印度那揭罗曷国醯罗城(今阿富汗杰来拉拜之西)参佛取经。回国后于北魏天赐六年(409年)至北魏神瑞元年(414年)在家乡石、隰、慈、丹、延、绥、银、岚八州宣传佛教。二是推进敦煌石窟开凿,弘扬佛业。刘萨诃后半生的22年全部奉献给敦煌石窟的开凿,被称为继乐尊、法良之后,开创敦煌莫高窟佛教艺术宝库的最重要的人物。三是未卜先知,预言灵应,促进时局稳定。公元435年刘萨诃到凉州番禾郡(今甘肃武威)御容山预言,数十年后山出石佛,佛身全则天下安,佛无首则天下乱。八十年后在雷电交加之日,山崖震塌,果然出现一丈八尺高的无头大佛像。后在凉州七里涧发现佛头,与之相配完整,预言应验。这是佛教传播惯用手法,此事被绘成凉州瑞像,在佛教界产生了广泛影响。

应当说,刘萨诃的因缘故事,无论是"冥游"还是"预言"都是编造或梦境复述。但他符合四个要求:一是符合佛教故事编创模式;二是符合广大受众的精神抚慰方式;三是适应了战乱年代人人希望和平的心理需求;四是为民吃苦受难,直身西天取经,符合国人苦难崇拜心理。所以得到晋陕黄河两岸人民的崇拜。

宗教是人类社会文明、信仰和精神世界发展的产物,对于一定时期和领域内世界各地人们的信仰追求、文化交流、社会稳定产生着不可低估的作用,因而被历代统治者利用。直到今天,世界上大多数人仍是有宗教信仰的。

威震清廷的义军首领 ——王显明

离石县城东北 40 公里处(信义镇境内)有座云顶山,旧叫"刘王晖山"。因这里地域辽阔、牧草广大、边山道险、通达数县,四十里跑马场就在这一带。这里既是放牧和狩猎的好地方,又是起义军、山大王据险称雄的好山头。明崇祯十七年(1644 年)李自成起义军数十万人转战山西,就得到交山赫赫岩农民义军首领任亮的大力支持和配合,攻汾州,破太原,直捣北京。相传西晋刘渊建都离石时,曾在这里驻牧,山上旧有刘渊祠,今已废。

清王朝马上得天下,为了消除一切威胁统治的因素,对山区牧区强行实行了禁马的政策。他们认为在当时的条件下,马匹是一种机动灵活快速作战的工具。特别在起义不断,当时仍有农民军活动的吕梁山区,更不能等闲视之。清顺治五年(1648 年)九月,清军千总路时运进入吕梁山区巡查禁马,便引发了一场震动清廷的农民暴动。

王显明是离石县小神头乡长板塔村人,从小以农牧狩猎为生、善使鸟枪。他和贫苦农牧民弟兄以山为家,生活异常困难。并且经常受到官府的盘剥,长年累月挣扎在死亡线上。枪是他们的手中宝,马是他们的命根子。但是清军入山不仅巡查禁马,而且借机强取掠夺,勒索民财。广大农牧民实在忍无可忍,王显明更是义愤至极,便举义暴动。义旗高举,一呼百应,吕梁山区穷苦百姓纷纷汇集在义旗之下。

清军千总温师珩获悉军情,慌忙率领屯兰川、岔口三百"贴防"官兵前来围剿。这时义军云集,力量强大,大败官军,暴动获胜。王显明又劝降驻守交山的清军靖安营把总龙玉,在树头岭摆开战场。这一仗旗开得胜,彻底击败温师珩的贴防兵,义军威震吕梁山。

战报传到省城,山西巡抚祝世昌大为惊恐,急忙调集 3000 官兵征剿。这时王显明义军转进交城银炼山根据地,利用高山深沟,据险而战,机动灵活,与敌周旋。官军久攻不下,粮草用尽,便向省城求援。王显明获悉这一情况,便在进山要道石锁关布兵设伏。这里路陡关险,易守难攻。运粮官兵500多人盲目而来。义军居高临下,凭险作战,大获全胜。缴获粮食一千石,打死解粮官太原右营守备李进忠。祝世昌不甘心失败,又调来清军统帅满族人艾松、游击高国盛继续围攻银炼山。王显明率部抄小路奔袭清军后方罗城镇(今汾阳县)。清军腹背受敌、顾此失彼,祝世昌明知是调虎离山计,也只好急令主力回援罗城。清军损兵折将,疲于奔命。后来大同兵变,清军奉命星夜赶回太原,交山解围。

此前明朝降将大同总兵姜瓖起兵反清。顺治六年(1649年)三月其子姜建勋率军入交山,与农民军会师。姜交联军在王显明指挥下,又联合吕

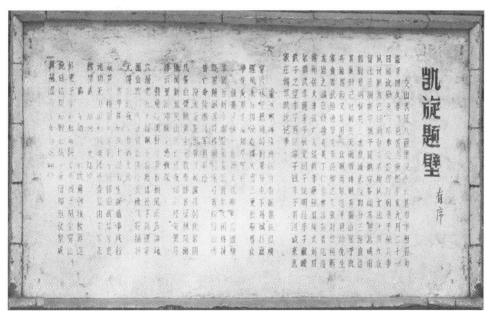

清代交城知县赵吉仕镇压起义军后所撰《凯旋题壁》文,
原石毁,新书于交城卦山道边。

梁各山寨义军大战一年,攻克山西50多座城池。破交城、文水,杀知县周邦翰、曹之贤;占汾阳、清源,夺徐沟、太谷。太原附近除榆次等少数城池外,其他州县大多被义军占领。义军所向披靡,守军望风归附。

义军威震一方,清廷闻风丧胆。顺治六年(1649年)四月清廷委派清端重亲王博洛统大兵围攻起义军。晋祠一战,义军寡不敌众,战斗失利。王显明、龙玉在巷战中壮烈牺牲。

面对不利形势,义军在傅青山、任亮等首领指挥下,采取弃城池、

清代骑兵图

守山寨、保实力的方针,放弃了清源、交城、文水、徐沟、祁县等地,退守三座崖,清军始终不敢入山。康熙十年(1671年)交城知县赵吉士奉"剿杀净尽"谕旨,经过长期策划,在打入义军内部的坐探王登仙的配合下,协同太原营守备姚顺,率精兵300人,乡勇1000余人,趁雪夜袭击交山各寨义军,围攻三座崖。经过七天血战,义军首领任亮壮烈牺牲,傅青山和多数义军被俘。当时整个交山各寨血溅山崖,尸横遍谷,悲声恸地。至此,轰轰烈烈的交山义军被镇压下去。

交山农民起义是吕梁山上规模最大、坚持时间最长、占领地区最广的一次农民起义,坚持斗争40年之久。其中王显明指挥时期是义军最兴盛、战绩最辉煌的一段,给了清王朝沉重打击。

"天下廉吏第一"——于成龙小传

于成龙是清初杰出的政治家、"清官",是清代永宁州历史上品位最高的封疆大吏。

于成龙画像

于成龙,字北溟,号于山。明万历四十五年(1617年)生于山西永宁州来堡村(今方山县)一个衰落的官宦家庭。明崇祯十二年(1639年)被举为副榜贡生。从清顺治十八年(1661年)起,历任知县、知州、知府、道员、按察使、布政使、巡抚和总督等职。因政绩卓著,曾三次被举为"卓异"。康熙二十三年(1684年)病逝,康熙帝亲书碑文称他"实为天下廉吏第一",并赐谥号"清端",加封"兵部尚书"、"太子太保"。

于成龙生逢大清王朝平定天下之初,国内乱象丛生,百废待兴。在这样的大背景下,他顺应国家统一、由乱而治的时代潮流,面对严峻的形势,有胆有识;面对复杂的局面,弛张有度;处理民生,因时治宜;收拾匪贼,宽严相济;艰苦创业,清廉一生,创造了不朽的功勋,演出了一幕幕可歌可泣的活剧。

罗城治乱:关帝庙里开仕途

于成龙少有大志,出仕前曾在山西永宁州西的深山古刹安国寺苦读圣贤书。直到顺治十八年（1661年）45岁时，才被朝廷任命为广西罗城县令。他怀着"此行绝不以温饱为志，誓勿昧天理良心"的抱负，不顾亲朋的劝阻，抛妻别子，到遥远边荒的广西罗城赴任。

罗城地处万山之中，盛发瘴疠，瑶、僮犷悍。由于新隶于清朝统治之下不久，局势未稳，因而两任知县一死一逃。于成龙到罗城时，满目榛莽，残垣断壁，盗贼横行，百姓逃亡。全城只有居民六家，茅屋数间。县衙为三间茅草破房，他只得寄居于关帝庙中，"安府于周仓背后"，编荆为门，垒土为桌。因环境险恶，同来的五名仆从，或中瘴气而死，或因艰苦而逃。他以顽强的毅力，扶病理政，迈出了仕宦生涯的第一步。

罗城战后不久，一片乱象，安定社会、恢复生产为第一要务。于成龙采用"治乱世，用重典"的方法，首先在城乡建立保甲，"严禁盗贼"。稍为安定后，根据当时的社会环境，他冒着"未奉令而专征，功成也互不赦"的政治风险，又组织乡民练兵；抱着为民而死甚于瘴疠而死的决心，准备讨伐为害城乡的"柳城西乡贼"。由于政治声势强大，西乡"渠魁府首乞恩讲和，抢掳男女尽行退还"。接着他又在全县搞乡村联防。邻县盗贼每年来杀掠，于成龙带领乡兵直捣其巢穴，使邻贼不敢犯境。与此同时，积极招募流民，恢复生产，深入田间，奖勤劝懒。农闲时带领百姓修民宅、建学校、办养济院、筑城墙。有农民迁入新居，他亲自书写对联送去，给予鼓励。于成龙与民众相爱如家人父子，老百姓也积极拥护政府，形势步步好转。他又刚柔并济，解决了"数大姓负势不下"的问题，使这些地方豪强"皆奉法唯谨"。三年间，罗城出现了盗息民安，百姓乐业、官民和睦的局面。

康熙六年（1667年），于成龙被两广总督金光祖举荐为广西省唯一"卓异"，并升任四川合州知州。离开罗城时，百姓"遮道呼号：'公今去，我侪无天矣！'追送数十里，哭而还"，情景感人。

合州安民："禁止原主认业"

　　四川战乱日久，人口锐减为全国之首。于成龙赴任的合州(今四川省合川市)包括三属县，丁口百余，正赋 15 两，而衙门的各种供役、杂费使百姓负重不支。目睹村庄衰败、田野荒芜的景象，于成龙认为当务之急是招抚流民，发展生产。他首先从政府自身做起，革除积弊，严禁官吏勒索。又免去规定的随从，以家仆应差。

　　合州土地连片荒芜，老百姓到处流浪而不归田，其主要原因是怕原主认业。本来是多年的无主荒地，辛辛苦苦开垦种好，丰收在望，忽然有人从天而降，说自己是土地原主。新的种田人有理说不清，只好认倒霉。中国历史上，土地政策既关系到老百姓安居乐业，也决定着国家的命运。在当时，老百姓因战乱到处漂泊，原主是死是活，家乡不知。如果墨守成规，土地就会永远荒芜，老百姓就不得安居。长此以往，流民就会变为贼民。因此，这个问题不解决，社会就不会安定。于成龙从实际出发，规定了"禁止原主认业"，"凡一占即为己业，后亦不得争论"的条令。同时，要求各县为新附百姓解决定居与垦荒中的具体困难，并亲自为老百姓划分田舍、登记注册，借贷养牛，申明三年免税。这样，广大流民百姓就吃了定心丸，"新集者既知田业可恃为己有而无复征发仓卒之忧，远近悦赴，旬日之间户以千计"。

　　于成龙创新的"禁止原主认业"的重大举措，充分调动了老百姓劳动生产的积极性，大家纷纷投入生产，原先逃亡的流民纷纷就近归田。不到两年时间，合州人口骤增，田地开辟。十多年后，于成龙首创的这一"土地改革"做法，被清廷定为基本国策，在全国推行开来。由于招民垦荒政绩显著，康熙八年(1669 年)，于成龙被擢升为湖广黄州府同知。

岐亭息盗: 乔装乞丐入匪巢

康熙八年(1669年)于成龙升任黄州府(今湖北黄州市)同知,镇守岐亭。岐亭就是今天大别山下的湖北省麻城市岐亭镇。这里在齐梁时属十八蛮县之一,明嘉靖年间爆发过农民起义,清初黄州府在岐亭设同知,民间称"二府衙门"。这里扼守麻城西南大门,与新州、红安、黄陂三县接壤,号称"威镇八县,锁住三江"。

于成龙到任时,盗贼横行,百姓躲藏,官府无策。当时上级规定,如果不能限期破获盗案,就要以渎职论罪。同时,盗贼又特别猖狂,谁攘动他们,就要谁的性命。因此地方官对盗案一般不立不问。这样盗贼更加肆无忌惮,明火执仗,甚至光天化日之下杀人。

于成龙战略上毫无畏惧,治盗中如履薄冰,很快开展了整顿社会治安的工作。经过周密的策划和敏锐的观察,他终于找到了突破口。

府衙中有个嗜酒如命的捕役叫汤卷,行动诡秘,难以捉摸。于成龙把他叫到座前,笑着说:"本府没什么别的爱好,只是贪酒量大,可惜没有酒友对酌。听说你酒量很大,咱俩何不结为酒友,同饮共醉!"

汤卷受宠若惊,欣然从命;酒过三巡,便心花怒放。于成龙乘着酒兴说:"本府深知你精明强干,心诚厚实,是捕盗能手。希望你竭力协助本府,以后一定会提携你。"汤卷连连称诺。起初汤卷心怀戒备,喝酒不肯过量。后来,见于成龙坦然贪杯,便渐渐消除了戒备,每次都喝得酩酊大醉。一天,于成龙乘醉问汤卷盗贼的情况。汤卷仍胡衍推诿,不肯说出。

汤卷离开府衙后,走到一家酒店。于成龙微服尾随,恰好听见汤卷在一伙来路不明的人面前自我炫耀,说自己如何被于二府赐酒赐食,而于二府天天说捕盗,竟然不知盗名在自己囊中。第二天,于成龙又与汤卷饮酒,汤卷借着醉意,说出许多盗贼平日劫掠奸淫、杀人越货的事。于成龙听后说:"本府知道你衣袋中有盗贼的名册,能不能呈本府一看?"汤卷矢

广西罗城于成龙雕像

口否认。于成龙命衙役搜身，果然搜出歧亭盗犯名册。

"你这样行事，不可以活在人世上，不如赶快回去吧"。于成龙得到名册后笑着说。

"小人从公，让我回哪里去？"汤卷糊里糊涂地问。

"回地狱吧！"

汤卷一听，酒性顿消，双膝跪下，哭着说："小人该死，只是家有老母，让小人看看母亲后再去死吧！"

于成龙知道汤卷确有老母在堂，便把自己的俸银取出一两，派衙役送去。汤卷被打入死牢。

于成龙得了歧亭盗贼名册，并没有鲁莽从事，立即搜捕，而是扮作农夫,深入村野调查;扮作商客,在集市上私访。

经过细致的调查,发现汤卷所供盗犯大都属实。但他没一网打尽,而是重点逮捕了八个人。连同汤卷捆在广场上,贴出布告:"今捕得巨盗九人,有能担保日后不为盗者,本府当场释放。保释后若再新犯,保结人连坐,一同治罪;不能被保者,本府将以法治之。"

当场被保释的只有两人。剩下六人和汤卷被绳子捆在一起,全部活埋路旁。墓堆上插一木牌,上书"黄州府二府于成龙瘗盗处"。

于成龙因之被岐亭人号为"于活埋"。盗贼闻之无不丧魂落魄、胆战心惊,有的敛迹,有的逃匿。他还招抚了盗贼头目彭百龄,令其捕盗赎罪,为捉拿盗贼驱使。

有一伙巨盗,民愤极大,但千方百计也抓捕不到。于成龙经过明察暗访,得知这伙巨盗匿聚在深山古庙中。于是秘密带领捕役入山,埋伏在古庙附近。自己装扮成生病乞丐,深入虎穴。群盗给他饭吃,给他治病,见他膂力过人,就收为同伙。于成龙入伙后化名杨二,群盗给他起绰号胡子杨二。他与盗贼生活十几天,完全掌握了他们的罪状。于是乘上厕所之机,密召捕役入庙,全部擒拿。

群盗被带至岐亭后,问捕役:"抓捕我们的是哪一位大人?"捕投笑着说:"青天于二府。"当时他们以为胡子杨二漏网了,押上大堂时,才看见于二府竟然是胡子杨二。立即跪下服罪。

于成龙走下公堂,亲手破开枷锁,各赐酒一杯。群盗惊问:"我等死期已到,不处死我们还让我们喝酒,这是为什么?"于成龙道:"你们这伙人平日作恶多端,今天落入法网,我不能代国家宽免你们。只是想起庙中共处几天,所以取来薄酒,表表老熟人的心意吧!"说罢先笑,笑后大哭,群盗也泣不成声。好一会儿,于成龙挥泪道:"哭也无用啊,地狱之门你们自己打开了,我将送你们每人一口棺材!"

于成龙严打巨盗重犯,刹住盗贼的势头以后,便采取了宽严相济的政策。

一个巨盗被擒,三天无人保释。后来,有十几人同来具保。于成龙顿起疑心,便说:"本府观你们十余人,没有一个敦厚老实的,难道是以盗保盗,欺骗本府吗?"十几人闻言大惊。于成龙立即拘捕审讯,果然全是盗贼。审清之后,于成龙说:"你们胡作非为而不改过自新,今天居然欺骗本府,理当罪加一等。念你们年纪轻轻,特赐给你们保释的机会。"

这十几个人全是作恶之徒,族人邻里都畏而远之,谁还敢保他们。于是他们以为无人取保,就要被活埋了,便号啕痛哭起来。于成龙见他们都有改过之心,便各严责一番,让互相保结,如有一人再犯,则保结连坐。十余人得了性命,千恩万谢而去。

于成龙在岐亭时腰里常吊一个小口袋,盗犯及不法分子的名册、坏事尽在其中。因此,每次捕盗如探囊取物。

武昌招降:骑驴直奔贼寨

康熙十三年(1674年),于成龙升任武昌知府,这时"三藩之乱"爆发了。在吴三桂凌厉的攻势下,贵州、湖南望风披靡。当时大军要攻打岳州,一条大河挡住官军,于成龙奉命修筑浮桥。浮桥刚成,即被洪水冲垮,于成龙因此被罢官。

这时,吴三桂乘机派出许多湖北籍部将回乡策反,并在湖北州县到处散发伪"札子",封官许愿,要各州县强盗依山集寨,互相接应,制造暴乱。麻城、大冶、黄冈、黄安各地盗贼,积极响应。五月,麻城县发现"伪札",知县即以"通贼"罪名大肆滥捕,搞得人人自危。黄州妖人黄金龙煽风点火,藏匿兴宁山中,准备内乱。于成龙手下的麻城人刘君孚也接受了"副将伪札",与黄金龙等联结东山大盗周铁爪,策动叛乱。

由于于成龙在当地很有影响，湖北巡抚张朝珍便请他出来收拾局面。于成龙以大局为重，欣然同意。问他要带多少兵？于成龙说："兵再多也不够用，我只要两个人跟随就足够了。"

于成龙经过侦查得知，刘君孚等虽然聚寨造反，但人心还不统一，许多卷入其中的老百姓还犹豫不决。于是他以"招抚"为先，发出安民告示，动员自首，以三天为限。果然，不到三天，自首者多达千人。其余的人，也龟缩在山寨里不敢出来。绝大多数胁从百姓回家，使事态很快趋于缓和。

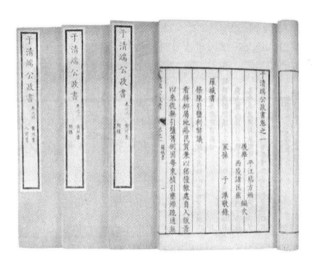

《于清端公政书》书影

这时于成龙骑上一头黑骡，让一人鸣锣开道，一人张盖随后，直奔贼寨。鸣锣开道的人还在前面大声呼叫："于大人救大家来啦！于大人救穷苦百姓来啦！"

进入山寨，叛众都手握弓弩鸟枪夹道而立。于成龙镇定自若，旁若无人，直入寨中，登榻而坐。叛众一个个惊愕失措，齐来罗拜。于成龙命人脱去靴子，令人取水解渴，如同来到老朋友府上一般。一会儿，躺在榻上，呼呼大睡。

睡醒后，于成龙便大声骂道："君孚老奴，为什么不来接待我？你竟然敢怠慢客人！"

刘君孚在于成龙衙门里做过事，平日就对他非常敬仰。见他来没有恶意,便立即出来叩头赔罪,表示愿意率领三百枪手(猎户)叛众归顺。十天之内,一场动乱顺利平息。于成龙以这支队伍为基础,很快讨平了黄金龙的叛乱。

泉畈之战:上阵大破"东山贼"

康熙十四年(1675 年)八月,于成龙调任黄州知府,第二次暴乱接踵而至。其时,镇守黄州的官兵正调往湖南作战,潜入的奸细乘黄州府空虚,联络当地豪强势力纷纷起事。"高山大潮,烽火相望",声势与范围大大超过前次。诸盗何士荣反永宁乡,陈鼎业反阳逻,刘启业反石陂,周铁爪、鲍世庸反泉畈,各拥众数千,号"东山贼",遥相呼应,叛乱造反。

面对险恶的形势,许多人劝于成龙退守麻城。于成龙力排众议,制定了坚守黄州、主动进剿的策略。他说:"黄州是七郡的门户,我们的军队驻扎在荆、岳地区,转运军粮物资必经这里。放弃这里,荆、岳就会瓦解。"他调集各地乡勇数千人,坚守官军通行的要道,分兵数路,进攻东山黄土坳一带,与数量上占优势的暴乱分子展开激烈战斗。

他派遣黄冈知县李经政攻阳逻,活捉并诛杀了陈鼎业。大盗何士荣领着贼兵,几次从牧马崖分两路来进攻。于成龙派千总罗登云率千人在东路防守,自己率兵在西路防守。在西路,他令千总吴之兰攻击左边,武举张尚圣攻击右边,自己亲率一路,身先士卒,从正面进攻。敌我混战成一片,吴之兰中枪而死,队伍便稍微退却。危急关头,于成龙冒着暴雨一般的矢石,策马冲杀前进。并对千总李茂升说:"我拼死,你快返回去向巡抚报告情况!"当时,李茂升战斗正在劲头上,张尚圣也从右边绕到贼兵后面。贼兵几面受敌,迅速溃败。几路乡勇会合,当场擒获暴乱首恶何士荣,押送给湖北巡抚张朝珍。战斗二十四天,"东山贼"被全部讨平。泉畈之战,极大地鼓舞了士气,瓦解了贼兵,二十余天内取得平乱的全面胜利,受到湖广总督蔡毓荣的高度褒奖。

康熙十六(1677)年,增设江防道,驻黄州,于成龙被提升为江防道道员。

福建保民：冒险上奏释冤民

康熙十七年(1678年),于成龙升任福建按察使。上任伊始,就遇到了一件非常棘手的事。当时台湾郑成功接二连三进犯泉、漳各郡。清廷为了对付郑成功等抗清势力,实行了严格的"海禁"政策。

当地的官员不顾连年兵祸,民不聊生,渔民一出海,便以"通海"罪名抓捕回来,关进大狱。这样,许多沿海渔民被裹挟进"通海"一案。于成龙在审阅案卷时发现,每个案子被拟判极刑的就达数十人或上百人之多,甚至殃及妇女小孩,总共要冤杀的老百姓达到数千人。于是,他坚决主张重审。

因为郑成功抗清,威胁到清朝的统治地位。而统治者对叛乱反抗者的态度往往是,宁可错杀一千,不可漏网一个。有人怕得罪皇帝,便极力劝阻。于成龙说："皇天在上,人命至重,吾誓不能咸阿从事！"于成龙冒着杀头的风险,为民请命。于成龙向康亲王上书,言明实情。康亲王平日就器重于成龙,因而完全同意按照于成龙的请示来处理。在于成龙的据理力争下,千余名平民百姓免遭屠戮而获释。军队中有不少被掠夺的良民子女为奴婢,于成龙便集资赎买,让他们回家,对贫困不能回家的人还发给路费。

为此,福建巡抚吴光祚向朝廷举荐,称于成龙为"闽省廉能第一"。康熙十八年(1679年)夏,于成龙被第三次举为"卓异",后升任省布政使。此后,于成龙得到清廷的高度赏识。康熙十九年(1680年)春,康熙帝"特简"于成龙为畿辅直隶巡抚。康熙二十年(1681年)二月初五,康熙帝又在皇宫里召见了于成龙,当面褒赞他说："尔为当今清官第一,殊属难得。"半个月内,于成龙被皇帝召见、赐饭、赏银、赏马、赐诗,荣耀之极。不到两年,又出任为总制两江总督。

直隶两江:亲民倡廉治贪官

于成龙为政二十多年,从"牧民之官"升为"治官之官"。在直隶巡抚与两江总督任内,他把整顿吏治放在首位。他说:"国家之安危由于人心之得失,而人心之得失在于用人行政。"

在黄州时,他腰里的小布袋方便了治盗。升巡抚后,仆人请去掉。他笑着说:"这个袋子过去是放盗贼的,今天是用来装贪官污吏的,不可去掉呵!"

上任伊始,他便发出清查庸劣官员的檄文,责令各属将"不肖贪酷官员"、"昏庸衰志等辈","速行揭报,以凭正章参处"。针对当时贿赂公行,请客送礼甚嚣尘上的风气,他发出《严禁馈送檄》,利用中秋节,从向他行贿的官员开刀,惩一儆百。青县知县赵履谦不顾灾民,敲诈贪墨。于成龙立即把他免官问罪。

他赴任两江,入境即微服私访,"兴利除害,察吏安民"。面对"州县各官病民积弊皆然而江南尤甚"的状况,他不禁感叹:"啊!吏治败坏如同倒倾的狂澜,什么时候可以止住呢?"他很快颁布了《兴利除弊约》,其中开列了灾耗、私派、贿赂、衙蠹、旗人放债等十五款积弊,责令"尽行痛革"。与此同时,他根据实践经验,制

民国年间出版的
《于人(成)龙判牍》书影

定了以"勤抚恤、慎刑法,绝贿赂,杜私派,严征收,崇节俭"为内容的《示亲民官自省六戒》,作为地方官员的行为准则。具体措施上,举优劾贪,宽严并济,凡他所到之处,"官吏望风改操"。

康熙帝也称其"宽严并济,人所难学"。对廉洁有为的人才,他屡屡上疏推荐,并反对论资排辈。如直隶通州知州于成龙(史称"小于成龙")、江苏布政使丁思孔等,都是较有作为的清廉官吏,由于他的举荐而受到康熙帝的重用。

于成龙的做法,引起了一些官宦的不满。他们罗织罪名,掀起了一片诬陷与责难。对此,康熙皇帝也一度产生了动摇。他虽不赞同于成龙去职,可内心也认为于成龙"居官不如从前,殊觉改操矣"。

皇帝嘉勉:一生清廉感上苍

于成龙从小小县官直升到封疆大吏,史所少有。但他一贯爱民如子,为政清廉,生活俭朴。为遏止官僚阶层的奢侈腐化,他带头实践"为民上者,务须躬先俭仆"的箴言。

在罗城任六年县令,离任时几乎没有路费。一次,他的家人来到罗城,百姓们都很高兴,凑钱送来,非要他让家人带回去不可,他拒不接受。百姓们跪在地上,哭着请他把钱留下。他被感动得热泪盈眶,笑着说:"从这里到我家有六千里路,携带钱物走不方便"。借此拒收送来的钱财。

于成龙任黄州府同知镇守岐亭,这里是鱼米之乡,物产丰饶。民谣说:"杏花村里三宗宝,麻鸭、鹅黄(酒)、豆腐脑。"这三样都是于成龙平日喜欢的东西。每天早晨,于成龙上街喝一碗豆腐脑,仆人每天买二斤豆腐供中午和晚上府中食用,平日不沾荤腥。因为拮据,喜欢喝酒的于成龙给自己限量半壶。一天晚上,囊中羞涩,连五厘酒钱都没有了,于成龙只好上床睡觉,想借此摆脱酒瘾。谁知辗转反侧,一夜难眠,于是赋了一首五

乾隆皇帝手书赐匾"清风是式"

言绝句《无酒》来自嘲："一夜一壶酒,床头已乏钱。强欲禁酤我,通宵竟不眠。"

　　于成龙任武昌知府时,大儿子来看望老父亲后要回家乡。于成龙为人之父,又是大官,竟然没有像样的东西给儿子带上。这时厨房里正巧有只腌鸭,便割了一半给儿子带上。老百姓编了首民谣:"于公豆腐量太狭,长公临行割半鸭。"于成龙由江防道赴任福建按察使时,叫人去买了几担萝卜。有人笑着说:"虽然便宜,也不必买这么多啊!"于成龙回答:"这可是我路上的粮啊!也好压船。"

　　去直隶任巡抚时,他和小儿子合坐一辆驴车。用几十文钱住旅馆,没有烦劳沿途驿马和驿站。在巡抚衙门,他以"屑糠杂米为粥,与同仆共吃"。当他出任两江总督的消息传开后,南京布价骤然上涨,金陵士大夫家尽换布衣,不穿丝绸,婚嫁不再用音乐。有的减驱从、毁丹垩,豪强猾吏甚至率家远避,世风大为改观。官至富甲天下的两江总督,于成龙仍是"日食粗粝一盂,粥糜一匙,侑以青菜,终年不知肉味"。江南老百姓亲切地称他为"于青菜"。总督衙门的官吏在他的约束下,"无从得蔬茗,则日采衙后槐叶啖之,树为之秃"。宦海二十余年,于成龙只身天涯,身穿布衣,不带家眷,其清操苦节难能可贵,享誉当时。

康熙二十三年(1684年),于成龙逝世后,老百姓"皆巷哭罢市","绘像祀之"。将军、都统及僚吏来到他的住处看视,只见其衾帏敝陋,箧中绨袍一袭存银三两,床头几盒盐豉,瓦瓮中粟米五六升,不由感叹。丧归之日,江南数万人步行二十里,伏地跪送。

这年冬天,康熙帝南巡到江宁。他从各方面察访江南吏治和于成龙的官风,经过调查了解,感到于成龙晚节并没有改操,一些人的攻击纯属陷害,并谕知府于成龙(小)曰:"尔务效前总督于成龙正直洁清,乃为不负。"又谕大学士等曰:"朕博采舆评,咸称于成龙实天下廉吏第一。"南巡回京后的第二天,康熙帝便在乾清门召开满汉大学士、九卿会议。当众颁谕旨:"朕亲历江南采访,已故督臣于成龙居官廉介,洁己奉公,自闾巷细民及各省之人,无不望风推服。此等情操,从古以来实罕其比,当为廉官第一。"公开纠正了对于成龙的不正确看法。此后,为于成龙加祭,赐谥"清端",特赠太子太保,荫一子入监读书。康熙帝还亲自改定于成龙祭文、碑文,并亲笔书写碑文。

于成龙的著述、奏稿,由其孙于准辑成《于山奏牍》7卷、附录1卷和《于清端公政书》8卷行世。其中《于清端政书》为《四库全书》收录。于成龙任职直隶和两江期间,还组织编写了《畿辅通志》46卷、《江南通志》54卷,对整理和保存当地政治、经济、文化资料作出了重要贡献。

中共山西第一个
支部书记——张叔平

张叔平是吕梁最早的无产阶级革命家,也是中共山西党组织的主要缔造者之一。

张叔平(1897年—1928年),原名张秉铨,乳名八八,化名石州、张农。光绪二十三年(1897年)出生于永宁州大武镇一个普通农民家庭。他的成长发展与革命经历大致可分为三个阶段。

第一阶段1901年至1919年,求学并接受民主进步思想,参加五四运动。八岁入本村私塾,十四岁因贫困被迫辍学。民国初年方山义军首领焦四则、海泉则在方山赫赫崖领导农民起义"抗捐抗税,除暴安良",引起张淑平共鸣,使他认识到"官逼民反"的现实,萌发了"铲尽人间不平,拯救天下黎民"的志向。

1914年考入离石县高等小学。逐步阅读了《孙文学说》、《章太炎文集》等进步书刊。受民主革命思想影响,并编印传单、书写标语,动员人民开展反对袁世凯卖国求荣的斗争。

1917年,考入山西省立第一中学,结识了山西籍北京大学学生、著名新文化运动活动家——高君宇。阅读了陈独秀主办的《新青年》等进步杂志,坚定了救国的决心。

1919年五四运动爆发。太原市十一所大中学校的爱国学生在海子边集会,声援北京学生爱国运动。张叔平参加了学生联合会演讲团,散发传单,发表演说,抗议北洋军阀卖国行径,并参加了全市五六千学生在督军府门前举行的大规模市威游行,迫使阎锡山当局答应向北京政府转呈学生联合会关于"废除二十一条"、"收回青岛"、"抵制日货"的请愿书。

第二阶段1919年至1925年，学习马克思主义加入共产党，并在山西进行创建党的活动和革命斗争。五四运动后，张叔平协助中阳县籍青年雷梦麟在太原举办"觉民书报社"，销售《新青年》等进步刊物。同时与同学合股开设"文具书报贩卖部"，秘密翻印销售《共产党宣言》、《资本论入门》、《俄国革命纪要》等进步书刊。并与好友在离石城内开办"觉民书社"，传播反帝反封建思想。

1921年考入北京大学，结识了李大钊、陈独秀等人，阅读了大量马克思主义著作，坚定了为共产主义事业奋斗终生的

《新青年》杂志书影

信念。1923年经高君宇、王振翼介绍加入共产主义青年团，不久转为中国共产党党员。

1924年春，高君宇、张叔平受北方区党委负责人李大钊派遣，回山西建立了中国共产党太原支部。张叔平任书记，纪挺梓、傅懋恭(即彭真)任委员。并立即开展反帝反封建斗争。从此山西革命斗争揭开新的一页。1925年，作为山西代表在北京参加了由国共两党召开的"国民会议促进会全国代表大会"。会后，太原党支部领导学生发动了"反房税"斗争，迫使阎锡山当场下达取消房税命令。同时支援上海五卅反帝运动。并到汾

阳铭义中学,协助党团组织领导人韩蔚生、李伯生等,成立了"汾阳沪案后援会"、"学生联合会"、"工人联合会"、"商界联合总会"等群众爱国团体,实行罢课、罢市。

第三阶段1925年至1927年,在上海领导工人斗争,被捕后顽强不屈、英勇就义。1925年底,中共北方局区委调张叔平到中共上海区委(亦称"江浙区委")担任杨树浦区委书记。

1927年,在上海区委第一次代表大会上被选为中共上海区委候补委员和职工运动委员会委员,亲自领导老怡和、新怡和及恒平纱厂的工人进行同盟罢工和武装暴动。在上海第三次武装起义前夕,曾参与周恩来、赵世炎等同志研究组织部署这次起义。上海十大产业工会成立后,张叔平又担任了码头工会委员长。

1927年"四一二"反革命政变发生。为保存力量,六月张叔平被中共江浙区委调往杭州,任江浙省委组织部长兼工人部长。七月张叔平夫妇由四眼井迁到马土军躲避敌探搜捕。不料被叛徒出卖,张叔平与妻子妻妹一起被捕。

在国民党杭州陆军监狱,敌人软硬兼施,严刑逼供。张叔平威武不屈,严守党的秘密,英勇就义,时年三十一岁。

张叔平是中国共产党的好党员,离石人民的好儿子。

中共早期著名领导人 ——贺昌

最近同志中,阮贺足称贤。

阮誉推岭表,贺名播幽燕。

审计呕心血,主政见威严。

哀哉同突围,独我得生全。

这是 1935 年 4 月陈毅元帅悼念阮啸仙、贺昌同志的诗作。

贺昌照

贺昌(1906 年—1935 年)原名贺颖,又名其颖,字伯聪。离石县柳林镇(今柳林县)人。是我党早期著名的领导人之一。他的一生大致可分为四个阶段:

第一阶段,1918 年至 1924 年,求学上进,初步走上革命道路。1918 年柳林小学毕业,考入离石县高级小学,结识了在北京、太原等地读书的张叔平、李燕熬等进步青年。1919 年参加离石地区的五四爱国运动,1920 年随父迁往太原,考入省立第一中学。

1922 年,加入中国社会主义青年团。后担任太原团地委书记,发动和领导太原青年学生罢课和正太铁路工人全线罢工。1923 年加入中国共产党,更加刻苦学习马克思主义,积极为《北京学生联合会日刊》、《向导周刊》、《中国青年》撰稿,并参与《工人周刊》的编辑工作。

第二阶段,1925 年至 1927 年,担任共青团高层领导职务,出席了莫斯科国际团代会,参加了上海工人三次武装起义。1925 年春出席了共青团中央在上海举行的第三次全国代表大会,被选为团中央常委、工农部长。五卅运动爆发,奔走于沪、京、津之间宣传发动工人,发展团组织。

1926年代表中国共青团出席了在莫斯科召开的国际共产主义青年团代表大会。归国适逢北京发生"三一八"惨案。贺昌在李大钊、赵世炎领导下发动组织学生投入反对段祺瑞屠杀政策的斗争。不久被调到上海担任中共上海区委(亦称"江浙区委")委员、共青团江浙区委书记。

1927年,北伐军进抵上海郊区时,贺昌参加了周恩来、罗亦农、赵世炎领导的上海工人三次武装起义。后被派往武汉,担任共青团湖北省委书记。

第三阶段,1927年至1931年,担任党政高层领导职务,当选为第五、六届中央委员,参加了南昌起义、广州起义。中共第五次全国代表大会在武汉召开,贺昌出席大会并被选为中央委员,任中共广东省委宣传部长。之后参加了周恩来、朱德等领导的八一南昌起义和张太雷领导的十二月广州起义。

1928年出席了在莫斯科召开的中共第六次代表大会,继续当选为中央委员。1929年调往香港担任中共中央南方局宣传部长、中共广东省委书记。同年和邓小平赴广西组织发动了百色起义。

1930年春,调往天津,任中共中央北方局书记,发动组织了北方的罢工、暴动和起义。党的三届三中全会

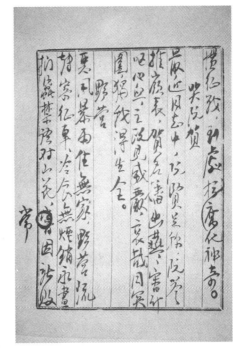

《陈毅诗稿》中陈毅手书《哭阮贺》书影

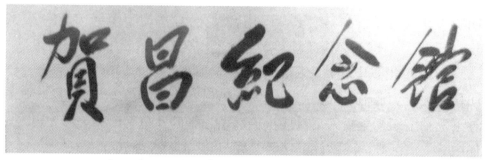

1985 年 3 月 9 日，胡耀邦同志为"贺昌纪念馆"题写的馆名

上批判了李立三"左"倾盲动主义，贺昌被撤销领导职务，调到中央苏区兴国县，协助县委书记李坚贞工作，使兴国很快变成模范县。

第四阶段，1931 年至 1935 年，担任红军高层领导职务，协助王稼祥工作，在江西苏区战斗中牺牲。1931 年调离兴国县，先后任中国工农红军第五军政治委员、红三军政治部主任。1932 年 2 月调回中央军委，担任中国工农红军总政治部副主任，协助王稼祥主持全军政治工作。

1934 年 1 月 24 日至 2 月 1 日，中华苏维埃共和国第二次全国代表大会在瑞金召开，贺昌当选为中央执行委员会委员。接着，王稼祥、贺昌主持召开了红军全军政治思想工作会议，配合第五次反"围剿"加强红军政治工作。

1934 年 10 月，第五次反"围剿"失败，中央红军开始二万五千里长征。他奉命留在江西苏区任中央分局委员、军区政治部主任，与陈毅等同志坚持游击战争。

1935 年 1 月，贺昌率领红军在江西会昌附近山上与数倍于己的敌人激战，突围时壮烈牺牲，时年二十九岁。

鲜血染红姊妹花
——杜凤英、李秀珍

血洒城墙

"打倒日本帝国主义!""中国共产党万岁!"一声声沙哑的女音从西城墙上发出,像一道道闪电,撕裂了吕梁山下离石城黑暗的夜空。

两位赤裸上身、仅穿短裤的女共产党员,虽被迫在隆冬的寒风中站了一整天,仍坚强地站立在城墙上。

凶恶的日本鬼子露出狰狞面目,端着明晃晃的刺刀,步步逼近两位高呼口号的中国妇女。

刺刀戳向了怀孕七月的肚腹,挖出胎儿,挑在刀尖上;刺刀戳向另一个赤裸的胸膛……

一对鲜花倒在血泊中。

鲜血染红了城墙,同胞们低下了头颅。

刺骨的寒风夹着雪花吹过吕梁山麓,拂过三川河畔,掠过离石城头。

1942年1月28日,杜凤英、李秀珍(怀孕者)的英灵飘上九霄,化作白雪,撒向大地;化作松柏,万古长青。

暗夜星火

1939年"晋西事变"后,形势异常险恶。党组织有的遭到破坏,有的干部被捕,离东游击大队一、二中队长郭元喜、苗四相等则叛变投敌。在黑暗中,杜凤英、李秀珍坚持斗争,像两颗星火一样闪耀在吕梁山中。

杜凤英,1919年出生于离石县西沙湾村一贫苦农民家庭。1940年参

化装成商人的离石籍八路军侦察员(左起:张五小、杨武、高应生、吴发云)

加抗日工作并入党,担任离东二区妇救会组织部长。1941 年任县妇联秘书。李秀珍与杜凤英同龄,原为太原卷烟厂女工,1937 年随动委会来晋西北。先在临县妇救会工作,后调离东二区任妇救会组织部长。为完成好党的"四大动员"(鞋、粮、兵、钱)的中心任务,她俩经常深入敌后发动群众做军鞋、送军粮。一次,张家岭富农张云厚老婆给军鞋底子塞进"烂麻儿",被杜凤英当即剁开,给予严厉批评,责令重做。她俩还先后发动李花、王三英、任贵重等青年妇女参加了革命活动,使革命烈火越烧越旺。

虎穴斗敌

1942 年 1 月 23 日,日军兵分几路扫荡离东县,包围了抗日根据地西沙湾、崖窑湾两村。因叛徒郭元喜出卖,杜凤英、李秀珍不幸落入敌手。同时被捕的还有我地下党员崔锡选和袁林、李贞大、刘致茂、乔翠来、杨生等八同志。

李、杜被押送到汉奸老窝离石伪新民会司令部。一个汉奸来劝降:"只要你们自首,保证不杀头。还可在这里工作,每月可有金票花,要吃香还是想喝辣。不然的话,性命难保!"

杜凤英义正词严:"呸!汉奸,卖国贼!狗仗人势,欺压百姓。你是中国人还是日本鬼!要我投降?梦想!""啪!"汉奸恼羞成怒,打了杜凤英一耳光,骂道:"妈的,不识好歹的东西!"灰溜溜地走了。李秀珍虽怀有身孕,仍顽强不屈,怒斥敌人。伪新民会对两位女英雄没办法,便把她们交给日军司令部。日军软硬兼施不见效,便在1942年1月27日上午,把杜凤英绑在毛驴上全城游街示众。

鬼子诬蔑说:"良民们,这是八路军的花姑娘。当八路军的花姑娘大大的不好,皇军要杀头的。你们不要学她!"

杜凤英怒火满腔,在驴背上讲道:"同胞们,我不是八路军的花姑娘,八路军根本没有花姑娘,我

侵华日军举行新民会离石县总会训练照片

们是抗日的妇救会。老乡们,我们要团结一致,消灭日军,赶走侵略者,绝不当亡国奴!"

日军黔驴技穷,便凶相毕露,制造出本文开头的一幕惨剧。

在这个严寒的腊月,杜凤英、李秀珍为民族的解放,英勇地献出了年轻的生命。她们永远活在离石人民心中!

武工队长——阎子诚

阎子诚是吕梁山上赫赫有名的抗敌英雄。他又名阎思忠,1906年出生在离石县歧则沟一个贫农家庭。童年当过染坊徒工,未上学。1937年受表叔韩昌泰影响参加革命并入党。历任离石县一区委书记、县武工队长、政委、副县长、山西省公安厅高家堡农场场长等职。抗战中他带领武工队打游击、杀鬼子、捉汉奸、炸碉堡,威震吕梁。为此他多次受到上级嘉奖,1944年出席了晋绥边区群英会,荣获"特等战斗英雄"称号和一头骡子、锦旗、勋章等奖品。

秘密战线

1938年2月日军侵占离石城后,到处扫荡。在异常险恶的环境下,任区委书记的阎子诚神出鬼没,坚持地下活动。他白天隐蔽在山庄窝铺,宣传抗日主张,建立地下组织;晚上深入敌占区切电线、断交通,袭扰敌人。有时化装成卖油卖炭的农民进城侦探敌情,建联络点、情报站。在他努力下,所辖十三个伪村长中有就有八人是我地下工作者,并在枣架、石盘等村发展一批党员。我内线联系点直插敌人心腹,如王恩贤、伍玉泉等打入日伪

武工队练兵图

警察所,崔钧其等打入日伪警备队,冯保山、穆桂春打入日军宪兵队,阎其元、阎兴忠打入剿共委员会,任成廉打入特务机关伪晋西公馆。阎子诚还派他姑母给警备队长刘克勋家当保姆。同时在南关弓祥熙、达尚有的"四合元饭馆"、李贵良"客货栈"建立了地下交通站,积极为我党收集情报,护送过往干部,为三五八旅等八路军部队转运军需物资,使离石成为我党穿越吕梁山的重要地下交通线。

七月攻势

1942年,日军推行强化治安,到处烧杀抢掠。阎子诚把原武装工作组扩建为武装工作队,以便更加有力地消灭敌人。

为打击敌人嚣张气焰,他积极发动群众开展了闻名的"七月攻势"。仅用几颗手榴弹、大刀等武器,先后拔掉了张家山、南梁、上白霜、遇雨神等日军碉堡,击毙击伤生俘日伪军数十人。并缴获了部分武器,武装了自己。汉奸卖国贼是人民的大敌,为镇压民族败类,他组织了疙瘩上伏击战,活捉了方山伪警备队长。马茂庄日伪村长绰号叫"崔老要",横行乡里、无恶不作。阎子诚带领武工队深夜闯入其住宅,就地处决,为人民除了大害。吓得日伪军龟宿城中不敢轻举妄动。

夜袭督导组

阎锡山为了投日反共,从克难坡给离石派了一个督导组,驻守马茂庄。督导组特务头子叫班崇贵,武功高深,号称"草上飞"。他们欺压百姓,搜刮民财,破坏抗日组织,捕杀抗日干部,积极从事汉奸活动,对我地下党构成极大威胁。为此,县委决定捣毁这个汉奸窝。

1942 年 10 月，一个漆黑的夜晚。阎子诚经过多方侦察，周密部署后，集中三个连的兵力发起了攻击。阎子诚亲自率领一支队伍，乘夜幕直捣敌穴。一举歼灭日伪官兵 27 人，击毙"草上飞"，缴获机枪 3 挺、步枪 80 多支和其他物品，彻底拔掉这一反共汉奸堡垒。

诱敌贺家山

阎子诚威震吕梁，群众亲切地叫他"大老阎"，敌人却骂他是"阎王爷"。敌人抓不到阎子诚，便把他二叔抓去严刑追问他的行踪。为防敌人捕杀，他妻子背井离乡逃难陕西，但这并没有吓倒阎子诚。在他影响下，幼小的妹妹也冒着生命危险，穿

武工队追击敌人照

过敌人封锁线，为武工队送情报。

1944 年，日军濒临失败，日阎（锡山）勾结垂死挣扎。一天，阎子诚获悉一队阎军溃兵要穿过离石县境，便派阎其元伪装成农民，把敌人引诱到贺家山一带。这时他率领武工队早已埋伏在山头。

敌人一进伏击圈，武工队居高临下，猛扫痛打。这一仗全歼阎军，并缴获机枪 2 挺、小钢炮 2 门、步枪 20 多支等武器弹药。

抗战胜利，阎子诚任离石县副县长。1949 年为迎接全国解放，南下新区。因积劳成疾，返回山西，在晋祠疗养三年，又到高家堡农场工作。1963 年 3 月 21 日病逝。

游击队长 ——王凤树

说起王凤树抗日杀敌的英雄事迹,真是惊心动魄、引人入胜。

王凤树,乳名马保,1918 年出生于中阳县韩家山一农民家庭。童年未上学,1937 年 4 月参加游击队,1938 年入党。历任战士、班长、南梁游击队长、离东游击大队三中队长、中阳县人民武装自卫军副大队长等职。1947 年解放战争中负伤,转业地方工作。战争中,党组织把他家眷迁往离石小东川革命根据地寇家庄保护,解放后定居田家会村。1986 年 10 月 20 日病逝。

邢家庄伏击战

1941 年,驻扎信义、玉林山敌堡的日伪军经常出动扫荡革命根据地。担任离东游击大队三中队长的王凤树,率领游击队声东击西,打得敌人晕头转向、坐卧不宁。一天,他们获悉离石城日军在千年里与我正规军交战后正返回离石的消息,立即率队埋伏在邢家庄山谷中。当日军走进伏击圈后,他一声令下,枪声大作。三名日军骑兵应声落马,敌大队人马顷刻大乱。等日军清醒后,他早率队跑得无踪无影,鬼子只好狼狈而归。

王家山巧突围

1942 年,日阎勾结,疯狂剿杀革命队伍。这时离石游击大队一中队长郭元喜、二中队长苗四相等变节投敌,出卖了杜凤英、李秀珍等一批党员干部。在这险恶的形势下,王凤树勇敢地挑起离东游击战的重担,与敌人进行了殊死搏斗。

1943 年秋,王凤树奉命带领三十名游击队员,去中阳县敌占区后则村取寄存的二千发子弹。

由于侦察员石祥玉被捕叛变,当部队到达王家山时,突然被一个营的阎军包围。王凤树立即指挥游击队占领山头。机智勇敢地与十倍之敌展开激战。连续击退敌人五次进攻,毙敌 30 多人。战斗从白天坚持到黑夜,游击队终于借着夜幕巧妙地突出重围。

二袭信义据点

离石小东川信义是敌人的重要据点,日伪军在此为非作歹,气焰嚣张。县游击大队决定予以痛击,打掉敌人的威风。

1944 年 3 月 28 日晚,游击大队紧急出动。王凤树中队负责主攻,歼灭上院敌人。另两个支队牵制下院敌人,后备增援。当王凤树带领战士摸进上院时,突然被敌哨兵发现。敌兵正要开枪,王凤树抬手一枪击毙敌哨兵。战士们一拥而上,向敌窝连投三颗手榴弹。接着猛冲猛打,仅 20 分钟就结束战斗。共打死伪军 2 人,俘 5 人,缴获步枪 5 支、子弹 143 发、手榴弹 8 颗。

王凤树同志照片

这年 8 月, 离石城内伪副指挥张发科发函给信义伪区长,预定在 8 月 4 日把囤积信义的一万多斤小麦运往离石。游击队获悉后,决定由王凤树中队去袭击。4 日,王凤树率领队伍,早就埋伏在田家会村狼尾沟一带敌军必经之地。九时许,当敌军大摇大摆地到来时,突遭游击队猛烈袭击。敌军死伤 3 人,其余丢盔弃甲逃回县城。敌人运粮失败,我军集中兵力,乘机奇袭信义,夺回了万斤小麦。并设计活捉了投敌变节出卖杜凤英等同志的叛徒郭元喜,予以处决,为民除了害。

怒火焚敌堡

离东游击队威震吕梁,敌人闻风丧胆,他们扬言捉住王凤树要挖心剥皮。1944 年 6 月,敌人在汉奸白有务告密下,把王母抓去作为人质,逼王凤树投降。后虽经营救获释,但因年迈受惊,不久去世。王凤树叔父王安贵,被阎军东山办事处主任杨文英抓去,劝王自守。

叔父坚贞不屈,被敌人剥光衣服,用刺刀捅死。敌人的暴行,使王凤树怒火满腔,更加英勇杀敌。1944 年 9 月,晋绥军区统一发起秋冬攻势。

王凤树奉命拔掉方山横泉敌堡。9 月 4 日深夜,王凤树率领一个突击队,在内线敌班长李洪光配合下,插入敌院抹掉哨兵,俘敌自卫团 16 人。后由一大烟鬼敌兵带路,机智地混进敌人碉堡。横扫猛打,把敌人全部消灭,又放火烧毁敌堡。

这年秋季的一天,王凤树带领游击队打退扫荡敌人后正向外转移。忽听,从八分区驻地武家庄方向传来激烈枪声。他估计是我司令部受到敌人攻击,便果断地带领战士们抢占有利地形,对敌展开麻雀战。敌人前后受敌,摸不着头脑,我分区机关和首长趁机安全转移。战后,军区司令员罗贵波亲自接见表扬了王凤树,并选调他到晋绥军区教导团学习。后提升为中阳县人民自卫军二大队副队长,参加了攻克张子山据点,解放离石城的战斗。为祖国的解放事业建立了不朽的功勋。

人民教育家——辛安亭

在当代离石历史上出了一位大文人，那就是著名教育家辛安亭先生。

1904 年，辛安亭出生在离石县沙会则一个贫苦农民家庭。1923 年考入太原进山中学，1931 年考入北京大学历史系。毕业后曾在运城师范、绥远正风中学、太原师范等校任教 4 年。1938 年春到延安，1939 年入党，任陕甘宁边区教育厅编审科长。解放后，任甘肃省文教厅长兼兰州大学校务委员会主任、西北军政委员会委员、甘肃省委委员。1951 年任人民教育出版社副社长兼总编

辛安亭像

辑。1953 年当选为第一届全国人大代表。1962 年任甘肃省教育学院党委书记兼院长。1973 年任兰州大学党委副书记兼副校长。1978 年后担任甘肃省教育学会会长、甘肃省高等教育学会名誉会长。1985 年任甘肃省社会科学联合会副主席等职。

1936 年辛安亭在太原师范任教时，曾因宣传进步思想，支持学生运

中央政府任命书

动被捕坐牢数月。1937 年抗日战争爆发后，他和在北大、清华、北师大等高校学习的原进山中学同学裴丽生、宋劭文等十人组织了"读书会"，学习进步书刊，寻求革命真理、救国良策，并参加了党的地下活动，走上革命道路。在延安工作 11 年，编写了小学教科书、农民识字课本、干部文

化课本和儿童读物等共40余种，为边区教育事业作出显著成绩。中国历史博物馆至今展出有他编写的通俗教材。在人民教育出版社工作期间，曾协助叶圣陶审定过全国小学教科书和各类教材。在甘肃工作期间，在高等教育、普通教育、教育行政、教干轮训、师资

兰州大学举行纪念辛安亭同志
诞辰100周年大会会景

培训、编写教学参考书等方面作出了重要贡献。"文革"中曾受到批判。粉碎"四人帮"后精神焕发，积极为党的教育事业工作。

辛老的著述有《儿童三字歌》、《儿童家庭教育五字歌》、《历史歌》、《辛安亭论教育》、《教材编写琐记》、《论语文教学及其它》、《文言文读本》、《中国古代史讲话》、《中国现代人物》、《中国历史人物》、《外国历史人物》、《毛主席诗词试析》等。并亲自指导、创办了《少年文史报》，受到广大读者欢迎，在全国大量发行。

辛安亭教育思想主要有：(一)高度重视普通基础教育。认为教育对国家民族的发展具有决定性作用，全民族素质的提高，必须从儿童和青少年抓起。(二)坚持群众观点。坚持为人民大众服务，编写了大量通俗读物。(三)充分重视教材的编写工作。认为教材是教学的依据，教材应有三个特点：一是"新"，即要吸取科学文化的最新成就，不断更新已经过时的东西；二是"精"，即在保持本门学科必要的完整性、系统性的前提下，抓住

基本概念、基础知识,做到少而精,讲深讲透,绝不可贪多求全。学生对少量基本知识的深刻理解,要比量虽大却留下模糊印象要好得多。三是"清",即要写得清楚明白,简洁易懂。编者有了清澈的思想,才能有明白的语言。(四)关于语文教学的思想。①重视语文课的基础作用和教学方法。认为语文课是一门基础工具课,它的主要任务是训练学生识字、写字,培养学生的阅读、思维和口头、书面表达能力。不应把语文课变成思想品德课和文学课。②在授课方面充分重视课本的作用,反对

辛安亭著《农村日用杂字》书影

离开课文高谈阔论的教学方法。他提出"教书不离开课本,讲课要通过字句"的观点。③作文教学上提倡"写话的作文教学法","想说什么就写什么,话怎样说就怎样写"。"切不可引导学生说大话、空话、假话"。不要无病呻吟、矫揉造作,一味追求华丽的字句。要把文章写得平实朴素,文通字顺。(五)坚持身教重于言教、言行一致、身体力行的教育观点。(六)坚持爱国主义教育思想,提高青少年民族自豪感,抵制崇洋媚外思想。

辛老十分关心家乡教育事业,常在书信往来中谈教育工作,并为贺昌中学捐书1500多册。回乡探亲期间多次召开座谈会、报告会,为家乡效力。辛老有一首"自传诗"云:

少年曾有鸿鹄志,老来成就晨星稀;

唯有一点堪自慰,一生勤奋不知疲。

1988年辛老病逝后,学界痛哀。1989年12月14日,《光明日报》发表题为"平凡之中见不平凡——深切悼念教育家辛安亭同志"的文章,对辛老的一生作了高度的评价。

现代名人过境录

1935 年国民党张学良、杨虎城将军曾驻于离石祥记公司。

1936 年 2 月 10 日至 5 月 5 日,中国人民抗日先锋军东征进入吕梁。4 月 6 日,红二十八军与红十五军团在临县三交会师后挥师南下。4 月 7 日刘子丹军长、宋任穷政委、参谋长唐延杰率红二十八军,途经离石西崖底、马茂庄南下接应东征部队,驻扎于交口镇,并在傅氏大院召开群众大会,宣传党的政策,开展打土豪分田地运动。

1937 年秋,八路军战地服务团由团长丁玲(作家)率领,在离石县柳林镇搞农民协会运动。

1937 年 11 月,傅作义率三十五军从太原撤出在离石休整。傅作义驻柳林,董其武驻离石。1938 年 2 月 2 日,三十五军在大武与日军激战,毙敌 100 余人。

1937 年 11 月 8 日,太原失陷前夕,山西省战动总委会由汾阳移驻离石马茂庄。主任委员续范亭、组织部长南汉宸、武装部长程子华等深入农村发动群众,组织抗日自卫总队,举办干训班。推动了抗日统一战线发展。

1938 年 9 月,为保卫陕甘宁,由罗荣桓部署,团长兼政委杨勇指挥,八路军一一五师三四三旅六八六团补充团和师警卫连在薛公岭进行了"吕梁三捷"战斗。

1939 年 9 月,王文达任中离特委书记。

1942 年 4 月,晋绥分局敌工部长王文达陪同从延安来的国际参观团到军渡、地龙堡参观抗日联防战线。

1942 年 10 月,胡克实任离石县委书记。

1943 年 6 月,杨得志率回民支队去延安,五支队从离东县护送过临县。

1943年7月，杨勇司令员率1.2万人的队伍从晋冀鲁豫回延安，经吴城、小东川、峪口进临县。曾在王治庄休息，县委组织沿途群众热情接待。

1944年12月，王震、王首道率八路军一二〇师三八九旅4000余人路经离东县休息，进而南下大别山开辟抗日根据地。

1944年2月至12月，离石、离东先后护送刘少奇、罗瑞卿、陈毅、彭德怀、刘伯承、薄一波、陈庚、陈锡联、王树声等同志去延安。

1945年11月，贺龙、李井泉来到大武贺龙中学(今方山县)，召开师生大会。

1945年9月9日，解放军三五八旅政委余秋里、旅长张宗逊率军，在离石、临县1200多地方武装支持下解放离石城。

贺龙司令员照

1946年12月16日，彭德怀代表中央军委在交口镇高家沟村召开军事会议，研究陕甘宁边区和晋绥边区联防作战问题。

1947年12月，吴玉章、徐特立等同志路经凤山底村。

1948年3月23日，毛泽东、周恩来、任弼时率领党中央机关从陕北吴堡县川口村河庙渡口东渡黄河，在临县高家塔下里滩靠岸，当晚住寨子山离石工读学校。

英雄史诗

英 雄 史 诗

　　孩子，这是你的家，庭院高雅，古朴益显山风貌，大号是中华。

　　孩子，这是你的家，红砖碧瓦，祖先鲜血浸砖瓦上，汗滴用作栽花。树干枯了再生花，肩荷重担再上吧！黄炎传万代，为了家邦，为了你血中那份特质世代留下。谁敢进住你的家，孩子，赶走他！不计他鼠摸狗盗，要似你祖先，尽一心为了这国土，把鲜血洒！

　　　　　　　　　　　　——引自电视剧《陈真》主题歌

　　爱国主义的主题是永恒的，"人生自古谁无死，留取丹心照汗青"诗句的光辉，将永远照耀在每个中华热血儿女的心田。

血写的数字

　　1937年七七事变后，日本帝国主义全面发动侵华战争，到1938年2月日军就占领了离石。离石人民在共产党的领导下，全力抗敌，奋战八年，终于赶走了侵略者。1945年9月，离石回到人民手中。

一二○师政治工作会议照

八年抗战,全县人民参军、加入地方游击队、武工队 2200 多名,有 565 名英雄儿女为祖国的解放事业献出了宝贵生命。

八年抗战,日军驻扎离石一个团,在此犯下滔天罪行。侵略者在九里湾、盛底、坪头、大武、石洞峁等地制造了一系列大惨案,施行大小屠杀 287 次,杀死军民 742 人,抢走耕牛 1463 头,驴、骡、猪、羊 9000 余头(只),烧毁窑洞房屋 5000 余间、古庙文物 97 座、学校 10 所。

八年抗战,全县军民打日军、斗敌伪,先后参加大小战斗 491 次,拔除日伪碉堡 35 个,歼敌 10 200 多名。

这些用鲜血写成的数字,将永远铭刻在人民心中。

烈士楼

在离石旧城南边有一处院落,青砖蓝瓦,绿树掩映。院里有座二层小楼,形态别致,样式独特,表现出古老的民族风格。这就是在革命战争中为祖国的解放与和平事业为国献身捐躯的 1500 多名英雄儿女的英灵祭奠地——烈士楼。

走进院内首先映入眼帘的是楼中央栏杆内一座造型别致的红旗形状的碑。上写“青少年革命传统教育基地”碑名。这是 1988 年 3 月由共青团离石县委、离石县少工委修建的,碑名由县委书记李守智题写。当时举行了隆重的揭碑仪式,把这里作为对下一代进行革命传统教育的永久基地。

烈士楼原为关帝楼,分上下二层,1949 年改建。楼内正中安放着贺昌烈士画像和部分烈士骨灰盒。上面高悬中央人民政府北方老根据地访问团华北晋绥分团 1951 年 9 月 1 日敬献的 “为革命牺牲的同志永垂不朽”的匾额。东西北三壁有以描写抗日战争和解放离石为内容的彩色壁

离石城内烈士楼

画50幅。

　　楼外檐下高悬匾额5面:"光荣万代"——山西省人民委员会于1957年12月26日题词;"死难烈士千古英名不朽"——中国人民解放军山西省军区于1958年4月17日敬挽;"烈士万岁"——中国共产党山西省委员会1958年4月17日题;"光荣伟大"——由中共离山县委员会和离山县人民委员会于1958年4月19日合题;"永远光荣"——由离山县兵役局、离山县工会联合会、共青团离山委员会和离山县妇联会于1958年4月17日合题。

　　楼外廊下四周有烈士功名碑20幢,铭刻着1507名烈士的英名。还竖有中共中央委员贺昌纪念碑、晋绥边区第八分区地委书记崔一生烈士纪念碑、离石县长韩昌泰烈士纪念碑和八年抗日战况碑。1958年在烈士楼院内增建"思源亭"。1965年5月21日,烈士楼被原省人民委员会公布为第一批省级文物保护单位。

山墕歼敌记

山墕村位于离石县西部王老婆山上,东距县城、西距临县碛口各约五十里。当时处在离石经碛口过陕北的交通要道上。

1938年正月二十九日,日军松井师团侵占离石后,又兵分三路集结碛口,企图渡黄河西犯陕北。由于屡遭八路军及地方民兵袭扰,过河不成,只得向离石龟缩。但是日军侵占陕北、进攻延安野心不死。为打开交通线,二月初一,日军又从中阳调来一支部队。约200多名鬼子,占据了王老婆山,企图建立据点,保持与离石、碛口的联系。当时村里二十多户人家全部逃跑。敌人便自己动手挖战壕修工事,村周布满铁丝网,墙上到处挖炮眼,企图控制战略要地,阻止抗日力量。

为粉碎敌人阴谋,八路军一二〇师三五九旅七一八团文年生团长率所部一个营约500人奉命从米脂、佳县东渡黄河,于二月十二日来到王老婆山区蒿垣子、牛家川、王昭山等村,决心消灭这股敌寇。

八路军的到来鼓舞了人民的抗敌斗志。游击队发动群众献铜铁、筹军粮、绑担架、圈家狗。

20多名铁匠在蒿垣则村打制大刀。文团长化装成农民在游击队员的协助下侦察敌情。当时由于时间短,了解到日军只有100多人。于是认为敌人孤军作战,加之骄奢跋扈,疏于戒备,必然一击即溃。王老婆山地形地貌是一道山梁两条沟,梁坡的边缘就是悬崖陡壁,人上不去。于是决定由文年生团长带二营两个连沿山路抢占山顶,一营副营长潘峰带四连登次高地,把敌人挤向中间低洼处山墕村。这样上下"合围夹击"把敌人消灭在村里的土窑洞中。

十三日晚,队伍在下段段村打谷场上听文团长的战前动员。规定左臂上扎白毛巾为标记,口令"攻坚"、回令"杀敌"以及火光信号。当晚兵分三路准备进攻，后来因联络失误，战斗取消。十四日半夜，八路军把山墕村全部包围起来。

敌军哨所设在山墕村附近山顶一个古砖墓里，驻守鬼子一个班，居高临下控制全村。文团长率两个连很快就冲上山顶，控制了制高点。我军牛排长率领杨天明等一排战士，绕过地雷，趁黑"嚓嚓"两刀抹掉两个游动哨。随之"轰!轰!"的手榴弹爆炸声响彻夜空，把古墓里的十几个鬼子炸得鬼哭狼嚎。

村顶和村西的八路军看到火光，同时吹响冲锋号。潘峰副营长率四连迅速冲向高地，又仰攻到半山腰。战士们从四面八方向村里压。天黑地生，鬼子不明虚实，仓皇应战，胡乱打枪，有的钻进窑洞负隅顽抗。我军先后组织攻打三个窑洞，都没有攻开。于是战士们爬上窑洞脑畔，把手榴弹三五个扎成一捆从烟囱、天窗扔进去，把土炕都掀翻，炸得鬼子呜哇乱叫。全村火光四起，枪炮齐鸣，杀声一片。敌人血肉横飞，但剩余敌人躲到灶后、窑掌重新组织，企图突围。

山顶我军步步逼近，把敌人全部压下沟底。民兵张四虎手举大刀一

八路军向敌人进攻图

气砍死三个鬼子。敌人沿沟西窜向朴牛岭。这时天亮了,山顶瞭望哨发现离石城日军乘大卡车出发增援,我军撤出战斗。

这时潘峰副营长仍在组织队伍向村里的敌人进攻。由于武器火力有限,对窑洞中的敌人仍打击不力。这时几架敌机飞来,低空盘旋、俯冲,向我阵地投弹轰炸,窑洞里的敌人也反扑过来。在这种情况下,我军迅速撤出战斗。潘峰营长最后撤出,被敌人炮弹炸伤,滚下山沟,所幸没有致命,后来赶上部队。

以后两天,鬼子垂头丧气,求神拜佛,焚烧尸体,并焚毁民窑,向四周村庄打炮报复。十八日,在敌机和援兵掩护下向离石撤退。路经白家庄、三皇庙,又受到三十五军狙击,回到离石城仅剩 50 余人。

山塬战斗是离石抗日史上的第一仗,号称"小平型关战斗",也叫"王老婆山战斗"。这次战斗共歼日军 100 多名,缴获步枪 40 多支、轻机枪 3 挺以及电话机、望远镜等军用物资。我军伤 32 人,牺牲 24 人。这次战斗最大的战果是粉碎了日军在离石至碛口之间建立高山据点,为侵占陕甘宁做准备的阴谋。这是陕甘宁留守兵团与日军第一次战斗,锻炼了军队,振奋了士气,同时为阎锡山第十九军进驻柳林创造了条件,使八路军在黄河上的活动得以顺利进行。

这次战斗的教训是战前对敌军情况摸底不清,甚至连敌人数量也没搞清。战斗中我军山顶部队与山腰部队始终没有联络上,各自为政,甚至连何时撤出战斗都不知道。

注:1.杨天明,贵州省贵阳人,老红军,曾在山塬战斗中受伤。解放后,住中阳县东合村。

2.原先王老婆山西南曾有参加山塬战斗烈士墓 20 多座,因修县乡公路迁移。

吕梁三捷纪略

1938 年 9 月,为配合侵华日军大举进犯我革命根据地,驻汾阳的一〇八师团山口旅团 3000 多人沿汾离公路西犯,企图西渡黄河威胁陕甘宁边区。在这紧急关头,我一一五师三四三旅奉命北上,在吕梁山汾离公路上摆开战场,从 9 月 14 日至 24 日,六天战斗时间,夺得三战三捷的辉煌战绩。

首战薛公岭

薛公岭位于吕梁山中部汾(阳)离(石)公路的咽喉部位,山高坡陡,路曲树密,地势十分险要。

1938 年 9 月 14 日拂晓,我八路军一一五师三四三旅六八六团,早先

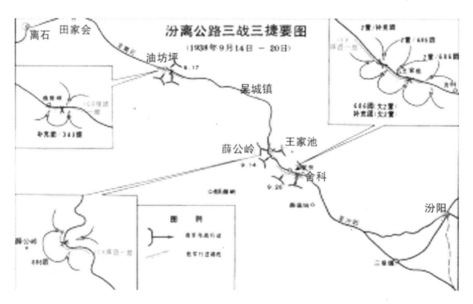

汾离公路三战三捷要图

已获悉日军汽车运输队要从汾阳向离石运送军用物资。在团长兼政委杨勇的指挥下悄然进入吴城镇一带的薛公岭阵地。

8时许，马达轰鸣声由远而近。只见敌寇20多辆汽车满载着日本鬼子，从东向西顺着上山公路，蜿蜒开进我军伏击圈来。

突然，"嗖嗖嗖"三颗红色信号弹冲天而起。薛公岭上下顿时枪炮齐鸣、震动山谷、惊天动地。迫击炮片刻就击毁了对面山上的敌人碉堡，隐蔽在草丛中的战士迅速占领了敌堡前沿高地，截住了敌人西去的逃路。一排排手榴弹在公路上炸响，敌人的汽车前挤后拥无法行动，全部被击毁。日本鬼子有的死伤，有的还在凭借汽车、地形顽抗。这时冲锋号骤然响彻山谷。战士们势如猛虎冲上公路，与敌人展开白刃格斗。

薛公岭下硝烟弥漫，杀声震天。不到一小时，200多日本鬼子全被消灭。战士们兴高采烈，捡了两辆能开的汽车，满载战利品迅速撤到山南侧团后勤部。

再战油房坪

1938年9月17日，细雨迷蒙，我343旅补充团在团长邓克明、政委付竹庭率领下，埋伏在吴城镇至离石之间的油房坪一带。

上午，由汾阳开往离石的日军香月军司令部无线电部队一五分队的20辆汽车翻过薛公岭，向油房坪一带匆匆而来。

忽然枪声大作，我军发起猛烈的袭击。手榴弹、炮弹在车队中连续爆炸。敌车遭到突然袭击，先头11辆汽车仓皇逃窜，后面9辆全被击毁，无法行动。

这时，车上100多名日本鬼子拼命反抗。我军居高临下，弹雨飞蝗，把敌军完全压下去。最后除9名日军被俘虏，其余全部歼灭。这次战斗，共缴获步枪百余、炮一门、无线电台一部。

三战舍科里

日军在汾离公路连遭伏击，后方补给线被切断，侵占离石的日本鬼子山口旅团坐卧不宁。终于拟订在9月20日顺公路向汾阳撤退。

获得这一消息后，我军杨勇686团和兄弟部队在拂晓前就分别埋伏在汾离公路薛公岭以东的南北偏城及舍科里、铁匠沟西侧。这里山峦重叠，丛林密布，我可见敌，敌不见我。

上午9点左右，800余日本鬼子有的骑马有的步行，如惊弓之鸟，又规规矩矩走进我军伏击圈。

突然，一颗信号弹升上天空。平静

杨勇将军照

的山谷里顿时山崩地裂般沸腾起来。我军强大的炮火压向公路，敌人遭到突袭，魂飞魄散，有的东奔西跑、胡乱放枪，有的企图夺路而逃。我军端起刺刀冲下山坡。公路上下刀光闪闪、枪声阵阵，喊杀声、马嘶声、枪弹声响成一片。

经过一个多小时的激战，日军被击毙部分，其余狼狈而逃。击毙敌旅团长山口少将、缴获战马百余匹、各种枪支400支、生俘日军16名。

汾离公路三战三捷，大大地消灭和牵制了日军的有生力量，打击了敌人的嚣张气焰，有力地保卫了陕甘宁边区，巩固了吕梁山革命根据地。

卧虎湾初袭敌巢

在离石通往柳林的公路边上有一个村子叫卧虎湾。1941年,日军在这里修筑了一座碉堡,作为控制公路沿线与其他敌堡互相呼应的一个据点。住在碉堡附近村庄的老百姓,受尽了鬼子的欺凌。我区中队和青年连决心拔掉这颗钉子。

通过外部侦察和给敌人担水的内线王志来(马堡圪塔村人)提供的情报,我方摸清了据点的情况。

卧虎湾碉堡分上下两层,楼上有8个射击口,楼下是地堡,地堡侧有个小窑洞。要进堡楼需拐7个弯,走30多米长,经过地窖,才能进去。碉堡四周挖有壕沟,沟外有铁丝网,与外界用吊桥连接。碉堡内住日军一个小队,有机枪1挺、步枪10支、手枪1支、子弹3箱、手榴弹5箱。这时,部分鬼子外出扫荡,只剩11个守敌,晚上轮流上楼放哨,拂晓后都下地窖睡觉。同时把吊桥放下,让送水送物。

经研究,决定在拂晓时分袭击敌人。为保证万无一失,对参战人员进行了战前动员,规定了两条铁纪:一要不怕死,临阵脱逃者杀;二要绝对保密,走漏风声者杀。

农历三月十七日凌晨,在青年连长王书仁和区中队长蔡继金同志带领下,18名队员扛着仅有的两支步枪、四把牛耳劈刀和十几颗手榴弹出发了。队员们首先在庄稼地小路上切断敌人电话线,然后潜伏在碉堡周围地塄下。

鸡叫二遍时分,敌人放下吊桥。王志来把水挑进碉堡里,一会儿又借倒脏水出来,作了个可以进去的手势。王书仁立即带领于殿胜、党候厚、蔡龙、王三卜浪、穆根来等摸了进去,蔡继金带人负责包围、掩护、打援。第一个摸进碉堡的是王三卜浪,在地堡墙上他一下搂回7支枪发给大

青年连长王书仁（后）、高德恩（左）、王丕有（右）

家。这时在炕上睡觉的一个鬼子发现有动静，"哇"一声扑了过来，于殿胜抬手就是一枪，鬼子应声倒地。枪一响，所有的鬼子立刻惊醒。其中一个猛然扑下来，抢走蔡龙的枪，跳上炕准备反抗，王书仁见势不妙，一枪就把鬼子撂倒。其余敌人拾起枪向堡楼窜上去。这时，王志来正上堡楼抢机枪，还顺便从墙上摘了支六轮手枪。但他怎么也不会摆弄：想用手枪打，不会扣扳机；要把机枪从射击口掀出去，又拢不住腿。看见敌人上来了，只好带着手枪，从射击口跳出来。

敌人占了有利地形，疯狂射击，队员们只好边战边退，从碉堡两侧撤走，党候厚同志不幸中弹，光荣牺牲。

这次战斗是离石抗战史上第一次攻打日军碉堡的战斗。迫使敌人撤回了扫荡的兵员，合并了据点，减少了行动次数，同时惊醒了敌伪人员。为此区公所召开了庆祝大会，《晋绥青年》作了报道。

智取张家山碉堡

"太君,葫芦巴(村名)的花姑娘来了,鸡蛋、白酒,进村的米西米西!"王岐山一边说一边做着动作献殷勤。

三个鬼子一听,眉飞色舞,嬉皮笑脸。这时碉堡外,远处正好有个妇女骑着毛驴到张家山走亲戚,鬼子看见更加信以为真,便呜哩哇啦争着要下山。最后留下一个看守碉堡,另两个跟着王岐山来到张家山村喝酒。

这是发生在1943年的事。十月初七,张家山碉堡的日军到离石城领给养去了。碉堡内只剩下三个日兵。我武工队获悉这一情报后,便在枣林村穆桂春家里商量拔掉张家山碉堡的事。

当时参加的有雒逢钦、穆桂春、李丕祥、王岐山、王守海、李仲良、张明等人。大家分析了敌我双方的力量,认为我们虽然群众基础好,但只有3支手枪、1支牛枪;敌人武器好,当地又有敌伪警察机构,闹不好,就会吃亏。最后决定用智取的办法,把三个日军分开来打。

这个办法,得到我地下党支部书记王岐山同志的大力支持。王岐山是张家山人,他父亲王仲清

战争年代碉堡遗址

是维持会长。由于有这层关系，所以他顺利地到了日军碉堡内演出了开头的一幕。

梁家岔紧挨张家山村，和枣林是一条沟。这时进村喝酒的两个鬼子和伪区政府警察所，都已被张明等 14 名武工队员和乡村干部群众暗中包围起来。接着王岐山、雒逢钦又领着 6 个扮作为日军送柴担水劳

八路军看押日兵俘虏照

动的勤杂工的民兵混入碉堡。他们迅速把枪摸到手，击毙了正在看书的日兵，把枪支运了出来。枣林十里村听到联络信号，80 多名群众背上柴火上山火烧了碉堡，搬回了战利品。

张家山村里听到枪声，张明、蛮小则等武工队员立即动手，活捉了伪区长田志强、伪警长李长胜和其他敌伪人员。

钻在屋里的两名日军，拿起刺刀死硬顽抗，喊话也不起作用。蛮小则火了，"叭"一棍就打开门窗。一个鬼子冲出来慌里慌张就跑。"啪！啪！啪！"武工队连击三枪，鬼子落崖摔死。另一鬼子又冲了出来，冷不防被张明拦腰抱住。鬼子"八格牙鲁"地骂着，还要举刀反抗，结果反把自己头部刺伤，被俘。

这次战斗，缴获机枪、掷弹筒、望远镜、指挥刀各 1 件，步枪 6 支、子弹手榴弹 15 箱，军毯、军呢大衣、白布、电线、大米若干，给敌人以沉重打击。

十七团伏击西属巴

巧捉"舌头"

1944年秋,天高气爽。三名全副武装的日本鬼子旁若无人地走在去峪口的大路上,这天正好是峪口镇古集会。这里虽是日伪据点,但在战争夹缝中喘息的老百姓还是挤满街头,卖物购货,谋求生存。

三名日本兵大摇大摆进入据点,走上大街。老百姓避之不及,伪军却点头哈腰。于是这三名鬼子轻而易举地抓了两名伪军,向镇外快步走来。在出据点时,被楼上鬼子发现。鬼子兵呜哩哇啦,情急之下,他们边躲避边走边射击。打死了楼顶的三名鬼子兵,在枪声激起的混乱人群中顺利

晋绥边区第三分区专员公署离石八路军干部照

225

驻离石侵华日军首席参事佐藤转调与松木顾问到任时日伪合影

离开了据点。

这是怎么回事呢?原来我晋绥分局为粉碎敌人对根据地的蚕食分割政策,响应毛泽东"把敌人挤出去"的号召,在挤出方山、圪洞之敌后,决定主动出击,切断离石与峪口日伪军的联系。在接到任务后,我八路军十七团为掌握敌情,立即派十一连连长陈丙子带领两名战士,化装成日本兵进据点捉"舌头"。刚才冲出据点的三名鬼子就是执行任务的我军连长陈丙子他们。说话工夫两名"舌头"已被带回团部。

经"舌头"供说,峪口据点常守之敌只有二三十人,属离石联队指挥。离石之敌隔三五天派一中队来一次。按常规,第二天就是敌人来的日期。这时派往离石的侦察员也回来报告,城里敌人正征集民夫车辆,准备次日到峪口。两方消息一致,情况可靠。

察敌布阵

掌握敌情后,团党委决定在半路上打一场伏击战,消灭敌人。为了做到胸中有数,团长闵洪友、政委孙鸿志带领各营干部连夜出发,观察地形。

西属巴位于北川河西岸、离(石)方(山)公路西边的高山脚下,是离石到峪口的必经之地。平坦的北川土肥水美、高粱遍地、玉米葱绿、青纱帐连片,是最理想的战场。于是团部把作战地点定在这里,并作了部署:二营在路西,待敌人全部进入伏击圈后,首先开火迫使敌人向路东逃窜;三营在路东待敌东逃时以迎头痛击;一营在西边山上警戒,并做机动力量。随之部队迅速埋好地雷进入阵地。

清晨7点多种,敌人出城了。最前边由骑自行车的几个汉奸伪军探路,随后跟着三个日本尖兵。中间是一百余人的日军大队人马,最后由十几个伪军赶着大车。鬼子兵耀武扬威,步步向死亡之地走来。

白刃格斗

8时许,鬼子全部进入伏击圈。这时闵团长一声令下。"轰隆隆"地雷和枪声同时在公路上的敌群中爆响。敌人毫无防备,被炸得血肉横飞、嗷嗷乱叫。片刻,敌人蜂拥向路东奔去,不料又遭到三营迎头痛击。敌人无路可走,像苍蝇乱转。

这时冲锋号响起,东面西面杀声四起,震动山川。战士们端着刺刀勇猛冲向敌人。五连二排长孙锡成紧握三八枪,左拼右刺,一连挑死7个鬼子,并缴获一挺机枪。连长李保善一气刺死3个敌人。七连长吴玉田、八连长展炳离率领战士奋勇扑向敌人。我军杀声震天,鬼子胆战心惊。

一场白刃格斗后,余敌纷纷跳进北川河,妄图从东岸逃跑。我军在岸

八路军缴获日军的战利品

边猛烈射击,鬼子大部葬身河中,仅有五六个亡命而去。战斗不到两小时,共毙敌 130 多人,俘 7 人,获机枪 8 挺、步枪百余支。我方伤亡十余人。这时离石、大武方面传来了枪声,我军立即转移。待敌援兵赶到时,我军早已翻上西边高山。

红旗插上离石城

——解放离石纪略

前脚刚走虎,后脚又进狼。日军刚撤走,阎
伪军随即进城接防。进出时间只差五分钟。

1945 年是法西斯走向灭亡的一年。

五月,德国无条件投降。八月十四日,日本宣布投降。就在同一天,困
守在离石城里的日本鬼子预感到末日来临,便在城内马号里召开"悼念
死亡者"大会。突然,一名副官匆匆跑来在司令官耳边咕噜了几句,大会
立即停止。

当晚,城里纷纷传说"日本鬼子完蛋了,日本人要滚蛋了"。

果然,第二天全县各据点的日军纷纷撤回城里,并临死作乐,换发了
崭新的枪支和军装。

司令部禁绝日军出入,日本兵便在酒店餐馆纵酒恣闹,"和歌"悲号。
为了毁灭罪证,鬼子兵还把所有护具用品、文书材料、军用物资全部放火
焚烧。大火三天三夜不熄,乌烟瘴气弥漫全城。

原来,八月初驻离石的日军司令官就接到准备撤退的命令,并要把
离石城防移交给阎伪军。这时,阎伪离石县统委会主任狄予公、县长张嘉
谟、爱乡团长杨毓汶也奉上级命令准备向日军接防。这天,他们招呼着伪
县、区、村各机关干部和爱乡团、警察局、自卫队全体官兵员属约 2000
人,从原驻地柳林堡上村集中出发,经中阳、交口进入离石东关。为配合
地方接管,还有阎伪正规部队三十三军暂编四十二师一团约 1000 人,另
有贺焕之收编日伪保安队组成的晋西挺进纵队一总队任庆修所部 400

余人,加上纵队司令部直属大队 200 余人,警察所 100 余人,总计当时阎伪总兵力约 4000 余人。

八月十五日阎军接管了凤山碉堡,十八日接管了龙山碉堡。当日晚九时左右,日军开始撤退,次日凌晨三时全部撤完。前脚刚走虎,后脚又进狼。日军撤出后,阎军随即进城接防,进出时间仅差 5 分钟。

　　　　阎军进城后全城戒严,杀人扬威,离石一片
　　白色恐怖。为防解放军攻城,还在城墙下每
　　隔三四米挖一个坑埋入瓷瓮,测听地下动静。

离石城自古为晋西重镇,燕秦要冲。这里地处三川河谷,城周的龙山、凤山、虎山成为县城天然屏障。自明末截修城墙后,城高四丈八尺,周

解放军攻城剧照

长一千二十丈。城头敌楼垛口高耸,东南北三道城门森严。经有清二百六十多年经营,城防格局基本未变。城内有十字街、小西街、大西街、北街、等主要街道,有黑龙庙、东岳庙、西寺、关帝庙、文庙、财神庙、天宁寺、城隍庙等古建筑,并有大小商号数十家、中小学两所。加之城外太军公路横穿东西,离中离方公路纵贯南北,因而这里成为当时晋西经济文化比较发达的县城和交通枢纽。1938年二月二十四日,日军侵占后,又苦心经营。到1945年春还征集木料千方,在城墙上构筑指挥所、掩蔽部,开挖射击孔、交通壕。建成对内对外双层防御工事。日军投降,阎军驻守后又集结重兵,加强戒备,妄图长期据守。

为防解放军攻城,阎伪军一边提心吊胆,一边组织防御。他们召开了军政负责人会议,定出各项制度,部署了守城兵力:西城和南城由爱乡团和自卫队负责,北城由刘钦(原日伪离石县保安总队长)总队负责;东城由贺焕之部挺进一总队及直属大队负责。另外还成立了军政联合稽查处,组织了执法队。为便于协调指挥成立了城防司令部,由狄予公任司令,贺焕之、刘钦任副司令,各统所部,分段防守。为防止哗变,狄予公还把亲信安插在新编的伪军中担任副职,暗中监督。并合编了阎日两警察所,专门担任巡逻、治安、纠察和守护职责。

为提振士气,阎伪集团在刚进东关的第一天,就借口行军途中传令不及时,枪杀了爱乡团二营四连八班长,以整饬军心;进城后的第二天,又借天宁寺庆祝抗战胜利大会之机,杀害我方一名村长,以震慑民心。全城一片白色恐怖。

尽管如此,他们还是心惊胆战,坐卧不宁。于是又把北城门用草袋沙土封死,只留东、南两城门,每天开放四五个小时。全城实施戒严,进入临战状态,断绝一切交通,禁止行人来往,违者就地处决。并在城墙下每隔三四米挖一个坑,埋入瓷瓮,测听地下动静,防止我军挖地道或埋炸药。经过周密部署,离石阎伪政府头目才定心喘息,以为万无一失。

第一发炮弹击坍碉堡顶子，敌人仍负隅顽抗；
第二发炮弹直捣堡内，硝烟四起，敌人死伤枕藉，哭爹喊娘，火力顿熄。

在共产党领导全国军民浴血奋战，抗击日军时，蒋介石在峨眉山上坐山观虎斗；而当抗战胜利后，国民党便来摘桃子，争夺胜利果实。全国人民坚决寸土不让。根据中共中央关于限令日伪投降的指示，我晋绥三地委和三分区立即调集离石、离东、临县三县武装围攻离石，迎接总攻。

当时的任务是：离石县由县委书记王大昌、游击支队长陈仕南、副政委阎子诚等带领三十一支队和民兵500多人围攻南城西城一带，攻克龙山碉堡；离东县对付东城墙至吴城一线之敌；临县由武委会主任王力波带领一个工作团和三十二支队及民兵250多人，围困北城墙并攻克凤山碉堡。总计三县地方武装共1000多人。这时正巧阎伪汾阳县军情紧急，调走伪四十二师一团。三分区领导抓住战机决定攻城。经两次强攻，未能成功，我方伤20多人。在敌强我弱的情况下，决定围城待援。我方在城周埋设2000多颗地雷，敌人一出来

解放军攻城照

不死即伤。于是只好龟缩孤城,不敢越城门一步。

这时,我军一二〇师三五八旅在陕甘宁边区参加爷台山战斗后,奉命于九月四日经宋家川东渡黄河,准备参加晋绥南线反击日伪战役。根据晋绥野战军司令部的命令,决定先攻克离石,扩大和巩固晋绥解放区。于是立即作了战斗部署:七一五团(代号 805 部队)先解放柳林,然后围攻中阳,以切断中阳敌人对离石的增援;七一六团(代号 806 部队)直抵汾阳,以阻止汾阳敌人对离石敌人的策应;七一八团(代号 808 部队)也叫八团,负责攻克离石。

当八团来到交口、梁家会一带后,我地方领导王大昌、阎子诚立即向部队汇报了敌情。并于五日引导营以上干部到马茂庄西、北高地进行了实地勘察。根据地形和敌兵力部署情况,决定先肃清龙山、凤山外围之敌,然后进攻离石城。具体部署是:一营先攻克凤山碉堡,尔后向城边运动,从城东北角竖梯登城;二营先打掉龙山碉堡,然后从东南角竖梯登城;三营为预备队,随团指挥所在王家坡以北高地随时策应。

九月六日三时,野外还一片漆黑,一营二营进入阵地。四时,二营四连首先向龙山碉堡发起攻击。我军喊话动员劝敌投降,守敌爱乡团杨连长率 30 余人顽抗拒降,我军立即组织火炮强攻。第一发炮弹打坍碉堡顶子,敌人仍负隅顽抗;第二发炮弹直捣堡内,硝烟四起,敌人死伤枕藉、哭爹喊娘,火力顿熄。我军迅速冲上去,片刻战斗就结束,毙伤敌连长以下十余人,缴获轻机枪步枪多支。

凤山碉堡守敌为爱乡团任连长所部 40 人。我军一营三连主攻,一、二连各一部为二梯队,另一部担任对大武敌人的警戒。

夜幕散去,天色大亮,碉堡中的敌人已发现了我三连战士向第一道壕沟移动。于是加大火力,凶猛射击,使我军无法前进。这时第二梯队赶回至碉堡东北侧,在炮火掩护下向敌冲击。只听"轰隆"一声,碉堡被炸塌一角,二连迅速越过二道外壕冲入敌堡。守敌像打乱的苍蝇到处乱窜,除一名逃跑外,其余全被生俘。至此,离石城外围龙、凤二山阵地完全被我军占领。

> 一营战士在炮火掩护下开始猛攻,守城敌军
> 弹如飞蝗向我射击,云梯几次竖起都被炸断。
> 夜雨滂沱,道路泥泞,战至拂晓,未能攻克。

肃清外围守敌,扫清了攻城障碍,我军占领了制高点,居高临下,俯控全城。这时城内敌人惊恐万状,慌作一团。他们一边召开紧急会议,重新部署防范,一边命令保卫统委会的示范连夺取龙山。示范连喽啰百余人,由城防司令狄予公亲自指挥,向龙山连番猛攻。我军居高临下,迎头痛击。敌人死伤惨重,只好败退回城,紧闭城门据城死守。

我军迅速调整部署,连续作战,乘胜进军。团指挥所移至凤山底东山高地指挥战斗。部队与地方分头行动,密切配合。地方武装在地委白坚书记和三分区领导指挥下,抓紧制造攀城器械并担负抬云梯、送伤员、当向导、抓汉奸、围歼逃敌的任务。一营继续在城东北角主攻,三营九连攻北城,其余为预备队。炮兵在凤山底娘娘庙附近掩护登城。

六日二十一时,天色已完全暗下来,指挥所下达总攻命令。一营战士在炮火掩护下开始猛攻,守城敌军弹如飞蝗,集中火力向我射击。云梯数次竖起都被炸断。午夜,大雨滂沱,道路泥泞,运动困难,战至拂晓,未能登城。为减少伤亡,我军后撤,重新调整兵力,由三连担任主攻。七日八时,三连指战员冒着敌人的弹雨,迅速接近城墙,三次竖起云梯均被敌人炸毁,伤亡较大。团指挥所急令三营九连协同继续进攻。

这时我军炮火已摧毁城东北角大部工事。但守敌仍在拼死顽抗。我军九连虽又两次竖梯仍未登上城墙。为避免重大伤亡,团指挥所命令攻城部队暂行后撤,相机再战。

八日,我军领导认真总结了两次攻城未克的教训,再次对战情和地形进行了侦察分析。重新部署战斗方案:把城西北角定为突破口,由三营担任主攻,同时组织攻城部队练习爬城动作。一营仍在城东北角攻击,二营在城东南角牵制敌人。另调二营四连及旅直青年连布防马茂庄一带,一面警戒中阳援敌,一面准备截击可能由离石城逃窜之敌。

总攻重新开始,七、八两连冲向城墙,投弹组向城上猛烈投弹。守敌把地雷、手榴弹和石块轮番扔向城下。我军毫无畏惧,八连八班战士郑佩荣冒着敌人炮火,瞅准时机第一个登上城头……

九日一时,总攻重新开始。

暗黑的夜色笼罩着三川河畔。我三营以七、八连担任主攻,九连为二梯队,摸黑投入战斗。

七连、八连快速冲向城墙,投弹组向城上猛烈投弹,掩护登城部队竖梯。守敌把地雷、手榴弹和石块轮番扔向城下,我军毫无畏惧。五时,八连八班战士郑佩荣冒着敌人炮火,瞅准时机第一个登上城头。接着利用天黑和敌人死伤不顾的机会,迅速把100多名战友拉上城墙。一上城头,我军迅即扇形展开。一个排向南追击,一个排向东前进,一个排以迅雷不及掩耳之势占领黑龙庙刘钦指挥部,俘刘钦以下十余人。同时占领城西北角高地,以巩固突破口。

这时,我地下工作人员崔均岐也与打入敌人内部的我方人员扬振东、张振维、薛文发、邸云生取得联系,借着夜幕从城上放下大绳,吊上我攻城部队一个机枪班。接着我七连于六时登上城头,九连特务连先后入城,战斗向纵深发展,战果迅速扩大。

当三营攻入城里,敌人溃不成军之际,我一营三连也从防守严密的城东北角登梯入城,敌人抱头鼠窜。这时贺焕之仍在东城门上指挥所持枪顽抗,我战士怒火满胸,举枪一刀将其刺死,并把尸体挑弃城下。接着打开东门,接应一、二连进城参战。

这时,城里像唱起武打戏,又像刮起大旋风,喊杀声、枪弹声、敌人哭喊声乱成一片。部分敌军弃枪换装仓皇逃窜;狄予公、张嘉谟、杨毓汶领着300余人龟缩在南城门附近企图出城逃走。城门里垛满了装满沙土的麻袋,原来是堵挡解放军进城的工事,如今却成了阻碍敌军逃跑的高墙。杨毓汶手持日本战刀强迫部下搬运麻袋。好容易打开一条侧身可过的门缝,敌军便争先恐后挤出,向中阳方向逃窜。逃至马茂庄,被我八连旅直青年连及地方武装截击,大部被歼。少部随狄予公、张嘉谟、杨毓汶突围,行至交口西南山上又被活捉。

在我军攻克离石城时,阎伪驻大武晋西挺进纵队三总队队长李德胜(又叫魏阳山)部约200人,闻讯连夜逃跑。九月十三日上楼桥之敌缴械投降。至此,离石全县无敌,全境解放。

炮声迎胜利,万众齐欢腾。九月十日全城军民在大楼底召开万人大会,热烈庆祝离石解放。三五八旅旅长张宗逊在大会上作了热情洋溢的讲话。

解放离石历时近一月,激烈战斗七次。歼灭敌城防副司令贺之焕以下1000余人,生俘敌伪军政机关城防司令狄予公、总队长刘钦、县长张嘉谟、爱乡团长杨毓汶以下1100余人。缴获重机枪1挺、轻机枪34挺、步枪500支、掷弹筒7个、电台1部。日本鬼子投降后,阎伪政权在离石只十七天就走向灭亡。

鲜艳的红旗终于在离石城头高高飘扬。

这里曾经是屠场

——日军侵占离石暴行铁证

1938 年，日军侵华，气焰嚣张。国民党军节节败退，祖国山河大片沦丧。2 月 22 日，日军铁蹄向晋西踏来。于是，揭开了离石历史上悲惨的一页。

九里湾惨案

正月里来二十三，日本人来到九里湾。

大炮架在四人山，老百姓杀下一河滩。

这首民歌是对日军在九里湾暴行的血泪控诉！

1938 年正月二十三日下午 5 点左右，日军 109 师团谷口茂旅团约 6000 余人，沿汾离公路向西袭来。这是日军铁蹄第一次践踏离石的土地。

日军侵华，激起民族反抗。当敌人翻过薛公岭到达九里湾一带时，我地方工人武装自卫队事先设伏，给以迎头痛击。突然袭击，使日军惊恐万状，又十分恼火。他们仗着武器优势，迅速组织反扑。战斗异常激烈，双方各有伤亡。整个河谷山村炮火连天，山摇地动，硝烟弥漫。后因敌我力量悬殊，工人自卫队便突围撤离。

凶残的日本鬼子恼羞成怒，开始对九里湾村手无寸铁的老百姓进行报复。他们见房就烧、见人就杀、见牲畜就宰。村民有的被绳子捆住用铡刀铡死，有的绑在门板上活活烧死，有的填在山药窖里用火熏死，有的被把头按在树干上用刀砍死，有的妇女被日军百般凌辱后杀死，真是惨绝人寰！

这次惨案，全村60户人家被杀37人，烧毁窑洞80孔、箱柜140多件、粮400多石。

盛底村惨案

1938年农历正月三十日上午10时许，侵占离石的日军谷口茂部队100多人，由离石城出发，顺北川而上，要进犯大武镇。途经盛底村时，突然被北开绥远的晋军三十五军董其武部队一个团包围。日军急忙发电求援。下午，离石城日军派800余人乘40辆汽车来救援。与被围日军会合后，分驻盛底村一部。

当晚，晋军突入大武镇与日军展开激战，击毙日军200余人，晋军伤亡百余人。与此同时，晋军一个营对盛底日军发起攻击，打得敌人死伤遍地，有的念佛求神，并把200多件枪支扔进井里。战后拉走尸体几卡车。

第二天上午，惨无人道的日本鬼子竟对盛底村无辜百姓进行了报复性大屠杀。他们用枪杀、刀砍、火烧、活人分尸等残酷的手段，共杀害男女老少40多人。村民侯三则被绑在木桩上，用劈柴夹住头，两个鬼子用力扭转180度，像推磨一样将其活活拧死。真是惨不忍睹！后来，每年祭日，盛底村头梁上哭声惊天动地。这是对日本鬼子的声讨！

日军在离石练兵扬威照

坪头惨案

坪头村位于马头山上,是临县、方山、离石交界处,也是我抗日根据地。这里距临县三交、石门墕、方山县店坪等敌占区很近,军事位置十分重要。日伪军警为控制通向三交、店坪的交通要道,在石门墕修筑碉堡,重兵把守。

1943年,为了拔掉这个据点,我八路军、武工队、游击队和民兵先后摧毁周围42个村的维持会,三次破坏了石门墕至店坪和三交的交通大道,使敌人断粮缺水坐卧不宁。

1943年农历九月二十一日至十月初一,日军调动了汾阳、离石、柳林、大武、三交等地的日伪军1000多人,采用篦梳战术,对坪头一带采取了报复性的大扫荡,命令是"抓住民家,就地解决"。

九月二十九日早上9点左右,扫荡的日伪军分四路包围了坪头村。他们见人就抓,见物就抢,杀人放火,无恶不作。日本鬼子把玉茭、高粱秆堆进深坑,放着火。然后把老百姓扔进去一批,再扔进一层柴草,再扔进一批人,活活烧死许多人。他们用麻绳串起活埋、火烧、坐飞机、刺刀穿、活刮等各种惨无人道的手段,共杀害无辜百姓107人。同时对周围30里范围内的24个村庄洗劫一空。

当时岳家庄的马忠厚父子、王家庄的根奴,日军捅了他们七八刺刀,以为死去。敌人走后,他们用嘴啃断绳子,爬回村里。这就是骇人听闻的"坪头大惨案"。

坪头村位于山顶,出门就是数十丈的悬崖深谷。日本鬼子把部分村民抓来,赶到崖边,一刺刀一个,捅下山沟。当时东社村年仅12岁的李子平,在鬼子用刺刀刚要捅时,他就趁黑跳下悬崖,正好掉在悬崖下的草台上,晕了过去。天亮以后醒过来,发现浑身是圪针刺。后来鬼子走了,他被村里人救上来。这些人成为虎口余生的幸存者和日军暴行的见证人。

春暖新城

中南海——毛泽东情系离石人

离石是山区，又是革命老区。因其处于燕秦要冲的重要地理位置，所以战争年代成为延安与晋察冀、晋冀鲁豫以及太行山等革命根据地联系的重要交通孔道。党和国家、军队的许多重要领导人曾经这里群众的护送，去延安或上前线。解放后党和国家惦记这块土地，党的领袖们以各种方式亲自关怀老区人民的生存与发展。

离山县委规划报告的背景

历史翻到1956年。

离石县，从机关到农村，从商店到学校，人们都在怀着喜悦的心情学习从中央传来的一份文件。人们讨论着、议论着："毛主席在北京还关心咱山里人。""这是毛主席专给咱离石县写的吧！""不，这是毛主席表扬咱们哩！"这里包含着解放之初毛主席在中南海与万里之外的离石人民结下的一段情缘。

俗话说民以食为天，吃饭第一，而水利水保关系到农业的丰歉，所以是老百姓的命根子。史料记载，离石从清嘉庆年间就有人筑坝淤地。解放后人民翻身做主，又实行了合作化，更有条件搞好这项工作。

当时的离山县是由离石（包括今天柳林县部分）、方山合并成的新县。这里解放早(1945年解放)，干部素质高，群众基础好，所以部分村庄早在1949年就成立了互助组，到1952年就有了合作社。于是，为了使生产取得高效益，有的地方就利用集体的力量开始治山治水，如王家沟"学苏农业合作社"、贾家垣合作社等。为了总结水土保持的经验，使之科学化、条理化、系统化，1955年9月间，县委派出了三个小组到糜家塔等12个地方进行了考察检查。经过近两个月的详细调查，各小组对县委作了认真汇报。

在深入调查研究充分占有材料的基础上,1955年11月1日,中共离山县委在代理书记刘耀同志主持下写出了《依靠合作化开展大规模的水土保持工作是完全可能的》的规划报告。

这个报告不久就送到了毛泽东的案头。毛泽东看后十分高兴,并给予高度重视。当即挥笔作了260余字的重要批示,作为这个报告发表时的按语。

批示的基本意思是:向全国推荐这篇文章,推广离山的经验,让各条战线各行各业都来搞工作规划。要求重点放在县乡,层层督促,先搞出来,逐步完善。从整体内容分析,批示的侧重点是说这个规划搞得好,让"全国各县"来学习,而重点并不在水土保持上。文中反映出当时毛泽东对搞规划的心情是迫切的,他写道:"做得粗糙一点,也不要紧。"可以在以后"具体化和完善化"。而对水保工作也是从规划的角度在最后一句写道:"离山县委这个水土保持规划,可以作黄河流域各县以及一切山区做同类规划的参考。"以后这篇按语和原文被收集于1956年11月出版的《中国农村社会主义高潮》一书。

规划报告的主要内容

那么,这个报告有些什么内容呢?

这个报告共三部分。一是在介绍基本情况的基础上,提出并分析了水保工作的问题,如水土流失严重、自然灾害频繁、土地利用不合理。其中提到田家会乡、王家湾乡、前冯家沟村、贾家垣村、李家湾村水土流失的教训。二是在总结工作的基础上,提出水土保持的措施和经验。如关于拦泥治沟提到柿子垣村、刘家山乡个体农民打坝的经验;关于植树治坡,谈到糜家塔村刘英吉的经验;关于沟坡全面治理谈到王家沟村"学苏农

业合作社"的经验;关于山上蓄水保土谈到贾家垣合作社的经验。三是今后12年的治理规划目标和条件以及决心,即坡地修梯田、山沟打坝堰、荒滩变良田、川地修水库、梯田打旱井、植树造林、栽草养牧等七项规划。

这个报告,摆问题、作分析、定措施、搞规划,材料翔实,条理清楚,理据充分。在解放之初,对于几千年来习惯于个体分散劳作、广种薄收而刚走上合作化道路的中国广大山区农民,特别是沿黄两岸农民,利用集体的力量治山治水,具有很典型的指导意义;对于刚放下枪杆子,拿起笔杆子,走上经济建设岗位的各条战线的广大干部,如何在认真调查研究的基础上搞好规划,开展工作,有着重要的推广价值。所以,报告一经送到中央,就引起毛泽东同志的关注。

毛泽东批示的重要意义

为什么毛泽东对规划工作这样重视?其大背景是,当时处于新中国成立之初,我们的工作重点由战争转向建设。百业待兴,各项工作尚处于探索阶段,而各级干部绝大部分是由搞战争转向搞经济,缺乏具体经验,不善开展地方建设工作。特别是县级,像毛泽东在批示中提到的农林牧副渔工、商业、金融、文化、教育、卫生等,工作都是具体的、直接的。更重要的是我们粉碎了旧体制要建设新体制,要摒弃几千年的封建私有制度,走社会主义集体化道路。收拾旧河山,从何着手?好,那么就像离山县委抓水土保持一样,先从调查研究抓规划入手,一步一步地来。

由此可以看出,毛泽东抓工作的认真态度和因势利导、借题发挥、推广经验的工作方法,以及对人民极端负责,计划在前、胸中有数的一贯思想。千山万水连着北京城,毛主席关心咱山里人。他用一支笔把领袖和离山人民紧密联系起来,这件事给离山人民以极大鼓舞。1956年离山县开展了村村打坝、社社培埝运动。以后不断发展创新,数十年坚持不懈,取得了社会、经济、生态等多重效益。出现了王家沟流域等一批治理重点工程，国家和省多次在这里召开水土保持研究会、工作会。以后全国性的农田水利基本建设，也无不发端于此。从规划工作看，我们现在全国性的各行业、各战线、各部门年初作计划、年终搞总结、大事小事搞方案的做法，也可以从离山县的这个水保规划和毛泽东的批示中找到源头。

附：毛泽东对离山县水土保持工作报告的重要批示

关于《依靠合作化开展大规模的水土保持工作是完全可能的》一文按语：

这是一篇好文章，希望大家看一看。全国各县，都应当在一九五六年，由县委领导，做出一个全面规划，包括合作化，农、林、牧、副、渔业、工业、或者手工业，水利、肥料、农具、改良耕作技术、改良种子，商业、金融、文化、教育、卫生等等各项内容。如果不能这样全面，首先抓住几个主要的项目也好。计划包括的时间，三年、五年或者七年，都可以。如能计算到十二年(即第三个五年计划的最后一年)，当然更好。省应当督促所有专、县、区、乡都这样做，着重点放在县、乡。做得粗糙一点，也不要紧，可以在一九五七年加以修正，使之具体化和完善化；一九五八年再加以修正，使之进一步具体化和完善化。离山县委的这个水土保持规划，可以作黄河流域各县以及一切山区做同类规划的参考。

——摘自《中国农村社会主义高潮》

直升机飞临离石 ——胡耀邦同志谈致富

1985 年 6 月 16 日，一个温暖明媚的星期天。消息灵通人士说，今天要来中央的大人物。9 点左右，天空传来了"嗡嗡"的马达声。离石城里的人们，在家的跑出屋子，在街的停住脚步，有的

胡耀邦同志刚下飞机，就受到吕梁各界的热烈欢迎。图为胡耀邦总书记与离石县委书记李守智亲切握手。右一为山西省委书记李立功，右三为地委书记邢德勇。

爬上屋顶楼头向天空望去。一会儿，只见东南方天空出现了一架直升机，向离石城飞来。这时，许多人便骑自行车向西河滩临时飞机场奔去。

东川河两岸，绿树成荫，人群云集；河里清水流淌，河滩芳草迷离。绿草与干滩相间，仿佛铺下了美丽的地毯。公安警卫人员严守岗位，人们只能从远处眺望。

银色的直升机在空中盘旋着，缓缓降落在河滩机场上。舱门开了，远远望见下来几个人，与等候迎接的吕梁地委书记邢德勇、离石县委书记李守智等地方党政主要领导握手，并向两岸群众招手致意，然后乘轿车，

鱼贯进入吕梁宾馆。

这位"大人物"就是当时的中共中央总书记胡耀邦同志。

胡耀邦同志是在中共山西省委书记李立功、煤炭部长于洪恩、中央办公厅副主任杨德中陪同下,于前两天考察了雁北、忻州地区后来吕梁的。

到离石的当天,胡耀邦同志就和吕梁地县主要领导就怎样治穷致富、后来居上的问题进行了座谈。在听取了部分县负责同志汇报后,他提出,要开发、利用好各地的丰富资源,要建设好"两个宝库":地下的黑色宝库和地上的绿色宝库。地下宝库就是这些地区丰富的煤炭和其他矿产资源;绿色宝库就是地上种树种草,发展畜牧。

胡耀邦同志关于建设"两个宝库"的思路,在21世纪更显示出它的伟大价值与深远意义。

胡耀邦同志强调说,要使山区经济全面繁荣,群众尽快致富,在指导思想和工作作风上必须注意解决好以下三个问题:

第一,我们所有的干部都不要忘记党的十二大提出的20世纪末工农业总产值翻两番这个总的奋斗目标。每一个地方的同志,都要按照总目标的要求,结合本地的情况,摸清摸透自己的优势,实事求是地制定出自己的具体目标,满怀信心地去努力实现。我们想问题、讨论问题和处理问题,时刻都不要忘记总的目标。"每个山区都有自己的优势,希望在山区工作的同志,把本地区的优势摸清、摸透。然后定出切实可行的办法。一步一步把这些优势发挥出来。经过若干年的努力奋斗,一定能够赶上甚至超过平原地区"。

第二,要更切实地帮助农民多想致富的办法。中国的农民多,农村经济搞上去,对实现总的奋斗目标有决定性意义。农村工作很重要,农业上不去,农民富不了,翻两番、达到小康水平就没有保证。我们的农业生产上去了，农村经济上去了，工业就没有问题，全局就有办法。农业推动工业，工业依靠农村的原料和市场。当前农村经济正处在发展变化之中，新情况层出不穷，新办法也要层出不穷，不要以为一条老经验、老办法可以管多少年。这就要求我们地方的同志，一定要加强调查研究，为农民致富出主意、想办法，并且努力从人才、技术、信息、市场、流通等方面为农民提供服务。领导就是服务，这是一个大道理，一定要付诸实践。我们的干部就是服务的干部，服务是共产党干部的天职。共产党人没有特殊的权利，只有为人民服务的义务。要教育我们的干部，我们的首要职责就是为人民致富多想办法。

第三，邓小平同志最近在全国教育工作会议上指出要少讲空话、多办实事，各级党委都要认真讨论一下，你们那里说空话表现在什么地方？怎样才能做到少讲空话，多办实事？我看很重要的一条就是多到下边去，多到基层去，把工作真正做到基层和群众中去。我们干部的才干，归根到底只能在实践中增长。讲空话这种"病"怎么治？归根到底也只有到实践中才能治好。走下去是第一步，这第一步很重要。这一步不走，什么广泛听取群众呼声，什么总结群众经验并同群众一道商量解决问题的办法，就都谈不上了。所以只有走下去，才能更有效地帮助农民尽快致富，才能一步一步地实现我们的奋斗目标。

座谈后，胡耀邦同志挥笔为吕梁地区题写了"驱穷致富，后来居上"八个大字。表达了他对老区人民的亲切勉励和美好祝福。

17日上午，胡耀邦同志和全区地县各单位主要负责同志合影留念。之后，离石人民夹道欢送，总书记的车队向南而去。

寒冬腊月——江泽民话语暖人心

"总书记来啦,江泽民总书记来啦!"

隆冬的离石仿佛吹来一股春风,人们高兴地奔跑着、欢呼着、议论着涌上街头。

每当我们看到"艰苦奋斗、振兴吕梁"八个大字,就想起了江泽民视察吕梁的情景。这一天是1994年1月30日。总书记一行在中共山西省委书记胡富国、代省长孙文盛的陪同下来到了离石城,下榻于吕梁宾馆。地委书记姚新章、行署专员冯其福代表300万老区人民热烈欢迎总书记的到来,并向总书记汇报了全区的工作情况。人民领袖爱人民,来离石之前,总书记就考察了兴县、临县等地。

腊月的吕梁山上,寒凝大地,白雪如毡。总书记一行顶风冒寒、翻山越岭,一会儿乘车、一会儿徒步,谈笑风生,精神抖擞行进在深山大沟中。

一路上总书记看到群众忙营生,办年货,一片欢庆气氛,格外高兴。他走村串户、访农家、进工厂、看学校、到军营;每到处嘘寒问暖,同群众促膝交谈,听取意见。在农家揭开锅看看,摸摸炕暖不暖,问粮食够不够吃,家里几口人,种几亩地,打多少粮食,有多少收入,并叮嘱乡村干部一定要照顾好贫困户。

总书记指出:处处关心群众,事事依靠群众,一切为了群众是我们党的根本宗旨和组织路线,也是我党的鲜明特色和政治优势。时代越前进,事业越发展,越要牢记群众是真正的英雄和胜利之本这个历史真理,越要诚心诚意为人民谋利益。这样,我们建设中国特色的社会主义事业就会蓬蓬勃勃地发展。

总书记强调:农村的发展和稳定始终是全国全社会发展和稳定的关键,加强农业的基础地位任何时候都不能动摇,粮棉油等主要农产品不可有丝毫放松。汇报工作时地委书记姚新章说:"吕梁是革命老区,但目前经济基础还薄弱,生态环境差,生产力水平低。"总书记听到这里十分关切地对随行人员说:"吕梁是老区,为中国革命作出了重大贡献,你们要重点支持这里的工作,要加深对老区的感情。"

"在党中央的关怀下,"姚新章同志激动地说,"现在我们正在实施脱贫致富工程,狠抓基础设施建设,努力改变生产条件。"总书记肯定地说:"对。搞市场经济,就是要这样一步一步扎扎实实地搞下去。"

当总书记听到吕梁地委在改革中实行了"集体所有,农民永业,长期不变,允许转让","增人不增地,减人不减地"的土地改革制度和拍卖"四荒"(指荒山、荒坡、荒沟、荒滩)使用权,加速小流域治理的举措时,总书记高兴地说:"卖掉的是使用权,得到的是农民治山治水的积极性!"

是啊,总书记一个"积极性"说出了山区人民几个世纪的渴望。正如西方一位哲人所说:给农民签订一份使用花园的九年合同,他会使花园变成沙漠;给农民拥有一片沙漠的永久权利,他会使沙漠变成花园。

总书记一个"积极性"给了吕梁各级领导最有力的支持。地委、行署领导感到满怀温暖,信心倍增。

姚新章同志表示:关心群众、爱护群众,带领群众尽快改变落后面貌,提高吕梁人民的生活水平,是党中央交给我们的光荣任务,也是我们地委、行署领导班子义不容辞的责任。我们要大力弘扬不甘落后、敢于创新的拼搏精神,自力更生、艰苦奋斗的创业精神,不畏艰难、勇于牺牲的奉献精神,脚踏实地、埋头苦干的求实精神。用这种吕梁精神为吕梁的父老乡亲多办实事。向党中央、总书记和吕梁人民交一份合格的答卷。

漫山白雪漫山情。吕梁之行,给总书记留下了深刻的印象。吕梁人民艰苦创业、吃苦耐劳的精神,吕梁人民忠于党忠于社会主义的坚定信念清晰地印在了总书记的脑海中。总书记挥笔写下"艰苦奋斗,振兴吕梁"八个大字。

捧着这幅题词,吕梁的领导们高兴万分、激动不已。这是对吕梁人民

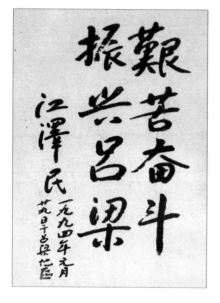

的鼓舞和要求,也是对全国人民的要求!

改革开放之后,我们的精神基点放在哪里呢?总书记在吕梁之行中作出最好的回答。

总书记说,只要我们各级干部脑子始终想着贫困地区,与群众同甘共苦,坚持在邓小平同志建设中国特色社会主义理论和党的基本路线指引下,立足实际,开发扶贫,持续奋斗,就必有成效,贫困地区的落后面貌就一定能够尽快改变。我们要下定决心,多谋善策,力争到 20 世纪末在全国范围内完成消灭绝对贫困的伟大任务,从而彻底解决占世界人口四分之一的中国人民的生存权问题。这不仅在我们中华民族的历史上是一件大事,而且在人类发展史上也是一个壮举。

离石人民听到江泽民同志视察的消息,走上街头,奔走相告,十分高兴。总书记离开了吕梁,总书记的话永远留在人们心中。春节闹秧歌时,老百姓唱道:"江总书记来吕梁,坐在咱农民的炕头上;问寒问暖拉家常,还吃了咱的捞饭钱钱汤么呀呼嗨。"

陪同江泽民视察的还有中央军委委员、总后勤部长傅全有、北京军区司令员李来柱和中央有关部门负责人曾庆红、叶青、刘江、韩杼滨、张佑才、滕文生、扬雍哲。

大旱之年——胡锦涛老区访灾情

黄河两岸,十年九旱。20 世纪 90 年代末,晋西黄土高原上的吕梁地区,连续两年遭受了严重旱灾。1999 年,近一年时间全区无一次有效降雨,使原本就贫困的吕梁老区,山川憔悴,几乎颗粒无收。面对旱情,地委书记张陆绪同志带领地委、行署领导班子,深入农村、田间,发动群众,展开了一场声势浩大的抗灾救灾行动。

往往最贫弱、最多难的地方,总会引起党中央的牵挂。10 月 29 日,胡锦涛同志带着党中央的关怀,来到革命老区吕梁看望乡亲们。

灾后的吕梁,天依然是蓝的,空气是新的。由于有改革开放以来发展的基础,老区人民的精神面貌依然是积极的。

胡锦涛同志时任中共中央政治局常委、国家副主席。陪同他来吕梁考察的有山西省委书记田成平、山西省代省长刘振华等同志和中组部副部长虞云耀、民政部副部长徐瑞新。当时下榻在离石城区的吕梁宾馆。早晨,胡锦涛同志来到宾馆门前的滨河路边,观望山城景色,并与河岸过往的离石市民招手问好。

胡锦涛同志先后深入到汾阳、柳林、临县、兴县等县市,了解抗灾救灾、扶贫攻坚和农村基层组织建设的情况。每到一地,他都要深入田间地头和农家,实地察看灾情,关切地询问灾区群众的生产和生活情况。

考察期间,胡锦涛同志在吕梁宾馆召开了座谈会。地委书记张陆绪同志代表地委就扶贫开发、抗旱救灾工作作了认真的汇报。胡锦涛同志对吕梁的工作给予充分肯定,并对灾后重建、扶贫攻坚等工作发表了重要讲话。他指出:吕梁当前最突出、最迫切的任务,就是要坚决打好抗灾救灾这一仗。当务之急,是要采取有力措施,确保每一户灾民都有饭吃、有水喝、有衣穿,安全过冬。同时,要抓紧做好来年生产的各项准备工作,帮助群众搞好生产自救。他特别指出,要从这次大旱之中认真反思,总结教训,提高对加强水利建设紧迫性的认识。一方面,要大力兴修水利,把抓好骨干水利工程与修建小型雨水集流灌溉工程很好地结合起来;另一方面,要加强农田基本建设,搞好生态环境治理,推广应用节水技术。

临县是山西最大的贫困县,也是吕梁旱灾最重的县。胡锦涛同志走入临县大禹乡禾稼干枯的田间地头,进入农民家中,询问粮食收成及人畜饮水情况。看着老区人民焦虑的眼神和荒凉的土地,胡锦涛多次动情,反复叮嘱吕梁的干部,越是在灾害严重的情况下,越是在群众困难的时候,各级党组织和广大干部,就越要把群众的安危冷暖挂在心,想群众之所想,急群众之所急,团结带领他们共渡难关。

胡锦涛每到一处,都受到闻讯而来的人民群众的热烈欢迎。胡锦涛对大家说:“看到乡亲们在山西省委省政府、吕梁地委行署的带领下,积极抗灾救灾,有房住,有粮吃,生产生活逐步恢复正常,我们心里就踏实了。今后,党和政府将进一步帮助乡亲们抗灾救灾,发展生产。希望乡亲们继续发扬老区优良的革命传统,自力更生、艰苦奋斗,用自己的双手把家乡建设得更加美好。”广大群众报以热烈的掌声。

十多年过去了,当时参与接待的工作人员和老百姓回忆起胡锦涛与乡亲们谈话的场景,不由得感慨万千。柳林县一位老人说:胡锦涛来到他们村后,平易近人,说的都是老百姓想听的话;紧握着他沾满泥垢的双手,问寒问暖。当时他只觉得心口咚咚地跳,与主席相握的手久久地舍不得松开……

在兴县蔡家崖晋绥边区革命纪念馆大院,胡锦涛同志与老八路和省市县陪同人员谈笑风生,互相鼓舞,一派欢乐的氛围。老区的乡亲们听说胡锦涛同志来了,男女老少,涌上街头路边。胡锦涛同志与乡亲们攀谈、问好、招手。直到车队远去,乡亲们仍在路边目送着他们。

11月1日,胡锦涛同志离开了吕梁。但是,他的笑容像阳光一样温暖着老区人民的脸,他的话语像春风一样鼓舞着老区人民的心。

"修河坝,栽树树"

今天当你领上孩子在滨河南北公园游玩时,你可曾知道这里原来是荒草坡、烂泥滩?你是否听到过离石的老百姓关于"国英坝、国英林"的美谈?

这里所说的"国英",是指当年带领人民在街边路旁和烂河滩上"栽树树,修河坝"的中共吕梁地委书记王国英同志。

离石城区位于黄河一级支流三川河两岸的一、二级阶地上。三川河上游的两大支流东川河、北川河正好在城区相汇而向西流去。

东川河上游,有大东川河和小东川河两个分支,分别发源于黄芦岭和骨脊山。两河在五里铺相会后,合流 10 公里到县城。流域总面积 944 平方公里。百年一遇洪水 2510 立方米 / 秒。北川河发源于赤坚岭,全长 90 公里,流域面积 1456 平方公里。百年一遇洪水 2650 立方米 / 秒。

离石城正好建筑在东川河、北川河的冲击面上。每遇暴雨,两河下灌,洪水肆虐,给人民带来无穷灾难。据清《永宁州志》记载,明清两代曾

1973 年未修河坝前的东川河大桥东两岸景观

多次筑堤防洪。如"明弘治初,冲州城。知州吕大川,(成化二十三年)筑堤防护,多植树,以固堤"。清康熙十九年(1720年)知州马云瑞率众修复河坝,以护城垣,士民感戴。但因当时生产力的局限,技术欠缺,力量不足,结果仍是"山水暴涨,州城屡被水患","处处坍卸、捍御无资",堤防毁坏,西城多次遭损。道光廿一年(1841年)六月初九日和光绪六年(1880年)六月十五日,东、北二川同时暴涨,漂没田庐村舍无数。1933年,洪水淹没至旧城北门,城外大批良田颗粒无收。1976年6月,洪水淹人冲田毁屋没矿,损失近200万元。

沿河两岸草坡泥滩,既是城区安全的隐患,又严重影响市容美观。为了从根本上解决洪灾对城区的威胁,1978年,以王国英同志为书记的中共吕梁地委果断作出决定,采用财政补贴和义务劳动相结合的办法,在东川河两岸瓦窑坡段运石筑坝。

当时条件差,任务重,机械设备缺,但是王国英同志和地直单位、离石县各级领导,亲自带领广大干部职工挖泥搬石,日夜奋战在工地。王国英书记起早达黑,奔走在各个工地。修河坝时,查看石头砌得牢不牢;栽树树时,检查树苗栽得好不好。当时,离石县委书记是郭裕怀同志,他认

20世纪70年代末修起河坝后的离石东川河大桥东两岸景观

真贯彻地委的指示精神,把修河坝、栽树树放在突出位置,整天工作在第一线。在地、县领导的带领下,干部职工虽然没有分文"劳务费"可得,更没有美酒、健力宝可喝,但仍然群情振奋,干劲百倍。几乎所有参加筑坝的人都手脚磨破,流血脱皮,但大家毫无怨言,其情景万分感人。当年建成长2000米、高6.4米、底宽4米、顶宽0.6米的河堤。

大自然总是在人类高兴的时候来考验你。正当大家热火朝天地修筑河坝时,一场严重的自然灾害降临了。

1979年6月29日,离石城东郊以驴窑沟为中心的田家会公社、红眼川公社突降半小时特大暴雨,冲毁2.5万亩农田,冲垮136间房屋,因灾死亡7人。

洪水挟着泥流,汹涌而下,疯狂冲刷着东川河两岸。已筑好的部分河坝被冲毁,一批铁锹、铁镐、平车等劳动工具被满川的洪水卷走。洪水不仅卷走了大家的劳动成果,而且卷走了大家的良好心情。东川河上泥沙、乱石,狼藉一片。

然而,洪水疯狂肆虐,却冲不垮人们的决心。地、县干部群众更加看到了不修河堤的危害,更加鼓足了修好护城堤的信心。大家继续夜以继

20世纪80年代末离石东川河大桥东两岸景观

255

日地奋战在修筑河坝的工地上。

以后地、县历届政府采取多种投资、投工方式接力修筑。至 1990 年底，建成七里滩大桥至东川河出口堤坝共 8.9 延长公里。东川河南北双坝筑起，为两岸修路、盖楼、建公园创造了很好的条件，彻底解决了离石历史上的险题。从而形成了御洪排水、道路贯通、绿荫成带的多功能堤坝，构建了离石城区的基本骨架，取得了良好的经济效益、社会效益和环境效益。

与此同时，王国英书记发扬了他在夏县被美誉为"林业书记"的传统，在吕梁全区大力推广"栽树树"的经验。在公路林荫带、街区河堤、四旁绿化都采用了"拉线线、量尺尺"的严格方法，改变了过去"栽树没好，深埋实捣"而不注意美观的做法，使人耳目一新。

栽树期间，王国英书记检查督促，十分严格。他起早摸黑，班前饭后，查看调回的树苗怎样，当天没栽完的苗木是否埋根，栽好的树是否天天浇水，从而留下不少脍炙人口的故事。经过几年努力，不仅离石城区，而且全吕梁地区的公路绿化出现了一个崭新的面貌，上了一个新的档次。

离石老百姓有一个美好传统，自古就对那些为民造福的地方官员感恩戴德。他们感谢的办法就是记在心里，说在口上，传给后人。据记载，民国二十三年（1934 年）县长马继援与国民党驻军马良为护莲花池 200 亩水地，组织军民筑石堤 200 米，被人称为"马公堤"。如今离石人讲起当年王国英书记带领人民"修河堤、栽树树"的故事，同样是津津乐道，兴味无穷。其实，论修河堤，以后历届领导续建总量是当时的数十倍；论栽树树，以后栽起的就更多了，但离石的老百姓仍然亲切地把这统称为"国英林、国英坝"。

劈山改河扩城工程纪略

这是一项开山扩城、永载史册的工程。

这是一项功在当代、福泽后世的工程。

离石城区地处三川河主流——北川河、东川河和枣林沟交汇的三岔口。东川河穿城而过,北川河冲击城西,枣林沟直射城区,从而把城区分割成东西南北四块狭窄封闭的区域,既制约了城市的建设发展,又威胁着城区人民的生命财产安全。这成为历任领导都十分明白而又头疼的事。

早在 1971 年 9 月,离石县就曾投资 10 万多元,挖引水河 500 米,筑坝基 200 米,力图劈山改河,但因工程浩大,人力、财力不足,而于 1973 年下马。1978 年再次上马,投资 1 万元,因技术等原因未动工。前车之鉴,谁还愿再啃硬骨头,做这虎头蛇尾的事呢?

改革时代必有创业英雄!

改革开放,经济发展,使整个吕梁基础设施建设的“瓶颈”日见严重。离石城市建设也像一个供足营养的孩子,迅速发展延伸。原有的地盘越来越捉襟见肘,不堪负载。于是中共吕梁地委书记姚新章同志,立即提出了把扶贫开发投资重点放在基础设施建设和智力开发上的思路。在这个大背景下,离石劈山改河扩城工程又一次提上了议事日程。

面对这个迫在眉睫的问题,姚新章同志多次带领地县有关领导在城区四周勘察地形、调查研究、寻找出路。有人提出向东川田家会一带发展,有人提出向北川西属巴一带延伸。也有人想到劈山改河向西发展,但明知这个“硬骨头工程”已是两上两下,谁还敢再讨没趣!

姚新章同志认为:向东向北发展是有一定空间,但是不向西发展,就限制了离石城区未来的布局。因此,只要改河成功,一可扩城;二可造地;

三是紧靠铁路公路,有利于经济发展;四是有利于离柳矿区经济中心的形成。困难大,我们可以克服,但丢掉自然优势,无法弥补。于是地委在广泛听取群众意见和专家分析的基础上,果断作出了"从改河入手,综合开发城西经济区,以加快城市建设"的决定。

历史镌刻下这一天:1992 年 10 月 4 日。

工程具体规划是从北川河、东川河交汇处改河筑坝、开挖底宽 80~120 米的新河,穿过王家坡坪、枣林沟,劈开了马茂庄梁,过塌崖湾归入原河道。全长 2095 米,流域面积 2501 平方公里。这样裁弯取直后,利用新河道挖土可垫地 1000 余亩。工程过水断面全部用浆砌石和混凝土砌筑。在右岸布设 24 米宽的环城一级公路。在王家坡、塌崖湾修两座交通桥。工程分三期完成,全部机械化作业。

据史料记载和省地水文部门查实,光绪元年(1875 年),这段河道曾出现 2000~3000 立方米 / 秒的洪峰流量。因此,这次改河河道设计防洪标准 50 年一遇,洪峰流量为 2803 立方米 / 秒,校核洪水标准为 300 年一遇,洪峰流量 4712 立方米 / 秒。

1992 年 12 月 7 日,在热烈的锣鼓鞭炮声中开工典礼在马茂庄工地正式举行。地委书记姚新章同志作了鼓舞人心的讲话。

姚书记说,这是一项具有战略意义的工程。他要求全体人员:一要以改革的精神,破常规的手段,强化工程领导;二是各单位要排除障碍,高挂绿灯,通力支持;三是各个环节要加强管理,严格责任,保证质量第一,如期竣工。

开工剪彩,意味着吹响了进军号,只能胜利,不能败退。但是对于刚刚获得温饱的吕梁人来说,也许是吹起一个大气球。因为这项工程是全区水利工程中控制流域面积最大、开挖工程最深、施工量最大的工程。设计概算,永久建筑工程总量 464 万立方米,工程总造价 7284 万元,号称

"吕梁的三峡工程"。人们说吕梁地委行署等于自己给自己肩上压了一副千斤重担。当初不挑无所谓,一旦挑起难放下。

困难大,不如吕梁人民决心大。

开工前,地委、行署领导姚新章、冯其福等从考察论证、勘察设计到征地拆迁,先后召开过数十次专题会、碰头会。施工期间,他们经常深入工地了解情况现场办工,为筹集资金,解决问题,上北京跑省城到处奔忙。离石县委、县政府,城关镇,马茂庄、王家坡人民在组织、协调、拆迁、用地等方面给予了积极支持。金融系统在资金贷款方面予以保障,推动了工程的顺利进展。

工程总指挥李龙元,政委张树森,坚守工地,加强监督,全力推进。

夏天烈日当头,黄土滚滚;寒冬滴水成冰,飞沙走石。但从领导到工人毫无畏惧,大干苦干。60 部自卸车,20 部推土机,10 部挖掘机昼夜奋战。离石县二运公司工程队、大型农机站工程队,打出了"英雄工队"的称号。

领导重视,人民关心,排除困难,万事亨通,梦想就要变为现实。

1993 年,时任中共中央书记处书记的温家宝同志来吕梁调研,在工地视察后给予了高度评价。

1997 年,马茂庄劈山改河工程顺利竣工。改变了离石至交口镇一带的交通格局和河流走向,极大地拓展了城市发展的空间,为龙凤大街的西延,307 国道经石盘村与城区连接创造了条件。

为离石城描绘绿色的背景

——"三山"绿化小记

人类是大自然的产物,人类离不开绿色,绿色护佑着人类。然而,人们都记得,上世纪离石城周围的凤山、龙山、虎山三座山都是泥坡土山,满目萧然。你会觉得吕梁山中的离石,的确不是一个宜居的地方。

"三山"环抱离石城。"三山"景观不好看,离石就不会变美丽。历史表明,千百年的农耕经济不变,生态环境就难以改善。人们要生火做饭、修房盖屋、制箱造柜,就要不断刨树砍柴。所以,虽然多少年来一直搞"大地园林化",离石城周围的山头仍是植被稀疏、黄土裸露,甚至连民国以前马茂庄梁上成片的柏树,上、下凤山道观周围的松柏都砍伐殆尽了。

伴随着改革开放、工业化的推进,城市的发展,绿化"三山"的事情终于提到了议事日程上来。

正是跨世纪的 2000 年,离石市委书记吴志国同志,满怀对家乡的热爱之情,把这件大事抓起来。并得到时任吕梁行署专员郭海亮同志的大力支持。

"三山"绿化,看似容易,实际并不简单。深刻的教训是,解放以来"年年栽树不见树,年年造林没有林"。说到凤山植树,离石人民也曾怀着美

凤山变绿了

化家乡的热情,在春季组织机关干部、职工义务植树。大家扛锹荷镢,前后相随。工地上人头攒动,锹镢挥舞,场面壮观,热闹非凡。但回头看成活率,却收效甚微。当然,也存在管护和制度上的问题。

无论如何,绿化"三山"是大势所趋,必须坚定不移。当时吴志国同志拍板,首先成立了"离石市'三山'绿化办",并从捉襟见肘的财政中挤出30万元经费,使工作迅速起步。接着郭海亮同志协调部署,由地区交通局负责修通上山道路,水利局负责建设山上水利工程,地区、市(离石)干部每人每年捐出50元人民币,用于"三山"绿化。这

绝壁造绿

样大致形成了绿化"三山"的合力。由离石市副市长李小明同志负责实施。

新的办法马上产生新的效果:由义务植树,变成了专业队植树;由单独植树造林,形成了工作合力。于是植树成活率大大提高了。

伴随着全国工业化进程的加快,对城市化的要求也越来越高。于是对城市建设管理体制的变革也提上议事日程。

2004年在吕梁撤地设市后,离石由市变为区。随后离石城建系统全部上划到吕梁市,"'三山'绿化办"也一并上划。从此,"三山"绿化工作进入一个新的阶段。

吕梁虽然是一个新兴的城市,但与离石区相比,办同一件事情手中占有的资源更丰富,抓工作的举措更有力。

当时郭海亮同志已经担任吕梁市委书记,他是吕梁岚县人,共青团出身。他抓工作不仅站得高、看得远、抓得准,而且有魄力、有激情,总想

把工作搞出一种新模式,总要在故乡开创出一个新局面。

2004年10月23日,郭海亮同志主持召开了市委常委会议,认真讨论了《关于离石区城建系统整体上划吕梁市建设局的实施意见》,研究确定了成立吕梁市园林局、工作人员理顺关系、办公经费、植树资金、总体规划等问题。

郭海亮同志讲:"三山"绿化是影响到吕梁市区生存环境的一项大工程。现在"三山"是土山,春风一吹满城土,夏雨一冲满街泥,这是什么生存环境!所以"三山"绿化不仅是生态工程,而且是民生工程,必须下决心抓到底,抓成功。吕梁市委要把"三山"绿化作为"一号工程"来抓,要把离石城真打扮成绿色的山城、美丽的山城。

于是,原来科级的离石区"'三山'绿化办",鸟枪换炮,一下升为正县级 "吕梁市园林绿化管理局"。工作仍由原离石区副区长李小明同志来抓。2005年,吕梁市政府从财政筹资1000万元经费,支持"三山"绿化。

市委的大力支持,使园林局同志激动不已,决心变压力为动力,把工作做好。李小明同志曾任过离石区城关镇党委书记,为把市委"一号工程"抓好,在总体规划上请高级专家进行设计;在具体工作中,既靠人缘协调好关系,又靠威信落实好政策,把农民安置、土地补偿、群众工作都做到一线,对路、电、水管网布局都做了精心安排,并创造了以成活率计工资的办法。

郭海亮同志把这项

扛着树苗上山

"工程"记在心上,抓在手上。过一段时间,还要上山检查督促,现场办公。对违章建筑坚决拆除,对迎街面窑洞的拆迁、农民安置、建房补助、土地补偿,都给予妥善认真的解决。并对干部工人给予热情的鼓励。

三座山,龙山坡缓,凤山、虎山都是陡坡,不少地段是悬崖陡壁。遇到陡坡峭壁,工人们把悬梯用绳索吊在空中,在半空施工,创造了陡坡植树成活的奇迹。一线干部,靠前指挥;广大农民工起早摸黑,不怕刮风下雨,尘土飞扬,顶风冒日劳动在工地。

历届市委、市政府高度重视,"十一五"期间继续加大投资力度。园林局同志真抓实干,广大植树工人辛勤奋战,从2000年至2010年两个"五年",完成了绿化面积32 640亩。栽植的树种有侧柏、油松等针叶林,火炬、樟河柳、香花槐等阔叶林,黄栌、黄刺梅、迎春、连翘、玫瑰、柠条等花灌木共945万株(穴),成活率达95%以上。累计完成投资3.1亿元。绿化工程伴随着离石城区的扩展,覆盖到8个街道办(乡)42个行政村。

绿色是人类生存的风景线。当我们走在大山深处,野田僻壤,远远看见一片树林,走到近处发现往往是一个村庄。而一个城市,如果没有了绿色,那就是一个荒漠城市,是一个不宜居的城市。现在,当你在离石城区向周围眺望,四面绿林蔚起,"三山"锦绣。随着生态的自我修复兴盛,绿色的帷幕必将把离石城打扮得更加美丽、宜人。

绿化美景

古 城 新 姿

　　离石城位于三山环抱、二水穿城的冲击平面上。这种自然地理环境，利用不好，容易遭受水灾；利用好，可以形成城市特色。离石在古代史上曾几经毁荣。由于战乱，到解放初期全城面积只有 0.6 平方公里，居民逃散仅剩 300 多人。主要街道有正街长 150 米宽 4 米，小十字街长 200 米宽 5 米，东大街长 300 米宽 5 米，残垣断壁，土街泥巷。老百姓说："无风三尺土，有雨一街泥。"新中国的建立为离石城繁荣发展创造了良好的条件。以此为起点，离石城市建设发展可分为四个阶段。

　　第一，恢复发展阶段，即从 1947 年离石解放到 1971 年。这一阶段离石属晋中地区所辖的山区小县城。解放后离石人民加快整旧去污、修残布新、恢复生产。1959 年建成人民大礼堂，1961 年建成第一栋二层楼，1963 年铺成第一条灰渣街。虽是旧街旧貌，但人口增多，市井逐步繁华起来。由于新中国成立初期百废待兴，经济基础薄弱，国家的重点在政

解放初期离石城旧貌（龙山北望）

治、经济体制的调整及巩固政权和发展生产上,加上"文革"的折腾,离石城格局主要仍分布在旧城的范围:主要在东门上(今综合大楼一带)以西、旧十字街(今八一街南出口一带)以南地带。到1971年,城区面积不足1平方公里,人口7000左右,相当于一个较大的村庄。

第二,吕梁地区筹建阶段,即从1971年吕梁地区的建立到1978年改革开放。吕梁地委、行署机构的入驻,为离石城市发展创造了新的条件。各机关、行政、事业单位的建立,市、县两级政府办公驻地的建成,教育学院、师范、会校、卫校、农校、技工学校等院校的陆续筹建,地区体育场、吕梁影剧院建设,各类商贸、工业企业的上马,离石城区范围迅速扩展。1972年建设了东川河大桥。从1977年起,地、县组织机关干部义务劳动,修河坝、栽树树,形成了滨河南北两路300米长的河坝基础。到1978年,离石城区范围已经东扩到建设街一线以东,超出了明代中期离石东城墙的范围。人口达到2.2万左右。这一时期,城市虽然有了大的扩展,但计划经济体制、牺牲农村建设城市的思想已经严重制约了城市发展,楼低,街窄,少商店,无市场。特别是老城区八成以上老百姓仍住在新中国成立前的旧房中,大部分商店仍是改造利用老门面。城市格局至多可说是一个山区小镇。

第三,改革发展阶段,即从1978年改革开放到2000年。1978年改革开放推动离石城市建设加快步伐。首先是商贸兴盛起来,市场发展起来,企业兴办起来。吕梁高专建成办学(20世纪80年代),吕梁第一个用民间资本建立起来的商贸中心永宁市场兴建(1987年),马茂庄劈山改河工程竣工(1997年),城区的出口逐步打开,主要街道拓宽。到1984年城区面积达到4.2平方公里,人口达到5.13万;1990年城区面积发展到5.1平方公里,人口6.6万;1995年人口8.8万;2000年人口13.1万。离石已经

2010 年离石城新貌(凤山南望)

突破了山区小县城的格局,初步出现现代新兴城市的态势。

城区范围(据 1992 年县政府城市规划):东至沙会则,西至西崖底;北至西属巴,南至交口镇,总控制面积 30 平方公里。城市所辖范围有 4镇 1 乡,42 个行政村,8 万人口。街区框架可概括为:三山环抱,二水萦绕;双坝并行,五桥贯通;四路六街,趋向"丫"形。三山环抱,二水萦绕:指城区北依凤山、南靠龙山、西临虎山。东川河与北川河在城区汇合向西流去。双坝并行,五桥贯通:指从 1977 年至 1990 年建成的东川河南北两岸的护堤大坝。从七里滩大桥到马茂庄共 8.9 延长公里。从 1972 年起相继建成东川河大桥、东川河 1 号吊桥(1981 年)、2 号吊桥(1983 年)、马茂庄大桥(1987 年)、七里滩大桥(1989 年)以及滨河南北公园。从而沟通了城区南北交通,奠定了城区基本格局。四路六街(离石城区街道:南北为街,东西为路),趋向丫形:从 1963 年起到 1990 年底,城区街道骨架基本形成。共建成街道 30 条,总长 23 公里,宽 20 至 40 米。主要四条路:滨河北路、滨河南路、永宁路、交通路(307 国道过城道)。主要六条街:由东向西为五一街、新建街、建设街、新隆街、八一街、货源街。北川建成三街二路：桥头街、新华街、龙凤大街(1995年)，长治路、久安路。城区格局以东、北两川汇合西流而呈"丫"形展开。

第四，发展提升阶段，即2000年至今。新世纪的到来和城市带动农村思想的指导，特别是2004年7月吕梁撤地设市以及2007年城建部门体制的调整，推动离石向现代化城市大步迈进。新的规划为2004~2020年。发展方向为"西跃、北拓、南延、东调"。东至离石区田家会街道办辖区，西至柳林县李家湾乡辖区，南至中阳县金罗镇辖区，北至方山县大武镇辖区，包括离石区滨河、城北、交口、莲花、凤山、西属巴、田家会7个街道办和红眼川乡辖区，面积577平方公里。

2005年城区人口达到14.7万；2009年，城区面积达到20平方公里，人口达到18万。吕梁市按照提升完善旧城区、重点发展北城区、开发建设东城区、规划布局西城区的建设思路，全面推进城市建设。

一是扩展市域道路、街区框架，拓宽城市发展空间。主要有滨河南北路拓宽、龙凤大街延伸、永宁西路贯通、北川河两岸建设、改造东西南北出口；火车站、吕梁学院、中小学教育园区陆续建设运营；城市道路、公共交通、桥梁建设、景观绿化、环卫设施配置全面启动。一大批高楼耸立起来。

二是建设宜居环境，实施蓄水、造绿工程。为改善环境，20世纪80年代曾在东川河城区段做过拦水坝。新的蓄水工程从2002年开始，到2008年共建设十多座橡胶坝。河道防洪标准由20年一遇提高到50年一遇，并在河两岸全部增设了草百玉栏杆。成为离石城内一条亮丽的风景线！

投资近2亿元，实施了"三山"绿化工程，新增环城绿地2万多亩，为离石描绘出绿色的背景。实施了北川河整治工程、蓄水美化工程和滨河西路、滨河东路、桥梁建设工程。2007年，在市区纵、横两个方向形成了18公里的绿化带。基本形成了以"三山"绿化为面、道路绿化为线、公园绿化为点的城市绿化格局。

三是完善水、热、气、灯网络,坚持治理脏、乱、污现象。全面建设了路灯网络,实施了城东、城南、城北三大集中供热工程,供热面积增至700万平方米。供水、供气管道设施不断完善。建设了环卫设施、高标准公厕、垃圾处理场和污水处理厂。

四是加强文体设施、民用住房建设,全面发展餐饮商贸物流。建设了世纪广场、市民广场、步行街等兴业、活动区域。建成汉画像石博物馆、体育馆等一批群众性人文场馆。新的中学、小学、医院迅速建设起来。吕梁国际宾馆、石州宾馆、吕梁大酒店、世纪大酒店、东江大酒店、国贸大酒店及一大批多种经济成分的餐饮、商贸、物流企业蓬勃发展起来。特别是民用住房、商品房建设迅速充满了城市框架。

城市经济与工业经济在指导思想上的混淆,城市建设与经济发展的艰巨性,也严重地阻碍了各时期决策者的眼光。往往发生把工厂建在城边,后来又忍痛拆毁的现象。如20世纪50年代初的离石蛋厂(电缆厂前身)建在今世纪广场北边,1959年离石发电厂建在永宁东路南边,70年代吕梁钢铁厂建在离石发电厂北边,离石县玻璃厂建在现东关加油站一带。直到20世纪90年代后期仍把中吕焦化场建在马茂庄坪上(今龙凤南大街北侧)。而正是从这些工厂的建拆中,我们看到了离石城前进的步伐。

离石,今天吕梁的政治、经济、交通、文化中心,无论叫作吕梁市区还是离石城区,她的区位不会改变。这里东距太原187公里,西距黄河(陕西吴堡县)50多公里。青(岛)银(川)高速、太(原)中(卫)银(川)铁路、307国道与西纵高速、209国道在城区交会。我们一定能把她打造成这个交会点上更加和谐文明、宜居亮丽的特色城市。

迷人景观

十景十三城

　　离石,自古群山连绵,丛林郁秀,物产丰富,古迹荟萃。在史籍的字里行间和老人们言语传说中，这里曾经有过许多令人神往的美好景致,如十景十三城等。但因沧桑变迁、政区更易、岁月冲刷,有的破败残损,有的划出县境,有的像一个美丽的故事,早已淹没在历史的陈尘之中了。这里仅从旅游观光、文史考证的角度作一介绍,供有兴趣的朋友去探讨。

十　景

　　玉亭古迹:离石曾叫石州,号为玉亭。相传一位道人在地下挖得一块石头,晶莹透亮,状如美玉。所以此处号为玉亭。此石当为宋代的"石州石"。其古迹当指明代中期被截去的石州城垣及兵备道署等古代建筑。清代设有玉亭驿。

　　离石闲云:史载石州东关下营曾有一眼水井,每天清晨井内瑞气升腾,薄雾袅袅,盘桓缭绕于凤山半腰。太阳升高后,才逐渐散去,所以称离石闲云。

　　凤山仙迹:凤山位于离石城北。相传宋代道士陈希夷在此隐居修炼,住在山上土洞中。后羽化成仙,脱壳而去,曾有遗坟。为纪念他,后人在山上建陈希夷殿,统称为凤山仙迹。

　　白马仙洞:城东五十华里有凤凰山,亦称九凤山。山后有溶岩石洞,幽邃深远,支洞繁多,天然奇巧,人难穷尽。相传有白马出入,仙人弈棋,所以叫白马仙洞。

　　孟门洪涛:其地今属柳林县孟门镇。古为定胡郡(后周)、孟门县(隋)驻地。这里地势险要,河岸狭窄,石山壁立,黄河湍急,波涛汹涌,咆哮如雷。

据说《吕氏春秋》中"龙门未凿,河出孟门之上"就指这里。

灵泉寒玉:位于今柳林县孟门镇南山,峰峦插天,黄河下临。山上有流泉飞瀑,每逢天旱来此祈雨十分灵验,唐贞观中建灵泉寺。因其泉水色清如玉,所以叫灵泉寒玉。

吕梁禹迹:相传远古时期,吕梁高耸横空,洪水激荡,震天动地,龙门未凿,河出孟门之上。于是大禹亲自到吕梁山勘察,凿龙门,输河道,治水功成。相传至今山半仍有缆舟大铁索和寸厚蛤壳,并在铁钥山上还有系舟铁环。

庐城晚照:据考庐城在今离石东上下楼桥一带。庐城是晋刺史刘琨为攻刘曜所筑。相传每当傍晚天色暗晦时,城际便有赤光照耀,所以叫庐城晚照。

山寺牡丹:相传离石安国寺琉璃井旁曾有牡丹花二株,每到四月八日,群卉齐放,奇异芳香,花叶繁茂,久盛不衰。惜为山崩所压。

黄河晚渡:指位于今柳林县官菜园青龙津渡口。黄河流到这里,岸宽滩平,水势平坦,波浪不兴,即使晚上渡河也很安全。

十 三 城

皋狼古城:在今方山县境南村,为春秋白狄皋狼城、战国赵国皋狼邑,汉代西河郡皋狼县遗址。《史记·赵世家》云:"孟增幸于周成王,是为宅皋狼"。后来晋国大臣智伯要这个地方,赵襄子不给。便引发三家联合灭智的事件。皋狼,当为春秋时从陕北东移的白狄部落名号。

蔺古城:在今柳林县黄河边孟门镇境。战国时赵国的边邑。这里曾是赵魏秦三边赵国的军事、经济重镇,曾铸造过著名的"蔺"字纪地币,魏国、秦国曾多次攻伐这里。到西汉时为西河郡36县之蔺县。汉武帝元朔三年(前126年),封代共王子熹为蔺侯。《读史方舆纪要》:"蔺城在永宁州西。"

隰成古城：在今柳林县穆村一带，为汉代遗址。隰城县为西河郡 36 县之一。汉武帝元朔三年（前 126 年），封代共王子刘忠为隰成侯。《水经注》称是隰成有"千城之称"。上世纪末，伴随工业建设，曾发掘出一大批文物。

离石古城：在今离石区旧城一带。元代之前，离石城内布局无可考。到清代，永宁州署在城中心。西有捕衙，东有玄帝庙，衙前为小西街，后有大西街，直通东门。州署通南街、南门。南街东有文庙（今贺昌中学内），西有药王庙，再西为关帝楼（今烈士楼）。小西街西有三圣阁、西寺。大西街西有翠祥楼，向北通北门，后有准提庵及东岳庙。玄帝庙东有正街，为南北向，与大西街组成十字街（在今八一街南口一带）。州署后大西街北侧为城守司（旧称马号里）。其东有节孝祠、城隍庙、天宁寺（今世纪广场北侧）。城守司背后有北街，为东西向。城南为南关，东门外为新关，明代土城外东关。

左国城：在今方山县境南村。为汉代、晋代古城遗址。东汉末年南匈奴单于庭驻于这里，对这里的战国皋狼邑西汉皋狼县城址进行了大规模扩建，成为"三套连环城"。到晋代，刘渊在这时起义，建立匈奴"汉国"。《元一统志》："自建安末，北人入居内部，魏武帝分其众为五部。在离石者以左贤王去卑监之。去卑之子豹，豹之子渊。世居之土，谓之左国城。黄初三年，刘渊海都尉居此。"

芦城：在今离石区上下楼桥一带，为晋代遗址。《元和郡县图志》：芦城为"晋并州刺史刘琨所筑，以攻刘曜"。《隋书·地理志》："后周置芦山县，大业初并入修化，有伏芦山。"伏芦山在今上下楼桥北。光绪《永宁州志》云："周所置芦山县或即因刘琨故城，咸取伏芦山以名也。"《隋书·地理志》所谓并入"修化县"，应为"归化县"。今信义镇有"归化村"，疑为当时归化县治所。当是古"归（歸）"字讹为"修（脩）"字。

良泉古城：在今方山县南村。为北齐天保三年(552年)离石县析置。隋大业三年(607年)，改为方山县。因当地有较大的泉流，所以命为良泉县。

方山故城：一在今方山县城北20公里的方山村，为金贞祐四年所徙治，《金史·地理志》所云徙于积翠山即此。万历版《汾州府志》云："万历二十五年，巡抚魏(允贞)题请，方山乃三晋要塞之地，五县不接之所，复筑城池。因掘得太和八年县印一颗，解赴布政司，寄库内。建察院一、府署一、镇守卫一、仓库一。"一在今方山县故(贤)县村，为唐贞观十一年(637年)前方山县治所。

孟门故城：在今柳林县孟门镇境，是战国时赵之蔺邑，西汉时蔺县所

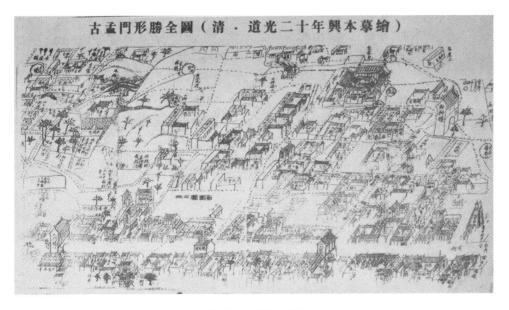

古孟门形胜全图

在地。北周大象元年(579年)在这里置定胡县。唐贞观二年(628年)改为孟门，七年(633年)废，八年(634年)复置定胡县。金明昌二年(1191年)改为孟门县，元代废。清朝咸丰六年(1856年)七月被黄河水彻底冲走。

青龙古城：在今柳林县青龙村，为明代遗址。一名龙城。明万历三十二年（1604年），山西巡抚白希绣申请朝廷批准而筑。清代在此设青龙驿，设巡检司。是明清时代永宁州经济、军事重镇。

吴城：在今离石区吴城镇，为战国遗址。经考证，为战国时魏国大将西河守吴起所筑拒秦的军事城堡之一。

安国古城：在今离石区交口镇乌崖山顶。（光绪）《永宁州志·山川》：安国王，"名公佐，镇西人。宋嘉祐间立寨，(今)废而遗垒尚存"。今安国寺，即因安国古城而命名。

这位解放军战士骑马照的背景就是原明城墙东城门（位于今永宁中路石州宾馆南侧一带）

石州古城：据《汾州府志》（万历）云："在州治东关北隅，有县街道遗址"。是明代隆庆年之前的石州城遗址，即莲花池一线以东，畔沟一线以北，建设街西沿以西，体育场往东一线以南。1985年，在今市邮政局工地掘得石州铜方官印一枚，表明了隆庆兵燹之前石州署的位置。当时这一带还有兵备道署、布政使司、察院等。

八大景观

白马仙洞

此洞只应天上有,凡人哪得游仙境?

白马仙洞俗名桃花洞,位于离石城东南25公里的九凤山麓。进入洞区,群峰拱翠,林木参天,百卉呈祥,美不胜收。史载洞区殿宇为唐代贞观年间尉迟恭监造。后经元明清历代多次维修扩建颇具规模。洞外主要建筑有洞阳观、天王庙、五岳庙、三清阁、圣母殿等。最诱人处当为庙后石洞,千姿百态,景致万千,胜状迷人;以其优美的传说和离奇的洞观吸引着历代游人。《碑记》称其为"黄帝之别宫,赤松子炼丹之所"。

相传,很久以前,这里桃树如林,桃花映红。树后有一石洞,巨石堵门。所以,此洞名桃花洞,此沟便叫洞沟。洞沟土肥水美,麦浪翻金,长势喜人。一天下王营村一位种麦老人正在山腰砍柴,忽听山上有人呼叫,说有一匹白马在吃他的麦子。老人心急,慌忙将斧头别在腰间,拼命追赶。白马四蹄生风,在前飞跑;老人气急匆匆,在后猛追。追到洞前,白马忽然不见了。老人搬开堵洞巨石,赶进洞中。这时不见白马,只见有两位白髯老翁在下棋。种麦老人本是个棋迷,一见二老翁正杀得难分难解,旁若无人,便不管三七二十一坐下来观阵。看到"马"踏"车"时,他忍不住说了声"妙"!

这时,两位下棋老翁才像刚发现他

洞内石景:瀑布飞流

洞内石景:将军守关

一样,看了一眼说:"后生家,看把你的斧头也沤烂了!"他低头一看,斧头把果然从腰间掉落下来。于是立即起身回村。回村后发现,村里人谁都不认识他了。当他讲起当年缘由,问起家族情形时,村人如听神话一般。老人们捻着胡须说:"听老爷爷们讲,咱村老辈子是有这么一回事"!原来种麦老人追马进洞坐了一会儿,世上便已过了几百年。正是"洞中方七日,世上已千年"。

老头一气,又回到洞中。这时下棋人已离去,他便成为洞主。从此,桃花洞便叫做白马仙洞。因为洞主是下王营村人,所以每逢天旱无雨时,下王营村人去祈雨,必定灵验无虚。

白马仙洞实为石灰溶洞。洞内石笋如林,铿然有声。主洞深长,支洞繁多,怪石万状,深不可测。古人曾因形命名为飞石燕、盘石顶、无根梯、独木桥、白龙池、黑龙池、莲花池、响石钟、拴马柱、饮马槽、跑马场、马蹄印等。今人命名有"玉女卧波"、"将军守关"、"巨蜥吐丝"、"珠玉满堂"等。史载晋高祖遇大旱来此祈雨,一求便应,便诏封为"渊济仙洞",并命枢密使桑维翰书额题匾。

实地考察,洞区现有从元至清历次重修洞阳观记石碑四通,对洞区状况有所记载。洞内白龙池石壁上有从北宋宣和辛丑年(1121年)到清同治二年(1863年)游客题诗十首。其中永乐四年八月初一僧人写道:"四人随喜到九峰,暗想如同一梦中,不知天高几万丈,甚日何年到得明"?洞中奇景由此可见一斑!现在洞外景观多失原貌。目前正陆续筹备开发。

安国寺——离石的"避暑山庄"

　　来离石而不游安国寺,就像外国人来中国而没登长城一样,遗憾无穷。从离石出发西行,在石盘村附近便看到了安国寺大碑楼,进沟约2.5公里便登上了乌崖山。但见群峦环抱,翠柏满山,绿草蔽野,鸟鸣溪流,壑风劲吹;山洼里古刹巍峨,楼台相连,绝壁悬空,风景如画。这便是安国寺所在。

　　安国寺原名叫安吉寺,初创于唐贞观十一年(637年),至今已有1200余年历史。宋仁宗嘉祐三年(1058年)有镇西人王公佐在山顶筑寨,称"安国王",故改名"安国寺"。金兴定三年(1219年)重建寺观。元至正二十八年(1368年)毁于兵祸。明洪武永乐年间几经修废,嘉靖四十五年(1566年)僧正募捐重修,历时六载整刷一新。之后寺观兴盛,僧众延续,直到1947年,成为全县历史上最大的佛教寺院。

　　寺内主要建筑有大佛殿、十王殿、铜塔楼、钟鼓二楼、观音楼、关帝阁、万佛阁、洞宾楼、石牌坊、端公祠、端公读书楼、莱公祠、莱公别墅等。佛殿五间七檩,砖木结构。内有释迦牟尼、文殊、普贤五彩泥塑三尊,高4.8米,为全县仅存的古泥塑。东西墙上有68幅描绘释迦牟尼出家经过的壁画,色彩艳丽,线条流畅,形象生动。观音楼上原有于准手迹"古安吉寺"四字,楼内有描写说法成佛

安国寺一瞥

的元代壁画 32 幅。关帝阁建筑在清端公祠上,内有五彩壁画 18 幅,中堂画 6 幅。石牌楼为四柱三楼式,石呈红色,刻有六只石狮角兽,造型奇异,颇具特色。

端公"读书楼"是清初封疆大吏、两江总督于成龙未出仕前读书的地方,现有《于清端公读书楼记》可考。"读书楼"三字为清朝大学士吴琠手笔。

"莱公别墅"位于寺后百米处悬崖下,是雍正丙午年(1726 年)由于成龙之孙两江巡抚于准所建。是一处相对独立封闭的景区。内有上下丰泉、悬崖石屋。设计精巧,天然成趣,每逢大雨,奇崖绝壁,飞瀑垂帘,屋在帘后,浑如仙境。

绝壁半空,有一间人工凿成的石室,为于成龙之子于廷翼所建。内有"龙虎"、"山林"、"野趣"等石刻大字,笔力苍劲雄浑。清道光年间,永宁知州王继贤曾撰有《山寺石室文》石刻十八方,介绍石室内外情景,其法书铁笔,字美刀劲。站在山门极目远眺,中阳南川风光尽收眼底,一览无余。使人大有超尘脱俗,心旷神怡,身居仙境之感。安国寺前临"暝云谷"下有"琉璃井"。谷中有桥,桥下有水;井上有亭,水有药功。

由于安国寺历史久远,古刹雄伟,不仅是佛教中心,而且是避暑胜地,所以历代有不少名人逸事传为美谈。相传唐代宗时,把这里封为昌化公主食邑地,并将二枚佛牙赐予昌化,公主视为珍宝,铸铜塔楼贮放。从前寺内琉璃井旁有两株一丈多高牡丹,花开别样,久盛不衰,为石州十大景观之一。传说为昌化公主从洛阳移来,亲手所栽。清人诗云:牡丹树下问云由来,说是唐家贵主栽,若使当年无昌化,好花怎肯向山开?细加玩味,颇有情趣。今山顶存有镇西人王公佐古寨遗址。寨西南有大片山坡,相传为安国王走马坡。

清代为寺院全盛时期,位居全县八大官寺之首。特别是清初,由于当朝一品大员于成龙少时曾在此修学读书,出仕成名后,寺院也随之名播九州。康熙至雍正年间，于成龙祖孙三代对寺院进行了大规模整修扩建。官宦名流，往来不绝，使寺院成为当时永宁州佛教与政治活动中心。历代题咏，不计其数。

天下名山多僧占。安国寺教宗属五台山佛教派系，僧人受戒、排辈、凿字要去五台山受领。由明清碑记可知，从明嘉靖到1947年历400年，

全国政协副主席、中国佛教协会会长赵朴初1986年为安国寺题匾

僧众共传十八代。寺僧传统功以"静功"中的坐功、睡功见长，僧人苦练功道，高僧辈出。著名的有明朝性善和尚(道号纯天大禅师、普闻禅师)，学识渊博，诗文俱佳，功道高深。清末民国时期，寺内住持昌灯常明大禅师，静功独到，四十天可不进饮食，闭目坐卧。他先后担任僧正司僧正和佛教会会长，成为全县佛教界领袖。

抗日战争时期，寺院成为我党抗日活动场所。县一区区委常驻这里，因而习惯称"安国区"。寺院僧众，特别是著名爱国高僧昌灯常明大禅师积极参加抗日工作，为掩护党的机关和干部传递情报，做出贡献。1947年土改时期，佛教取缔，僧众解散。"文革"中安国寺曾作为贺昌分校，办学设教。

改革以来，国家逐步重视了文物保护与开发。1985年山西省文物局拨款曾对安国寺进行过小规模维修。1986年1月，全国政协副主席、中国佛教协会会长赵朴初题写了"安国寺"匾额。2001年国务院颁布为第五批全国重点文物保护单位。目前离石区投巨资大规模开发建设。并因于成龙在此读书，成为"天下第一廉吏"，这里将建成全省廉政教育基地。安国寺经过修葺布新，必将成为全省乃至全国著名旅游景观。

凤山道院——天贞观

名称由来

凤山又名"三阳云凤山"，高高地耸立在离石城的北边。

《永宁州志》云"三阳者，取日光自卯至午至酉咸照之义；凤者，取山色与形有丹凤朝阳之义；云者，取离石闲云常依此山之义"。凤山又有上凤山、下凤山之说。南山顶为上凤山，西山麓为下凤山。上凤山是离石仅存的香火旺盛的道教圣地，人称"凤山道院"，又名"天贞观"。今天这里殿宇巍峨，楼阁高耸，石阶通天，草木葳蕤。站在观内，俯瞰山下，街衢高楼，车水马龙，新城美景，尽收眼底。真有"万家楼阁成画图，一味清凉见性情"(清永宁知州贾松年凤山书联)的感慨。1963年，省政府把这里定为山西省重点文物保护单位。

主要古迹

史载凤山道院初建于元末，后遭兵祸焚毁，明景泰元年(1450年)重建，持续六年，重现雄姿，香烟不断，兴盛一时。现存主要古建筑有凌虚楼、三清殿、三官殿、感应殿、读书楼、孙真人殿、关帝庙、观音庙、姜真人墓等。玉皇楼为重檐歇山顶、四斗三挑、偷心结构。楼内原有二郎神、孙真人塑像和彩绘壁画。此外还有雷公殿、灵官殿、白云洞、八仙庵、老君台等10处古迹，今仅存遗址。观内现存石碑4通、石碣11块。其中最早的石碑为明景泰元年(1450年)八月《重修三阳山希夷祖师庵记》，最早石碣为明景泰元年七月《赠三阳山先生祷雨有感记》。下凤山曾有北岳庙，子孙圣母庙、希夷殿等，现均毁。

美丽传说

山不在高,有仙则名。前人诗碑记述,汉武帝求仙时曾路过凤山,但今无据可考。传说较多的是五代宋初道士陈抟老祖在此修炼的故事。陈抟,字图南,号扶摇子。亳州真源即今河南鹿邑县人,生于唐朝末年;举进士不第,便隐居华山精研道术,著有《无极图》、《先天图》,认为万物一体。其学术被推演成为宋代理学的组成部分。

陈抟初去华山时,华山

仰望凤山天贞观

道士见他没有行李锅灶,十分惊异,便派道童去窥探。只见他或闭目诵经,或整日酣睡。号称"大睡三千日,小睡八百天"。一天华阴县令上山求见,发现其住处石板光溜,并无道舍。便问:"先生在何处休息呢?"陈抟老祖大笑道:华山高处是吾宫,出即凌虚跨晓风。台殿不将金锁闭,来时自有白云封。县令觉得可怜,要为他伐木盖房。陈抟坚辞不允,传为美谈。到明洪武十年(1377年)秋天,石州草场街忽然来了一位面目污秽、衣衫褴褛的乞丐。秃帚扫街,雨水洗面,不见乞讨,常见酣睡。后来住到凤山土洞中,一天有华阴人路过石州,见到他纳头便拜。并赋诗道:古洞廉前碧水流,白云绕凤山头,几年不见先生面,今见先生在石州。原来他就是华山著名道士陈希夷。霎时轰动全城,大至官员县令,小至乡绅百姓,蜂拥上山拜见。只听他吟诗道：

> 十年踪迹走红尘，回首青山入梦频。
>
> 紫陌纵荣争及睡，朱门虽贵不如贫。
>
> 愁闻剑戟扶危主，闷见笙歌聒醉人。
>
> 收拾旧书归旧隐，野花啼鸟一般春。

(注：此诗名"三阳山"，存《永宁州志·艺文志》中)。吟完羽化脱壳而去。据说陈抟老祖仙逝后容貌不变，肢体犹温，洞口彩云笼罩，异香四溢，便将他葬于洞旁，一时传为奇闻。后来华山有人来偷运骸骨。背至城西，重不能行，只好又葬于凤山。为纪念他，后人在凤山上为他修筑了陈希夷殿。据推算其时陈抟至少有 450 岁，可见此人定非陈抟，可能是明朝华山道士假名而来。

设教与庙会

凤山道观为离石古代最大的道教圣地。按道教派系来分，凤山道院属龙门派。明代中期为该道院最鼎盛时期，道人最多时有 16 位，道士字辈排至 25 辈，道士累计达百余人。著名者有陈抟老祖、孙云际先生(孙浩远)、姜克浑先生(姜浩渊)等。其主要活动是研诵道经，传播道教，修炼道行，接受布施，修整道观，济民救困。

凤山道院历史上还曾先后两度办学育人。清同治年间，永宁州贺守宪先生在此设院讲学，8 年中考取 18 名秀才。人们把这里称为"凤山书院"，称贺先生为"秀才模子"。今天道院里仍有他留下的"唱和"诗碣。1971 年吕梁卫校初建时，因没有校舍，曾借用这里住宿学生，到 1983 年退出。

凤山道院最有影响的是一年一度的凤山庙会。每逢正月二十六日，明代道士孙云际诞辰之日，四面八方朝山香客络绎不绝，鞭炮彻夜鸣响，烟火夜以继日。俗称"遇仙"。现存清道光元年（1821年）凤山碑碣云："旧关旧规，每岁正月二十六日，居民铺户以香灯素馔，竭诚供于云际真人之祠，以禳灾祈福。"

孙云际，名浩远，号乐阳子，离石人。相传他七岁出家玄都万寿宫，从业儒学。十七岁入凤山道院拜陈抟老祖门下修炼道行。从道五十余年，共读"三教经书"上千卷，洞悟玄机，得五雷天心正法。不仅为民祈禳旱疫，"符药济善"，而且几次主持凤山道院的维修扩建工程。正统三年（1438年），他亲自赴京请六代玄师张常真再度来凤山主持重修了三清殿、玉帝殿、三宫四圣殿等殿堂。明景泰元年（1450年），他又组织捐资献物，翻修希夷殿，新建九天应元雷声普化天尊殿、七真玉帝宝殿和祠堂，并在山下增建土地庙、五龙庙、五道庙。由于社会历史原因，人们便称其功德无量，广受尊敬，诞辰之日，形成庙会，每岁祭祀。

凤山公园

1986年，离石县委、县政府把这里辟为"凤山公园"，揭开了凤山历史的崭新一页。地、县和瓦窑坡村先后拨款、集资、捐资100多万元，对凤山进行了重新规划建设，规模有了较大拓展。新建了蓬岛瑶台、翠香亭、桃花亭、聚仙山房、游亭、凤来阁、35米长廊、370级通山石阶以及教育纪念碑等工程。1995年县委、县政府又组织机关干部在山坡悬崖植松柏上万株。新世纪以来，吕梁市大规模改善离石城周边环境，每年投入数千万元植树造林。凤山南坡已松柏成林，为离石城区绘上了绿色的背景。同时加大建设力度，全面修缮了凤山道观的古建筑，把凤山打造成美丽的公园与旅游景区。

金 阁 寺

金阁寺,又名"金刚寺"。是离石境内最早的一所寺院。位于离石城西北20公里的兰若山上。初建于北魏,以后历代多次维修,所以清乾隆三十二年(1767年)《重修金阁寺记》碑有"先有金阁寺,后有石州城"之说。

兰若山头奇峰高耸,山顶清泉,流泻如玉;古柏左旋,风景秀丽。金阁寺原建筑规模宏大,金碧辉煌,碑记云:"每年献戏之际,社人来山酹神者甚多。"现存建筑主要有观音殿、真武殿、老爷庙、华佗庙、龙王庙、三清殿、和尚庙、戏台等。

最有价值的是真武殿、观音楼、老爷庙中保留的数十幅壁画,造型优美,线条流畅,大多取材于民间神话故事。真武殿内的清代壁画为"九龙吐水"、"皇宫降生"、"身怀有孕"、"梦吞日月"、"国王祈子"等6幅。老爷庙内人物图画色彩鲜明并有画案。观音楼依山而筑,殿内壁画绘于天然摩崖石壁上面,内容为出行图。画中19个人物,神情各异,形态逼真,栩栩如生。这些壁画在绘画的构思、技巧和色彩运用方面,都表现出很高的

金阁寺正殿

金阁寺外景

艺术造诣。特别是"九龙吐水"评价颇高。这里的自然景观独特秀丽,有龙头、龙舌、倒石靴、八龙出洞、千年茶树等,十分引人。

"先有金阁寺,后有石州城",说的是历史的真实。因北魏从拓拨珪登国元年（386 年）立国，到北魏最后一位皇帝孝武帝元修永熙三年(534年)共 148 年。而石州的第一次命名是在北周建德六年（577 年）。所以,不用从北魏太武帝(446 年)灭佛前计，即从文成帝复法即位的(452 年)计起,石州城的命名与扩建至少比金阁寺晚 100 年。

金阁寺石阶

金阁寺所处的大山叫"马头山"。马头山为晋祖逊驻军之处。相传李闯王起义进京时曾路经金阁寺，说明这里在古代亦为军事要地。1985 年附近七村农民曾集资对寺庙进行过初步维修。这里先天资源优越,亟须投入巨资开发。

宝 丰 山

宝丰山又叫"宝盆山",位于离石城东25公里的信义镇归化村南。南北宽近500米,东西横跨5公里,主峰尖山1755米。山高入云,巉岩壁立,墨林丛集,碑亭楼阁时隐时现,三乡十里都可望见。

宝丰山,山势险峻、悬崖陡险,通常人迹罕至。所以保存有唐、宋、元、明、清砖石结构建筑十多处。从东到西有宝塔、玉皇通明殿、八龙水母殿、王母殿、五岳圣母殿、十王殿、千佛殿、万神殿、琉璃殿、观音堂、三教堂、人尊楼等。多建于山背巨石上,倚山就势,布局奇巧。据碑文记载,这里道观创建于西汉平帝元年(公元元年),历代都有修茸。重建于明万历三十七年(1609年)。玉帝殿前凿有石门一对,与整个建筑相互呼应,浑然一体。所有建筑为八卦合顶,构筑奇巧,形成具有独特风格的建筑群落。千

宝丰山一瞥

宝丰山石龟图

佛殿里原有数千佛像,如今尚存1050多尊。宝丰山历代供奉神仙不同,到明、清时代更加丰富,从而使这里成为融道、佛一体的神山。宝丰山常笼罩在云雾之中,苍松翠柏,奇峰异石,若隐若现,有"石象迎宾"、"神龙探海"、"獬豸守关"、"灵龟镇山"、"石晷测日"、"夫妻并蒂"、"母子相依"等,造型生动形态各异,蔚为奇观。悬崖峭壁之上有一巨石,长丈余,形状如龟,故名"石龟"。史载"一人践之则动,众然践之则否",千百年来传为奇物。

宝丰山山道崎岖,人迹难至。那么当年修筑的许多殿宇,建筑材料如何搬运上山?相传当初开工时,这的确成为组织者的头等难题。后来有位高僧出了一条妙计:让放羊人把羊群赶来,每只羊背上捆两块砖瓦,然后把羊赶上山去。爬山登险是山羊千万年来经物竞天择形成的特长,只要能立住手指的地方,羊即可站稳。这样,羊群循环往复,就将所有建筑材料全部搬运上山。也正因险道难攀,所以宝丰山上的许多建筑至今保存下来。

"小内蒙"西华镇

出离石城东行，进小东川到达小神头，再向东，爬高坡，上山顶，过茂密的天然森林，小车仿佛停在云端。这时，你的眼前便豁然出现了一幅美丽的图画，一片开阔的大草原。

蓝蓝的天空白云飘，白云下面马儿跑，你仿佛置身赤勒川阴山下。这就是离石的"小内蒙"——西华镇。

西华镇位于小神头东南部的云顶山，距县城50公里。相传这里在古代是附近政治经济文化中心，十分繁荣，所以叫西华镇。现在它是信义镇的一个行政村，有各类土地7000亩、150多户、400多口人。居民大部分是祖上就在此居住的平遥县人。他们虽然在这里有房屋、土地、牲口，但经营的是"候鸟型"农牧业。开春时来到这里搞生产，秋收完便留下少部分人看庄园，大部分回平遥老家越冬过年。这里农作物主要是莜麦、油料、山药蛋，家家草坡有骡马，人人银行有存款，户户囤中有余粮。早在1994年全村有牛马骡654头，户均5.2头，村民人均纯收入达到1145元。

这里属于亚高山草甸类植被。地势开阔平展，四周森林环绕，天高地阔，水草丰茂。有名的四十里跑马墕是天然的良好牧场，成为历代人民放羊牧马的理想地方。

美丽的西华镇秋色

养马是这一带山民的传统，是他们的优势，是他们的命根子。清朝统治者马上得天下，定鼎中原后，生怕民间养马，夺其宝座，所以严令

禁止民间养马。顺治年间,清军到此巡查禁马,激起广大牧民的义愤。长板塔村牧民王显明举旗反清,多次把进剿清军打得落花流水,导演了一出威震清廷的反清活剧。

四十里跑马墕,方圆20多公里,主峰海拔2261.9米。相传西晋时刘渊在此屯兵扎营,宋朝时有一牛姓山大王在此设寨称王。民国年间晋军曾在这里操兵练马,所以取名"四十里跑马墕"。上世纪七八十年代,这里设有中国人民解放军某部空训靶场,至今仍有部分设施。

这里气候高寒,土厚草密;空气湿润,植被茂盛;四季多云,风雨无常,有时山上红日蓝天,艳阳高照,山腰却乌云密布,大雨倾盆。有时山高云低,鲜花烂漫,绿茵如毡,景色迷人;有时云落草地,薄雾轻飘,牧群在云中跑,白云在头上飞。

夏季的西华镇是天然的百花园,是观光游览的黄金季节。其时这里亚高山平台草地上的主要草类苔草、老灌草、地杆、歪头菜、兰花、棘豆、早熟禾、鹅宼草、老鸽、地枔草等,生机勃勃。这里从古至今通向周边的大小路径达六七条之多。这时节,每年来自交城、文水、汾阳、方山、离石等县就草移牧的羊群达1.5万多只。其时,满目绿茵,气候凉爽,空气清新。马儿跑,羊儿叫,如同进入世外桃源。想当年遇空军训练,你远远望见万里蓝天,鹰击长空,火炮轰响,震耳欲聋,真是大饱眼福!

当你秋天来到这里的时候,庄稼遍地,草劲马肥。你可以骑着马儿逛草原,牵着牛儿学牧童,赶着羊群唱山歌,当一回业余牧民。喜欢的话,还可以吃到老乡蒸的香喷喷的莜麦山药饭。省市不少记者和文人曾多次来这里拍摄草场风光,并出版了很有特色的风景画历。上世纪80年代初,吕梁军事部门在这里拍了录像资料片,省军区的首长们看了,惊叹道:"啊,这该不是把内蒙古偷回来了吧"!

目前区、镇正积极创造条件,支持企业进行大规模开发建设。

玉 林 山

　　玉林山位于离石城北约 15 公里的大山之上,一山独秀,高于四周众山。这里古代建有北禅寺,与北武当山南北遥遥相望。所以古代北武当山叫"真武山"、"北顶",而玉林山又叫"南真武山"、"南顶"。同时这里自古以来还是东川到北川之捷径。

　　据目前资料反映,玉林山顶的北禅寺,始建于明嘉靖三十四年(1555年)。初时巍峨富丽,有正殿、三清殿、永宁古寨,全用巨石垒筑于山顶之上。远远望去,如同古城堡,直插云霄,颇有布达拉宫风格。正殿墙上有24 幅关羽故事壁画,生动引人;庙前灵官、黑虎画像威武庄严。目前,这里殿宇全部毁坏,庙内各处或立或躺有十余通石碑,可辨的有《永宁寨记》、《重修古寨二殿碑记》、《玄天碑》、《圣母碑记》等。

　　从碑文记载可知,玉林山清代也叫"灵山"。相传,古代人们朝山时,先拜玉林山(南顶),后朝武当山(北顶),颇耐人寻味。特别有几点重要发现:这里曾经是古永宁寨,位置在正殿西侧,为兵荒马乱年月"州人"避难之地。这里祭祀的神仙是"玄帝、石勒、菩提、圣母、弥勒、释迦",所以又叫

远望玉林山

玉林山顶庙宇建筑遗迹

"众神庙"。可知乡民把后赵皇帝石勒作为仅次于玄帝的第二位神来供奉，更印证了魏晋时期南匈奴内迁，附近左国城（今方山县南村）曾是匈奴单于庭，

吕梁山区曾为"五胡"根据地的历史事实。特别是在玉林山北麓尚有石勒坟墓及民国年立碑。祭神大约在农历四月，届时附近三十八村赶牛起费，献戏、拜神，举行物资交流大会。其地虽在山顶，但人流如潮，歌声入云，可想当年的热闹景象，这种状况一直延续到民国年间。

到抗战时期，这里由于高于四周，四通八达，南到离石，北达方山，西到临县，东到平川，所以成为八路军翻越吕梁山的秘密交通要道之一。太行山区的许多首长就是从平川跨铁路，从交城、文水的山区孔道进入离石小东川（信义一带），再翻玉林山到北川（其中一道），而后经临县或方山到达晋绥边区（兴县蔡家崖），然后辗转到达延安。所以日本鬼子曾把玉林山庙宇作为据点，修碉堡、设岗哨，拦捕抗日战士和民众。

这里曾经林木葱茏，生态良好。"层峦障天，塞峰绝地；松柏左右，分绕台池；前后互呈，诚石郡之名山，一方之大观也"（大清嘉庆二年六月初七碑记）。目前玉林山众神庙只剩断壁残垣，碑石横躺。山周围当年葱茏茂盛的柏、桃、杏、梨、榆、槐树，已砍伐尽净。只是这里天造地设、环境特殊，离石区已修通从北川、小东川上山的交通道路，并植树万亩。这里有很大的开发潜力，如果随着经济社会发展，能够复旧布新，创意规划，经过若干年的生态恢复,重造金殿,再建神庙,这里仍会成为当地一大名山。

黄 栌 岭

黄栌岭位于离石城东 50 多公里,是古石州、汾州的分水岭。岭上有黄栌关,是古代石州通往汾州的重关,至今岭上仍有黄栌关遗址和清嘉庆十一年(1806 年)立的"永宁州东界"界碑。

黄栌岭主峰 1871 米,是吕梁山沿线从南到北鹊鹊岭、薛公岭、黄栌岭、白彪岭、将军岭、黑暗岭中的要隘。从西到东,过关、下岭便进入古汾州最后一站岭底驿。再向东是三十里桃花洞和奇峰壁立的"向阳匣",出匣便进入汾州地面。正因如此险要奇伟的地理形势,所以成为古来兵家必争之地和通秦古道。

据史料记载,从汉晋直到元明清都在此设关戍守。明弘治《黄栌岭

马车过了黄栌关

碑》云："黄栌岭，高峻莫及、岩石险阻，其路通宁夏三边，紧接四川之径，凡羁邮传命，商贾往来，舍此路概无他通也。"所以，现在岭上还有北齐文宣帝高洋为防山胡东袭而修筑的由此至岢岚的长城遗址。更有匈奴"汉"国皇帝刘渊赛马场，宋代的孟良寨、六郎庙、王墓洼等遗迹。到元代天历初，曾在此穿堑垒石。明代宣德年间为防瓦剌、俺答入寇，汾州府曾在此设巡检司。

到清代，满蒙贵族空前和睦，晋西粮油商道开通。为打开交通，使过去只有马帮、驼队商旅行走的山道，变成车马大道，乾隆丙戌年（1766 年）朱浚在汾州任官，便组织工程打开石壁，凿通路基，"曩者崎岖岭峡，至始可通车无阻。"于是，从内蒙经黄河到临县碛口，从陕北过黄河到柳林，然后到离石进吴城，越黄栌岭到汾州、太原的商贸大道才全面开通。为方便过往官员、驿递及商旅方便，清朝地方官员还在黄栌岭上增设了驿馆、客栈、茶亭。从现在岭上荒垒中的"施银碑"及断垣、残垒中，完全可以想象当初的繁忙景象。

这条交通大道，直到民国年间太（原）军（渡）公路开通和后来包兰铁路开通后，才逐步完成了其历史使命。由此而曾经兴盛的碛口、吴城等晋商贸易集镇也逐步衰落下去。

黄栌岭的繁盛、惊险已成为过去。但这里秀丽壮美的风景，深厚的人文底蕴及周边奇特的自然资源告诉人们，这里具有很大的开发潜力。

传奇

山羊变石龟的故事

在离石的小东川里，有一座神奇的高山叫宝丰山。宝丰山奇峰壁立，直插云霄。山上森林茂密，宫观巍峨，白云缭绕，如同仙境一般。由于登山之路鸟道羊肠、崎岖险窄，所以这里人迹罕至。那么，当初修建这么多的殿宇，建筑材料是怎么运上来的呢？这与当地的山羊有着重要关系。

相传，当初山上修建道观时，在如何往山上搬运建筑材料的问题上费了不少周折。开始是用人工搬运，但人们背负重物，行走缓慢，像乌龟一般，一天也搬不了多少。特别是由于道路崎岖，许多人不是中途折返，就是登到半山，脚底踏空，连人带石滚下山来。结果不仅窝工，而且使许多人搭上性命。这件事使督工老道坐卧不安。

一天，老道正在山上发愁。忽然瞭见有人从东面的小神头赶来几群山羊，放在山坡上吃草。其中有几只大公山羊，在悬崖上打斗起来。这些牲畜雄性爆发，互不相让，不仅不怕掉下悬崖，而且越打越起劲，难分难解，老远都听见羊角"咔、咔"的撞击声。老道看着看着，眉头一皱，计上心来，何不让这么多山羊帮忙呢？

在老古以前，山羊是离石的特产。特别在小东川、西华镇一带，草原广大，草种多样，水草丰美，具有放牧最佳的先天条件。特别是胡人内迁

山羊打架照

山羊照

后,引入了草原羊种。经过多少代的杂交繁殖,使吕梁山区的山羊有了独特的优势:身高体健,力大蹄坚;登山有力,行动敏捷;登鸟道如履平地,跨沟壑似进草滩。那些个高力大的山羊,如同小驴子一样,常作为牧羊人的坐骑。

老道想着想着,竟然笑起来了。他很快找到牧羊人。如此这般说了自己的想法,并许以牧羊人工钱。牧羊人满心欢喜地帮着运作起来。他们把羊赶到山沟放砖瓦、石料的平地,然后在每只羊背上绑上几块砖石材料。老道骑了一只领头的大山羊前面引路,由牧羊人在后面赶着,于是一只奇特的搬运队出现了。

只见老道骑着大山羊,如同骑上神驹一般,速度风快,任人调遣。后面羊群,背着砖瓦紧紧跟上。山羊,山羊,登山是它们的特长,只要能容两指宽的地方,山羊都能爬上跳下。几百只羊行走在陡峭崎岖的山道上,牧羊人在后面几乎追赶不上,不多时就到了山顶。山上的工人师傅一看,都惊呆了,这老道真厉害,把山羊都变成了神羊!

这样循环往复,一天运好几趟,不仅供上了工人的修建,而且还有余闲让羊在山沟吃饱喝足。老道从此上山下沟,都骑着那匹高头大马的大山羊,真如神仙在空中飞腾一般。

终于有一天工程竣工了。从老道、工人、牧羊人,到整个大、小东川的平民百姓都像过节日一样,上山来参观巍峨的宫观,欢庆工程的胜利。到下山时,有几个工人看见老道骑的那只大山羊拴在一棵大树上,便突发奇想:平常咱看见这山羊驮着老道腾云驾雾,如飞一般,咱今天为什么不趁机会享受一下神仙福气!

于是,众人七手八脚,有的往羊背上垫草,有的搬来木板平绑在羊背的草垫上。弄平整了,五六个人便坐在了羊背上。靠前面的两个人还

宝丰山石龟

学着老道的样子,每人抓住一只羊角,让羊飞下山。只见大山羊猛地一耸身子,大家觉得"呼"一下,哎,咋不动了?再看时大家并没有飞在空中,而是坐在了一块巨石上,大山羊也不见了。只见前面的两个人每人手里握了一只羊角。仔细一看,大家坐的这块巨石头部如果长上羊角,倒像一只石羊。大概因为前面的两个人骑羊时,手抓羊角太紧,结果把它掰下来了。所以,山羊变成了石龟。

于是众人大惊失色,立刻从巨石上往下跳。当石龟上的最后一个人正要往下跳时,石龟又动了一下。石上的人惊得"哇"地叫了一声。众人不仅不怕,反而又往石龟上爬。当大家爬上去时,石龟又不动了。等了好一阵,石龟仍没有动静,于是大家又从石上下来。当石龟上剩下一个人时,石龟又动了一下。如此反复,仍如从前。于是文人们把这件奇物奇事写在《永宁州志》上,说宝丰山"有巨石长丈余,形似龟。一人践之则动,多则否,相传为奇"。

人们终于明白,是大家太贪心了。山羊帮助人把殿宇都建好了,众人却要骑着山羊飞,于是山羊便变成了慢腾腾的石龟,告诫众人:不要太贪心了呵,要尊重上帝造物的本意,合理利用自然资源!

金阁寺的金香炉

在离石城西北的兰若山上，有一座金阁寺。金阁寺里曾经有个金香炉，围绕着金香炉有许多神奇的传说，因而使这座古寺更增添了神奇的色彩，使这里香客不绝，香火旺盛，香烟缭绕。

相传，金阁寺为北魏时期胡人所建。佛教从西域传入汉地，受到本土宗教的强烈抵抗，而在胡地却受到胡人的极大推崇。魏晋南北朝时期胡人内迁，便把佛教传播到吕梁山区。后赵皇帝石勒、石虎对佛教最为推崇。到北魏时代，拓跋鲜卑贵族大肆修建庙宇，于是佛教在离石一带兴盛一时。经过多少代的发展，金阁寺已声名远播，香火旺盛，晋陕蒙胡汉善男信女络绎不绝，寺庙积攒了不少金银财宝，在维修扩建后，仍有不少盈余。

对这么多财宝如何处理？成了金阁寺住持和尚的头等大事。既怕日久引来盗贼，又怕见财起意引起内斗。最后老和尚终于想出了一个妙招，决定增加一批高档青铜祭器。经过一段时期运作，金阁寺大殿上增加了不少流光溢彩的祭器，其中有一只色彩黑里透红，十分普通的香炉。为此，金阁寺举行了盛大的说法大会，一时名声更加火爆，香火更加旺盛。广大僧人不胜欢喜，都赞成老和尚管理有方、手段高明。但也有个别多心的僧人，认为那么多财宝，只换置了这么些祭器，其中必定还有隐私。但老和尚是得道之人，不仅道德高尚，而且精通佛理，胆识过人，一心为佛教兴旺着想。一天，他写了四句偈语，让人刻在巨石上，便溘然长逝。偈语曰："里七步、外七步；前七步、后七步；上七步、下七步；七步之中金香炉"。

老僧人的圆寂，引来周围十里八乡信众的悼念朝拜。于是偈语随众之口传向四方，使金阁寺的知名度越来越高。这时所有僧人才领悟到老和尚的不凡智慧。

金阁寺的事,传遍州城县府,引起了百姓的街谈巷议,老百姓作为茶余饭后的奇闻美谈,文人学子认为四句偈语中包含着指点人生的哲理,贪财寻宝者便策划着去盗宝发财。

经过多少朝多少代,金阁寺里的僧人只是吃老本,也没发展;管理疏漏了,逐步荒落下来。但四句偈语还是没有指示盗宝者找到金香炉。有人从祭坛起向外走七步,然后往下刨;有人从祭坛起向里走七步,然后往下刨;有人从祭坛起向上量七步,以为在庙宇房梁上;有

金香炉

的人在七步之中刨,有人在第七步上刨,无论如何都没有找到那句偈语中所说的"金香炉"。文人学子说:"那只是四句佛经偈语,告诉人们,七七四十九。干什么事只要坚持四十九天,就可看到效果,看到初步目标,这就是所谓'金香炉',哪有什么'金香炉'!"

到了清代,临县招贤都有一位秀才来朝山。他不仅有文人的思想,还有商人的精明,更有贪财者的欲望。你知道这招贤是什么地方?在古代,这里是山西布政使司下有名的工业之都。有烧瓷的、有炼铁的、有挖煤的、有炼焦的、有做生意的、有走场打工的。正如老百姓说的"招贤飞出的雀也是黑的",可见这里古代就污染严重。

秀才来到金阁寺朝山拜佛,一阵忙碌后,自然看到石碣上的偈语。然后四处看看、走走、想想。在祭坛和供桌上看到不少青铜祭器,都和其他地方的差不多。只有其中一只香炉特别,看其造型,观其外貌,掂其轻重,辨其颜色,均与众不同。看似普通,实则非同一般。他心中窃喜,随便给了在场僧人一点银两,便把香炉包在布中拿下山去。

回到家中，秀才用利刀一层一层把包裹香炉的东西割开。果然如他所料，外面包了一层层用漆布包的外衣。等到把漆布剥完，眼前现出一个金光闪闪的金香炉。

秀才喜不自胜，便在招贤市上暗中用金香炉换了许多金钱，修屋盖房，娶妻纳妾，俨然成了招贤市上一个大户人家。一天夜里，他忽然想到，自己得此不义之财，虽然人不知，但神灵总会知道，应当报答神灵才对。于是定铸了一口铁钟、一个香炉，送上金阁寺。大钟是为了答谢寺神，香炉是为了弥补自己拿走的那只香炉。这样他心里感到平衡多了。

但当金阁寺僧人"当当当"敲响大钟时，在他耳里只是听到响遍整个兰若山上的声音，好像是"烂、辱、散"。到他下了山，走了很远，听到的钟声仍是这三个字。因为他颇懂音律，听得最真切。其实，当初判断"七步之中金炉"就是利用谐音。因为"七步"听起来是"漆布"，这样"七步之中金香炉"就是说，金香炉在"漆布之中"包着，所以他才得到金香炉。

但事情发展远没像他想得那么好。不久，他新修的楼房居然地基下陷塌了。好好的大小老婆也卷了银两跟着一个商人跑了。于是他整日以酒浇愁，剩余的钱财也在酒馆、赌场散尽了。他终于明白那金阁寺里传遍兰若山上的钟声的含义了。于是周围十里八乡的人们说，是秀才冒犯了兰若山上的神灵，偷了金阁寺的金香炉，得了不该得的财宝，才落得这样的下场。

桃花洞传奇

在古石州境内，东有"三十里桃花洞"，西有"四十里斗气河"，真是山河壮美，风景秀丽，名不虚传。今天来看，这两处景致前者在汾阳县，后者在柳林县。说是"桃花洞"，其实并没有什么洞，而是黄栌岭下一条沟。这条沟叫"向阳峡"，双峰壁立，高耸千丈，桃林茂密，险峻异常。每到春来，三十里沟面桃花盛开，山谷映红，浑如进入世外桃源。据说，当初这里并没有桃树，而是荆棘杂木。那么，是从哪里一下子长出这么多桃花呢？

相传，很久以前，向阳峡前有个村叫向阳庄。庄上有个后生叫王满喜。二十出头，勤劳勇敢。只因父母年老，家境贫寒，又租种张财主十亩薄田，所以尚未娶妻。一天晚上，他梦见一位白胡子老爷爷教他去一趟向阳峡，搭救一位遇难姑娘。他虽然心下疑惑，却不由自主地拿了砍柴斧头向阳峡里走来。

这天正好是王母娘娘千年一度的蟠桃盛会。因应酬繁忙，所以王母娘娘没工夫照看七个女儿，只给她们每人一颗蟠桃便忙去了。姑娘们在天宫闲不住了，便趁机背着母亲来到人间。她们游遍名山大川，最后来到石州地面，看到有池清水便一齐进去洗澡。洗完澡，其他姐妹急急回天宫去了，七妹却不见了衣服。六妹看见七妹还没跟上，便在一棵树后等着。突然发现放牛的牛郎抱着七妹的衣服从树后出来，并看见他和七妹说着话、手拉手走了。六妹心里"咯噔"一下，回头看时姐姐们早已不见踪影，于是她也凡心把定，留在人间。

六妹转念一想，七妹有牛郎相陪，自己一人怎好行动？于是立刻自名桃花，装作穷苦打柴女孩的模样。正在这时，忽听面前林木摇动，山鸟惊飞。一眨眼，一只斑斓猛虎向她扑来。她惊叫一声就什么也不知道了。这情景正好被刚走进山来的满喜看在眼里。他不顾一切，手举斧头斜刺里向猛虎冲去。只听"咔嚓"一声，火光四溅，猛虎化作一块石头立在了路边。满喜立刻把晕倒的打柴姑娘抱了起来。见四下无人，又不知姑娘家在何方，便趁天未黑把她抱回了家中。老父母闻讯，千方百计终于把姑娘救醒了。只见她眼里闪着泪光说："谢谢救命恩人，谢谢老爹老妈。"

当问她家境缘由时，她哭着说："小女名桃花，是附近黄栌寨甄家的姑娘。只因母亲早亡，后母趁父亲不在家，便迫我上山砍柴，其实是想让狼虫虎豹把我吃了。要不是遇上这位大哥，今天是没命了!"说着已是泣不成声。

满喜听了十分难过，便安慰道："小姐莫哭，天无绝人之路。我家粗茶淡饭，岁月贫寒，如不嫌弃，请留下来和父母做伴"。桃花喜出望外，便千恩万谢留了下来。满喜领回姑娘的事，很快传遍向阳庄。庄前庄后人们都来看望，祝贺满喜有福气，在众人的帮衬下，不两日二人欢天喜地成了亲。

这件事惊动了张财主，他听说满喜娶了个俊媳妇，便十分不高兴，先是要桃花去他家当女佣，满喜不同意。张财主便要满喜三天内把三年的租子全部交完，不能少一颗，并说满喜在山外引回了妖女，搅乱了向阳庄的阳气，要请神婆降妖。一时间村里风言风语，说得活龙活现，有鼻子有眼，好像桃花变成了恶魔。

满喜没法，只好把房产变卖抵了张财主的租子。领上桃花与老父母来到向阳峡里向阳崖下的石洞里生活。说也奇怪，自他们住下后，峡里便山清水秀、鸟鸣蛙唱，一派祥和气象。一幌几年，桃花生了一男一女两个胖孩子。孩子要吃蛋，山鸟都来把蛋下在石窝窝;孩子要吃果，树上就挂满了红果果;孩子会跑了要玩耍，门前树枝就搭成了凉棚和秋千。父母理家看孩子，小两口男耕女织，日子过得幸福安然，如世外桃源一般。

忽然有一天桃花哭了。满喜莫名其妙，问了好久，桃花才说出了原委。她说母亲快要派天兵天将接她来了，不走就会祸及全家。一家人为此忧心忡忡。晚上，向阳峡突然狂风大作，电闪雷鸣，就如天坍一般。雷声惊醒了满喜，他睁眼一看，忽见电光闪闪，桃花顺着电光向天空飞去。他大声喊着桃花的名字,桃花好像没有听见,只是从怀里往下撒着什么。随之听到一位白胡子老人大声念道:向阳峡里结同心,情深似海也有尽,天长日久想念时,年年来看桃花红。

一会儿,风停山静,天空中什么也不见了。一家人便痛哭起来。儿想母,夫盼妻,父母想念好儿媳。好容易到了第二年春,忽见三十里向阳峡开满了红彤彤的桃花。原来桃花女下凡前在天宫吃了王母娘娘分给她们的蟠桃。她吃了肉便把核装在衣袋里,回天宫前便把它化作无数颗撒向峡里。

全家人十分惊奇,便相跟上看桃花。走到处香气扑鼻,就像看见他们的亲人桃花一样,感伤顿消。秋来,打下山桃还能卖钱换粮。据说太军公路未开前,每逢春天,过往向阳峡的客商还能碰到一个不知名的村庄,这就是王满喜的后代。路边有虎形巨石,是那只斑斓大虎变成的。

由于以前交通靠步行,三十里向阳峡,要走半天路。春天路过,一路桃花,一路清香,沟深天长,仿佛进入桃花洞中,所以人们便把这里叫作"三十里桃花洞"。

死读书的穷秀才韩士褒

自古道,书中自有黄金屋,书中自有颜如玉。所以在中国古代的制度框架内,无数的寒门子弟专心攻书,把读书作为出人头地的唯一阶梯。

明朝永宁州(今离石)有个叫韩士褒的穷秀才,由读书而中举人、进士,由地方官直到升为朝廷刑部主事,也算光宗耀祖了。更为突出的是,他的曲折经历,曾使他名扬当时。

韩士褒当初在家乡是出了名的"死读书"。他读书不顾一切,不仅不劳作,甚至连盐油酱醋、日常生活也不管了。他的妻子生了个儿子,因为太穷养活不了,孩子三岁时,只好过继给邻居滕家当养子。后来,日子越来越困窘,家里能典卖的东西已全部卖掉,而韩士褒还是一心攻书。他为了表示决心,在门后贴了张纸条:"挨定流徙,虽死甘心。"表示他为了读书,哪怕如同犯罪判刑流放,也心甘情愿。他的行为被乡人耻笑。

后来终于无米下炊,揭不开锅了,夫妻二人接连饿了两天。妻子史氏实在忍受不了这样的苦日子,就把绳子绑在床栏上,勒住自己的脖子扑倒在地上,自缢而死。韩士褒发现后,十分悲痛,大哭一场。两个小舅子来帮助发丧,发现了门后的纸条,怀疑是韩士褒谋杀了姐姐,于是就告到衙门。

审理这个案子的是永宁州判官蔡理刑,他从心里讨厌那些只顾读书的书呆子。但是,现场检验的结果完全符合《洗冤集录》中有关低位自缢的案例,说明史氏的死与韩士褒无关。蔡理刑没办法,只好问韩士褒一个"逼死发妻"的罪名。韩不肯认罪,蔡就要动刑。韩士褒想,一介书生,岂能经得起刑具拷打?于是叹口气道:"圣人说,身体发肤,受于父母,不敢毁伤。请蔡大人不要动刑,凭你赐个罪名吧。只是不知这个罪名是受到怎样处罚?"

蔡理刑说:"你肯认罪的话,就是'无故威逼妻子自杀罪',是个徒刑,不会杀头,这样我也好交差。"韩士褒说:"那就听凭公断吧!"

按当时的法律,判了徒刑的罪犯都要到官府设置的交通大道的驿站上服刑,叫"摆站服役"。韩士褒被发配到阳源县(今河北省张家口市阳原县)的驿站服刑。事也凑巧,真是天无绝人之路。负责这个驿站的驿丞叫杨学经,也是穷苦子弟,读书出身。听了韩的经历,十分同情。韩士褒到了驿站,除过办公事,仍然不忘读书,杨学经千方百计照顾他。不久,朝中陈御史经过驿站,杨学经便替韩士褒申冤。陈御史听后感到服刑之人还热心读书,十分好奇,便召见了韩士褒,出了几个题目要他做文章。韩士褒下笔而就,辞意兼美。陈御史大加赞赏说:"这样的人才不论犯罪还是冤枉,只看他才华也太可惜了。"于是设法为韩士褒平了反,恢复了他的秀才头衔。

人常说:黄河尚有澄清日,岂可人无得运时?有了这个转机,加上刻苦努力,韩士褒两年后就连中举人、进士,先被放到地方做管司法的推官,以后调到朝中做刑部主事。这时有人建议他续弦,韩士褒流着泪说:"前妻因我贫困而饿死,儿子因我贫困而送人。今天刚得到荣耀,怎么能忍心娶老婆?"于是,他拿出十两银子,向滕家赎回儿子,让儿子拜滕家为"干父母"。逢年过节,他总要去看望前妻兄弟,还向朝廷申请封赠前妻史氏,让死去的家属有了面子。过了好几年,韩士褒才重娶了老婆。同时,又想办法帮助当初关照帮助他改变命运的杨驿丞(未入流)升为主簿(正九品)。这事博得朝野家乡一片赞叹。

这个故事,载于明朝余象斗编的《皇明诸司公案》之中。编者也十分感慨地评说:"故治家者不可效韩生,而为人若韩生,庶乎全厚矣!"

闯王一炮打"十州"

石州,自古为秦晋要冲,虽地迩边徼,但历代兵家必争,重兵把守。明崇祯末年闯王李自成围攻北京时,他的部分队伍就经过这里。

这年二月,李自成带兵渡过黄河,不日就抵达石州城下。石城如磐,官兵坚守,起义军无法北上。但义军也不是省油的灯,敢闹腾地打天下,也一定在军事上有其过人的地方。闯王本是行伍出身,精于兵法。他立即命士兵从后军调来十万斤大炮,远离城墙,对准南门,架设在山头上。

炮兵一点火,山摇地动,人喊马叫,只一炮就打开了石州城。立刻土雾弥漫,杀声连天,人流如潮,涌进城来。守将见大势已去,便急奔冀宁道汾州府。

军机要件十万火急,那时交通不便,全靠驿站转递。但是义军所向无敌,进军神速。没待官军边报送进紫禁城,闯王的大军已经迫进居庸关,

清代大炮

兵临北京城下。这时军机急件才送到紫禁城崇祯皇帝朱由检的面前。

皇帝听说军情甚急，吓得战战兢兢，无法看清字迹，便命身边大臣念给他听，当听到"闯贼一炮打下石州"时，吓得"咚"的一声从宝座上掉了下来，瘫在地上面色如土。

太监们立即上前去扶他，只听他口中念念有声："一炮打下十个州，这炮好厉害。看来我紫禁城也不够他一炮来轰……"

大臣知道他是吓蒙了，便解释道："皇上，皇上，不是一炮打下十个州，是一炮打下石州城。石州现已改成了永宁州，是远离北京的一个小城！"

皇帝挥挥手说："唉，算了，算了，十个州就是十州。永宁州，打破就不宁了"。看来他的确是算对了。就在这年三月十七日起义军就围攻北京，到十九日就冲进内城。

崇祯皇帝自从听到"一炮打十州"的军情以来，每天神志不清，言行失态，像疯子一般，把公主也举剑刺杀了。这时王公大臣逃的逃、死的死，紫禁城已成空城。崇祯皇帝看到大势已去，在惊吓之余，便爬上梅山，吊死在大树下。明朝从此灭亡。

于成龙缴获飞龙剑

　　清朝初年,山西永宁州出了一位大官叫于成龙。官儿从县令一直当到两江总督加兵部尚书,就像如今的国防部长一样。真是深山出俊鸟,乱世出英雄。于成龙满肚子学问,一脑子古经。当官前就在永宁州深山古刹安国寺里喝了十来年墨水,写文章如同老农种地一样——有行有道。虽是文人出身,但他长得身材高大,膂力过人,眼如铜铃,须如圪针,鬼见了也怕他三分。

　　相传,于成龙初当官时被派到广西罗城当县令。俗话说一城不比一城,长安比不上北平。当时正是明末清初,罗城一带经过连年战乱,城乡残破,匪贼横行。山上是战后的营垒阵地,毒雾弥漫,路断人稀;县城是满目蒿草,废墟一片,只有五六户居民,当官就是要和匪灾打交道。

　　于成龙带着身边仅剩的一名仆从,明察暗访走遍全城,好歹连个住地都找不下。在这以前朝廷曾派过几位县令来治理罗城,但不是暴病而亡,就是被盗贼害死。后来连官也派不来了,因此连个办公的地方都没有。最后终于在城边上发现了一座庙,进去一看原来是关帝庙。庙虽破旧,但遮风避雨不成问题,于是就在庙中住下。为防匪贼来袭,他们把大门堵上,又搬了些砖石柴草在周仓背后安床就卧。仆从也仿效县令找个地方安顿下来。

　　夜晚,天空乌云翻滚,地上妖风猛吹。于成龙睡在周仓背后怎么也睡不着。当初朝廷要他来这里当官,许多朋友就劝他说,广西蛮荆之地,盗贼横行,性命难保,去那些鬼地方干什么。结果,他还是下决心来了。可还未到任,一路上由于水土不服,瘴气熏天,三个仆从就已先后死去,只剩下一名。回头一想,自己远离故土,抛妻别子,历尽艰辛,到底为了什么?如今自己也疾病侵身,连个吃住的地方都没有,这算什么县官?更头疼的是这一带匪贼猖獗、百姓惊惧,所以都逃进山野,寄居岩壁。据说有个匪首人称西乡贼,凶残异常,杀掠男女数万,人们闻风丧胆。但几天来连匪首的下落都搞不清,这怎么能安定民生?自己本来雄心壮志想为国家效力一番,可到这步田地,归家无路,治世无门,说不定那一天自己也一病身亡了。

正想着,一道闪电,划破黑暗,"轰隆"一声巨雷炸了开来。紧接着如同天河倾倒一般,大雨铺天盖地而来。关帝庙在风雨中飘摇不定。"好雨啊!"他情不自禁地说了一声,又静听南方风雨。

忽然,暴风雨中从大门上传来异常的声音。凭经验,他觉得这是有人要进来避风雨;听动静,至少有几十个人。是老百姓,还是贼寇?不敢断定,他立即把仆从推醒给以嘱咐;自己便悄悄地蹲起身,手握大刀,仔细听着外面动静。

突然"咣当"一声,大门被打开了。只听见杂乱的脚步向大殿走来。接着"哗"一声推门进来。一道闪电掠过,他看见原来是贼寇。只听他们呜哩哇啦说些什么,而后各找地方坐下来休息。怎么办?弄不好今夜就要成为他们的刀下鬼,还谈什么理想壮志?不行,俗话说先下手为强,今夜必须主动出击,攻其不备,即使拼死也当个鬼雄。如果被匪贼发现再干,那就完了。于是他立即扶着周仓站起来。猛然他感到这神像"呼啦"转动了一下,与此同时又一道闪电"刷"地照亮庙宇。他发现,十几个匪贼愣怔地看了一下周仓,便身不由己、七歪八倒滚到关帝爷像前,跪下来,磕头如捣蒜,祈求关老爷饶命。

于成龙想,这肯定是庙里设的机关暗线被他刚才摸到了。在这边远荒蛮之地,所有的人最怕神鬼;这伙贼寇看到周仓显灵把他们摔倒,大概以为冒犯了神灵,所以都在祷告。说时迟,那时快,于成龙纵身一跳,挥起刀来,照准为首一个身挂长剑的大汉脖颈"咔嚓"就是一刀,"哗",鲜血喷涌而出,溅得满脸血水。接着又一个闪电打来,一声霹雳从天而降,震得山摇地动。其余的匪贼借着闪电看见站在他们面前的人满头长发,满脸是血,眼如灯盏,口似血盆,高举大刀,正是天神下凡,吓得一个个浑身筛糠,叩头不止。于成龙顺手将贼首的宝剑举起,仆从呀呀大叫,把其余匪贼的佩刀都缴了下来。并把他们赶到墙角拷问训话。不多时风住了,雨停了,天亮了,被俘贼寇乖乖跟着他出发了。他把缴获的宝剑在水中洗了一回,举在太阳光下,只见两条游龙在上面翻滚涌动。啊!这就是他早就听说的"飞龙剑"。这说明昨晚杀死的就是这一带最大的匪首西乡贼。他把飞龙剑挂在腰间,让被俘贼寇为他带路,翻山进沟找老百姓,探土匪窝。

于成龙发现,每到一处,无论什么人一看到他,都夹道而跪,五色无主,诚惶诚恐地给他叩头。他莫名其妙,自己初来乍到,有什么了不起,人们要给我叩头?不管三七二十一,每到这时,他便大声讲话,罪大恶极的捉拿归案,定罪斩杀;裹挟为匪的,劝他们回家务农。后来他终于弄清了,人们下跪是冲着"飞龙剑"来的。曾听人讲过,这一带由于贼多且乱,所以无论匪寇还是平民都是认剑不认人。这口"飞龙剑"就是土匪界至高无上的标志。果然走着走着,与一帮匪贼狭路相逢。对方人多势众,呼叫着气势汹汹把刀剑举在头顶准备拼杀,但一看见于成龙把飞龙剑高举起来,便都乖乖地跪了下来。于是,于成龙立即命令随从的一帮人立功赎罪,把对方匪首拿下,把余匪的刀械下了。经过训话,认了姓名里巷,让他们归家过日子。讲明,一旦再犯,定杀无赦。匪徒一个个叩头而去。

就这样,于成龙拿着飞龙剑,跑遍罗城的穷乡僻壤、匪窝贼室,把所有匪贼全部拿获、安抚,把老百姓全部招进村庄。同时鼓励农民勤劳务农、发展生产、重建家园。并采用审明保甲、严禁盗贼、以盗治盗等方法,加以治理。不到三年时间,罗城一带就出现了时和年丰、盗息民安、官民亲睦的景象。为此,于成龙被康熙皇帝举为"卓异",树为榜样。

大王店的干蔓菁

相传,明朝时候,山西永宁州有个地方叫大王店,大王店有一家大户,人称庄财主。只因庄财主生了个儿子绰号叫"干蔓菁",至今在方圆百里无人不知。大王店地处北大川,这里河宽地平,土肥水美,气候宜人。庄财主家老祖上生活在这样的风水宝地,从事农业得天独厚。加上先人们精明勤快、节衣缩食,不多年就打下殷实的家底。到后来便设店开铺,弃农经商。从小本生意到大宗买卖,从经营黄土地到百货粮油,店铺越来越多,生意越做越红火。这样一代接一代地务弄,到干蔓菁父亲庄财主手上,不仅积累起万贯家产,而且在远近州县都开有商号,成为当地有名的大财主。

庄家日子过得格外气派:前庭后院、黑铁楼房,细米精面、山珍海味,平民百姓连个名字也叫不来。可有一件事让全家人凉气灌顶,就是人丁不旺,子嗣缺乏。那时候人们重男轻女,唯子是继,特别是富家家族更是求子心切。庄财主家老弟兄三个,生了十来个孩子都是姑娘,没有小子。为此,敬神许愿,求医吃药伤透了脑筋。折腾来折腾去还是老二有本事,到五十出头得了一子,总算为张家争了脸面。万贯家产有了个继承人,祖宗香火有了个传递者。这孩子便成了十亩地里一根苗、百里沙海一株草,精贵得很。全家人特别是老两口真是放在掌上怕他掉了,噙在嘴里怕他化了。宝贝心肝,金豆银丸,那是要吃啥给吃啥,要做啥让做啥。可这孩子就是不争气,不管吃了甚东西,就是不长肉不上膘,长得又黑又瘦又圪绉,像个猴儿似的。村里人便给他起了个绰号"干蔓菁"。

俗话说,"青草驴的屁多,娇养孩的病多"。干蔓菁岁数不大,可怪癖不少。刚生下来时,不知怎的就不肯吃奶了。不吃也不哭,大人干着急。后来才发现这小鬼是嫌身下湿,换块新尿布就好了。但这尿布只能用一次,替换时必须用新制的,把用过的洗净晒干拿来是不行的。反正庄财主有的是钱,换就换吧!这样一天就要换好几块新布,一年就是好几十匹。那也没办法。佣人中有两个专门负责换尿布,尿布用后就扔掉。

好容易长到五六岁,可只会哭不会笑,并且一哭就是一天半后晌,哭得天昏地暗,全家人心神不宁。任你拿上多少好吃的好耍的也引不起他的兴趣。为此老爷不知毒打过多少佣人,想过多少灵方妙计,就是不管用。有一天宝贝圪塔又哭起来了,哭得全家人心抖肉跳,干蔓菁的妈妈心慌意乱中"哗啦"一声,把手中的碗掉在地上打碎了。奇怪,就在他妈刚打碎碗的当儿,干蔓菁不但不哭了,而且破天荒第一次笑了一下。全家人终于找到了逗这小孩一乐的钥匙。老爷说:"以后孩子哭起来就让打碗吧!"于是看小孩佣人的任务就成了打碗。每天要打几十个,几个月过去了,家里库存的几百档粗碗也打得差不多了。但后来打粗碗也不行了,要打细瓷碗才笑,大概是因为细瓷捣起来声音清脆悦耳。于是只好又集中力量打细碗。打一个笑一笑,光围绕这干蔓菁转的男女佣人就有好几位。捣得家里没瓷碗了,便去瓷窑上定做。可后来捣单个的瓷碗也不行了,而要一摞碗垒起来,从二楼窑顶花栏上往下摔,这才能换得小宝贝一笑。这办法是挺灵的,就是破费点,但真没有便宜的办法,也只好这样。于是一天打碗不计其数,瓷窑上就光给这家烧制也总赶不上用。

好容易长到七八岁,摔碗也不笑了,一不笑就是哭。这大孩子哭起来比小孩子威力更大、来得更凶,不仅哭,而且还要在地上滚,往灰堆里爬,往石头上撞。家里人防不胜防,便把金元宝拿来给他玩。终于止住哭,也难得一笑。先是在家里玩,后来要到路边玩,可还是不过瘾,笑口难开。佣人们见他不笑,便千方百计出点子,想办法,逗他一乐。一天,过来一个担茅粪的老汉,佣人们便唆使干蔓菁给老头身上溅茅粪。干蔓菁看见老头走过来,拿着金元宝就往粪桶里扔。结果茅粪溅了老头一身,又脏又臭,干蔓菁这才快乐地笑了一下。于是佣人们又怂恿着干蔓菁继续扔。担粪老人被屎糊子溅了一脸,又见人们起哄,十分恼火。但一看是庄财主的公子,又扔的是金元宝,就忍住不生气了。还把肩上扁担转一下,让另一只茅桶转过来,这干蔓菁就又把一个金元宝扔进去,又溅出粪来,又笑一下。村里人知道了,便都担着茅粪从这里走过,都溅上一身屎,都逗得干蔓菁笑一下,可都担了两个金元宝回来。这样日复一日,不知扔了多少金元宝,好容易,干蔓菁才终于长成大蔓菁了。

干蔓菁长到二十多岁,庄财主已年近八十了。老人看见这十亩地里一株苗长不成什么大树,心下十分难过。这万贯家产、千里生意不仅没人继承,这宝贝儿子恐怕连一辈子生活也不会自理,最后要饿死他乡。于是便把干蔓菁叫到身边细嘱咐,慢叮咛。老爷含泪说:"我的儿啊,看来我是不用多久就要离开你啦。我去了之后,你要好自为之。看好这一份家业,管好外面商号的账目。该管的管起来,该收的收回来。如若过不下去,就先卖远处的商号。卖时你要亲自去卖,不要托别人,远处的卖完就卖近处的。卖完商号店铺,还不行的话,你就拆得卖房上瓦。你要一个一个拆,不要把房子一整间地卖出去,那不值几个钱,这样还不行,就打咱大院里的照壁,那照壁是咱家最值钱的东西,你要刨开以后卖,不要囫囵卖出去。唉!儿啊,我看这样的话,你一辈子也差不多下来了,我去了以后就放心了。"

干蔓菁听完突然号啕大哭起来。人们以为这下干蔓菁是懂事了,以后肯定会自立起来,守好家业的。不料他却哭道:"爹呀,你是要去哪儿?不要把我扔下,我要跟你去!你可把我带上,千万不要一个人悄悄走了啊!"人们一个个都捂住嘴不敢笑。原来这干蔓菁并没听清父亲嘱咐了些啥,只听到父亲最后说是要走了,也没明白"走了"是什么意思,因此便哭喊着要跟去。不久,二老先后谢世了。干蔓菁便成了一家之主大掌柜。虽然傻不愣登,但这是庄家的公子呀,如今又是大掌柜,所以到处受人抬举。干蔓菁呢?也从没有这样自在过,金钱随便花,家产随便拿,想怎样就怎样,想干啥就干啥,谁也不敢管了。不多久,吃喝嫖赌样样也就学得蛮精通,可就是管理父亲留下的产业是一窍不通。每天大量消费,花钱如流水,坐吃山空。不到两三年,家里的钱就花光了,终于连门也不敢出了。

后来有个佣人提醒他:"少爷,不。老爷,老太爷在时,不是让你活不下去了,先卖商号?"这一提,办法真有了,干蔓菁便雇人去拍卖商号。佣人提醒说:"老太爷不是让你亲自去卖么?""唉!谁有那工夫,咱又不懂,况且咱雇的又不是外人,让去卖吧!"结果雇用的人和商号里通外联,合起来算计他,拍卖收入不及价值的三分之一。可这干蔓菁只说现钱,不说多少,先有几个钱花就行。这样,不几年就把祖上在方圆州县经营的八大商号九大地产卖光了。

接着下来轮到卖房产了。老爷生前让他拆得卖房顶的瓦,那是有缘由的。原来先辈们家业厚实,金银宝贝没处放,便在修建房屋时,给每个瓦下扣了一块金砖。但这干蔓菁可不是上房折瓦的料。他就爱干脆利索,一下能办了的事,何必脱了裤子放屁——多费手续!于是就一间房一间房地按房子本身的价格卖掉了。买房的人捡了很大便宜,但也没办法,老天让你发财是一夜之间的事。房子卖完了,又没花的了,又想起院里有个照壁。他想起老爷让他打照壁,可又觉得照壁就是个照壁,"打"管什么用呢?于是又一下子卖了出去。后来听说买主从照壁下挖出八大瓮金银元宝、首饰玉器。东西卖光了,佣人也走光了,家破了,男人们再不叫他"庄老爷"了,女人们也再不抬举挽留他了。没办法,只有远走他乡沿街乞讨。

有一年冬天,大雪过后的一个早晨,在吕梁山区的一条小路上,人们发现了庄少爷,不过这时他的确已冻成了"干蔓菁"。

采 风:离石方言精段

竹喝冷则(录音)

一扑一裂叉,姐次拉地洌?要过周年,旧格在啦独你的远香撇来?一旧一喷头一拉一哈,人也好拾掇。千千少胡咧,一事子姑子发猴①,要吃喝冷则②,姐不是活捏人!还要一头头烫皮,一口口一口口磨,可不呕焦气!能竹哈捏六拣爷③得国脑。也!一国论溜哈两颗山毛子两,过周年④罢。也也!一拂张一拂张全扣噜捏爹得国脑瓜盖⑤两。滚得一壁子哟!勿得,你看捏嫩娘候老子切烫成国甚咧!查说不要不要,你克是一不行得二不行。脱淘哈这些些,你一则拉没事。一各且一各且要昂巾由,全是婆姨米的罪!昂说顿噜噜今吃国撇格的哟,要吃顿噜昂萌(儿)好好竹哈交你吃。

【注释】

①姑子发猴(孩):尼姑发生妊娠反应,指不正常的事。猴:音注,孩子的意思。

②喝冷则:离石人对山药蛋的一种特殊吃法,即把山药蛋去皮,磨成糊状,再拌面和调料,搓成条,做成面鱼。蒸熟(煮)拌以西红柿酱或其他蘸调料,十分可口。喝:汉字注音,即黑色之意。冷则:当地俗语冰雹。喝冷则,即颜色发黑的冰雹。因这种面食煮后颜色与黑色冰雹相似,故名。

③六拣爷:即六外祖父,这里是骂人。

④过周年:骂人的话。纪念某人去世后一周年时吃的东西。

⑤脑瓜盖:指人的天灵盖,脑壳。

从这段话可以看出"一字词组"在离石方言中的广泛运用。它在此可作动词、形容词、数量词、副词、连词和语气词。

做黑冷则（意译）

（女人骂丈夫）泼皮耍赖这是怎么啦？要吃饭，先前在哪儿送死去来，要是开始安排一下，我也好操办。眼看到吃午饭的时候了，一下子像尼姑妊娠反应似的要吃黑冷则，这不是专门寻难！做黑冷则要把山药蛋从头到尾细细地去了皮，一点点一点点地磨，真是太麻烦了！我看能做下你外祖父的脑袋！唉！总共剩下两颗山药蛋了，吃不成啦！呀，呀！（以下骂孩子）一颠一颠全撒了你爹的天灵盖。（丈夫来帮忙，又骂丈夫）到一边去吧！这不，你看，你小爹小娘捣乱成什么样了！咱说不生孩子了，你非要生不行，生下这么多（孩子），你躺到一边无事一般。一个一个都要我照料，唉，全是女人们的罪过！要我说的话，今天就吃别的饭吧，要吃（黑冷则）的话，我明天好好做下让你吃。

【分析】

看了这段文字，我们了解到，最后这位妇女是没有做下黑冷则，但却骂出了高水平。全文以一位农村妇女自言自语的口吻，描述了快吃午饭时男人突然回来要吃"黑冷则"引发的故事。因吃这种饭很费事，女人虽不乐意，但还是去操办。结果山药蛋不够，小孩们捣乱，弄得不可收拾。这情景用离石方言描叙出来，趣味无穷。反映了农村老百姓日常生活，特别是家庭主妇操持生计辛苦劳作的一个侧面。这位主妇虽然骂骂咧咧嘴脸不好，但透过表面不难看出她对丈夫、对儿女的满腔热爱之情。由此也可以看出离石方言别具一格的特色，给人以特殊深刻的印象。

柳林慨寺(录音)

（两个姑娘对话）

"瓷瓷,夜来你该是得啦格来力？"

"嗯！你该是问昂力吧？昂哈雪你问需力。夜来昂哈柳林改四月十八,慨寺咯来么。"

"你不雪昂哈晓不得。哈在龙吴庙唱力吧,唱得则么国力？"

"耶,在力么,克好力吧。寺子咪来唱得各艳艳的,锣鼓来捣得各溅溅的、炮仗来响得各便便的,大人咪来趁得伏谢谢的,猴咪来刚得卜天天的。克不好力吧,你没克啊！"

"耶！耶！这来好的寺,你克哈不把昂叫上。"

"需晓得你克力不？"

"街贺怎么国力,人当力？"

"呀,街贺来人子得咯拥拥的家,动呀不能动。水葱哨苔来该绿争争的、水萝卜来该去生生的、芝麻饼子来该消喷喷的、窝脱则来该坚韧韧的。克红火力哇！街边贺的柳树来禄汪汪的、街壕里的鼠来次盏盏的、嫂子汝子咪死恶鼠的来一溜溜家,一国比一国俊。"

"慨棉狗的,美得昂来该口鼠呀流哈力,昂呀克是家。日后碰荷唱寺闹红火吨老老叫一哈昂啊。昂咪来舍得便的甚也晓不得。"

"哟,啧！啧！莘咪家来生得俊的,克老是家还不叫柳林的小子咪,把你绝得活吃了！"

"你来该不习好得克是家。"

柳林看戏（意译）

（两个姑娘对话）

"琪文,昨天你到哪里去了?"

"嗯,你是问我吧? 我还以为你问谁哩。昨天,我下柳林赶四月十八(庙会)、看戏去来。"

"你不说时,我还不知道。还在龙王庙吧,戏唱得怎么样?"

"呀,可好哩。演员们唱得特别亮,锣鼓敲得特别响,鞭炮声音特别大,大人们、孩子们跑得特别快。非常好,你没有去吧?"

"呀呀,这么好的戏,你去的时候也不把我叫上。"

"谁知道你去不去。"

"街上怎么样? 人多不多?"

"呀,街上的人很多,挤得动也动不了。水葱蒜薹绿蓁蓁的、水萝卜脆生生的、芝麻饼香喷喷的、碗脱坚韧韧的,非常热闹。街边柳树绿汪汪的,街壕里的水青盏盏的,媳妇姑娘们洗衣服的一溜溜的,一个比一个长得漂亮。"

"看埋狗的,羡得我口水也流下了,我也去多好。以后遇上唱戏的、闹红火(指秧歌)的时候,叫上我。我家住的地方僻背,什么也不知道。"

"哟哟,你长得俊,去了还不让柳林的小伙子们把你拉住回不来了!"

"你一点不学好。"

跌太原(录音)

(打电话)

"喂,你是需力？叫一哈死牛。"

"啊,昂见是死牛,你刻是国需？"

"死牛,连犇苏地的话也听不出来？这些倒运人。"

"嗯,你要作恨哩？"

"问一哈你木儿做甚咯力？"

"昂？昂木儿和犇电瓷贺自星千则跌太原咯力。"

"昂奏是雪这力么。昂告你雪啊,昂电爱哈趄,昂电克是没剌儿啊！"

"不怕！雪的有昂力啊,昂荷剌儿着力么。出门哈能不荷剌儿着力！"

"远是家当好荷两国子力么,还能一分也不荷做出门力"。

"你不和犇电雪力？"

"你晓不的,昂电的脾次。一雪话,把昂来剿的和天合地。"

"则么不剿昂力？远是你好的过。"

"和你雪啊！犇吓息公岭吨老老瓷开慢吓啊！"

"昂咪害哈力。"

"一天哈上不咯,要么住汾阳,要么住文数。黑间死吨老交昂电慢慢死啊,脖子贺有窗力。"

"甚窗力？"

"窗呀害不哈,疙瘩么。"

"哦。"

"回来吨老老免贺一挂哨啊！"

"远是棉狗力！这来来远,离石巴么免不哈倒哨。"

"维这虾猴咪,雪话吨老老撇国练菜。天原的哨该是比离石的好哇!"

"嘀哒哈,你要吨老老免贺么。"

"放得整整瓷瓷啊,要不老改天原瓷回来老老都跌吴娘的比力。"

"忾这虾倒运人。雪话吨老老头子练害,一雪一倒溜,没啦一句好话,见这啊!。孜关贺就一部电话,误老事了,领导回来又庆昂的狗松呀!"

跌太原（意译）

（打电话）

"喂,你是谁呀? 叫一下喜牛。"

"啊,我就是喜牛,你是谁?"

"喜牛,呀,连你兄弟的话也听不出来?"

"嗯,你要做什么呢?"

"问一下你,明天做什么去?"

"我? 我明天和你爹骑上自行车子到太原去。"

"我就是说这事哩。我告你说啊,我爹喜欢乱转,我爹可是没钱啊!"

"不怕,说的,有我哩,我拿钱子哩。出门还能不拿钱哩!"

"那是家多少装两个（钱）着哩,还能一分也不装就出门哩"。

"你为什么不和你爹说呢?"

"你不知道。我爹的那坏脾气,一说话,把我骂得昏天黑地。"

"怎么不骂我呢? 那是你表现好的原因。"

"和你说,你们下薛公岭坡时骑（自行车）得慢一点。"

"我们懂得哩。"

"一天上不去(太原),晚上要么住汾阳,要么住文水。晚上洗脸时,让我爹慢慢洗,他脖子上有疮哩!"

"什么疮?"

"疮也不懂,疙瘩吆?"

"哦!"

"回来的时候,给我买上一挂蒜啊!"

"那是埋狗哩。这么远,离石还买不下一挂蒜!"

"看这些孩子们,说话时不讲道理。太原的蒜该比离石的好吧!"

"小事一件,你要蒜就给你买上吧。"

"回来时,绑得整整齐齐。要不然,赶从太原骑车回来就掉完娘的比了。"

"看这些不文明的人。说话时骂骂咧咧,一说一倒流,没有一句好话。就说这些吧!机关上就一部电话,误了事了,领导回来又训我呀!"

快板书

民国十年修路工(A版)

中华民国世务大,它和前清不一样;
众位明公不知道,我给大家表一表。
中国有个郝振林,游洋外国当先生;
读修身,念国文,ABCD讲得精。
他和洋人打交道,洋人对他还算好;
美国有个王大夫,还有传教的裴牧师;
三人商议修路工,各州府县都知情。
公事送到北京城,请问总统行不行?
中国旱了二年半,黎民百姓遭下难。
洋人要修汽车道,要和中国来走造;
一来为得观风景,二来方便救黎民。
银钱都由外国花,主意还得总统拿;
你拿主意我们修,花钱多少不用愁。
总统一听喜在心,打电各省叫督军;
各省督军都叫全,国会开了七天整。
各省督军齐加校,一心要修汽车道;
汽道修在中国地,要和百姓来淘气;
毁了青苗毁了地,庄户人家好着气。
路过庙宇就要拆,路过宅院刨倒塌;
路过坟墓摊土平,撵得老鬼不能停。
外国人,真厉害,来到中国要行威;

欺了神，又欺鬼，欺负百姓没移改。
中国没有厉害人，谁敢堵挡外国人；
不敢堵，不敢说，单怕人家骨碌跌；
打了骂了不算数，总的要修汽车道。
过了清明动了工，用的都是直隶人；
又能饿，又能受，茶饭好坏能迁就。
北京修到太原省，晋阳川里修得平；
这段路叫西一段，歇口气儿再表明。

说离石，表青龙，民国十年修路工；
路工翻过薛公岭，离石县里不太平。
传村长，点壮丁，村村到处要拔工；
点团头，要起身，不要老汉要后生。
一团要够三十名，短下一个也不行；
如有一家不到工，要罚谷米五升整。
后生老汉都有嘞，定下日子要走哩；
清早起来吃了饭，背上铺盖往吴城贯。
吴城镇，好热闹，洋人住在财神庙。
河神庙上铺工嘞，老爷庙里点名嘞；
未曾铺工摆开队，铺工条子割在外。
橛上写的洋码子，圪溜圪弯认不得；
工头认不得洋码子，他给段长拉马咯；
虽说道得京壳子，段长打得没说的。
未曾铺工尺子量，庄户人家受凄惶；
毁了青苗坏上地，男女老少受上气。

路工活,太实累,吃不里好的支不地;
纯莜麦炒面吃不行,非离馍馍弄不成。
吃了馍馍喝米汤,晚上睡觉没火炕;
凉窑冷炕不好停,塌得工人肚里疼。
半夜三更跑茅子,急屙急尿屎憋着;
肚里吼雷发大水,屁眼里刮风下急雨。

工人生活且不表,回头再把路工提。
说汾阳,道府里,不走向阳走三泉;
三泉街里卖好面,买卖人家将鼓地。
一百钱,十两面,看这白面贱不贱!
王家池,太实苦,又没住处又没水;
只吃干的不喝汤,才把工人困倒秧。
团头、段长着了忙,公事送给赵区长;
区长就把巧计生,派下差事捉牲灵。
牲灵捉下几十个,连夜起来雇木匠;
雇下木匠割稍桶,驮在驴上稳又稳;
脚家无奈就起身,驮水送过薛公岭。
岔儿上,铺开工,村里扎下几团人;
前后薛公打一村,牛尾沟里段长停。
往前修,九里湾,大洋花了一千三;
花了大洋不浪动,路工铺到吴城镇。
吴城有个沟门上,大桥盖在口子上;
驿沟门前要打坝,□□老汉就死下;
死心眼老汉不可惜,工人能把馍馍喋。

李家湾,铺开工,红天火地一伙人。

马家塔,走背山,上下西塔要趄弯。

开山里,不打帐,上下四皓走砭上。

上下四皓两座桥,两座桥儿没盖好;

盖起桥儿收不了工,牧师打骂弄不成。

来了一个赵秃子,叫声牧师你听着;

中国人都是好百姓,打骂百姓因为甚!

路工铺到南海滩,不赶直道趄背弯;

赶毛驴的没奈何,每日起来转河滩。

有个团头高树奇,一引引到油房坪;

油房坪家开店房,路工铺得过了河。

任家塔家遭下难,海子里家稀巴烂;

上下王营都一样,路工铺到沟门上。

洞沟门前盖大桥,三眼石洞圈得好;

郝家崖,不用讲,路工铺得在背场。

兔坪对面往下修,北遮沟口又盖桥;

大锤打,钻钎凿,这座大桥盖得好。

义居村里当坪下,大家小家没招架;

水地种成旱地了,活契倒成死契了;

一亩分成几圪塔,咱把人家能 怎么!

上楼桥家不走运,石头圈起黑圪洞;

出来钻出回钻进,你看倒运不运!

白天钻也还好,晚上钻得碰烂脑;

碰烂脑袋流红血,老婆骂他真可惜!

五里铺，刚闪过，田家会，走背巷。
李□□的银子大，挡不住汽车强要过；
拆了五眼窑壁子，虽然厉害没说的。
五眼窑，拆相通，掌柜的叫□□□；
喂得狗儿没眼睛，错把掌柜当贼人。
黑天半夜认不清，咬烂掌柜脚后跟；
□□□害脚疼，睡在柜房不出门。
李□□，发了愁，雇下工人抬石头；
石头抬得上了垛，收拾起来把年过。
过了年，打过春，瑞生东里动了工；
本地工人他不用，用的都是直隶人。
直隶人，实在能，修修造造出了名；
又能动弹又能受，粗茶淡饭好将就。
大洋噢了四百六，初一、十五要犒劳；
两线圈起十眼窑，看这宽淘不宽淘。
刘云青的事儿闲扯啦，路工铺过王家塔。
七里滩家盖大桥，工头工人乱圪吵；
人人都说揽得少，这座大桥盖不好；
盖起不过二十天，山水下来推成滩。
村副闾长搋了锣，大庙以上重商量；
大家小家商议通，咱和牧师揽营生。
牧师听说喜在心，又把村长叫一声；
只要大桥盖得稳，大洋给你们一千整。
往下修，三道沟，工人每日抬石头；
抬石头，不值甚，圈起三孔流水洞。

跳过沟,是东关,祥发成里铁锹欢;
一张锹要卖五百三,你看这买锹难不难。

庄户人家走下败,一心要把工来卖;
人家卖工一月整,已把大洋挣现成。
人家挣钱他们爱,衣裳行李背一背;
不管爹卷娘抱怨,收拾起来连晚贯。
紧步走,快步贯,来到南关圪塔弯,
圪塔弯里铺开工,每天起来溜土楞。
陕西人,没眼睛,不顾死活往里朋;
只顾挣钱不顾人,核碥圪塔要了命。
往前修,刘家湾,不能过去有河滩;
就河滩,拔开壕,打就地基圈起窑。
段家坪,铺开工,村长名叫白□□;
白□□住在村前面,牧师到村好叫唤。
路工铺到高家沟,大家小家发了愁;
交口的人也着了急,毁了好地舍不得。
交口河口盖大桥,工人齐往桥上跑;
盖大桥的是广东人,镌的石头平又平。
逼水珠,是宝贝,龙头虎眼是一对。
王、梁家会、李家湾,有个王恩成会做饭;
烹调口味很合口,吃得洋人怪叫好。
上下白霜加八遭,不走河滩走砭上;
砭上一道石头山,开山辟石修路难;
打炮眼,揭石头,有了火药就不愁。

寨东河上盖大桥，工人就在水上泡；
抵鸭拐，上樊笼，四眼桥洞把得稳。
薛家湾，不用表，出来里咯路挺好。
柳林镇，好热闹，团头住在观音庙，
吃了米面不开账，区长责骂他的过。
刘段长，好铺盖，包得姑娘候宝贝；
候宝贝，生得好，人人都往青龙跑。
庙弯里，杨家坪，人家要怎就怎的；
薛、穆二村走当街，东街戳到老西街。
穆村下去挽了工，咱的大洋挣不成；
大洋不在手跟前，你看倒边不倒边。
路工修到八盘山，李家垣有个栲栳湾；
提水一回八里路，一担水卖一百三；
有人吃水没人担，你看吃水难不难！
八盘山，要开山，开山事情不简单；
未开山，先放炮，炮声轰轰震塌天。
陕西人，实在能，几根钢钎捻现成；
两个打，一个钻，钻开窟窿把火药灌。
忽听炮音响一声，石头揭到半空中；
石头自来不非轻，不知打坏多少人。
捎折胳膊打折腿，拿着土筛往回抬；
你吟哩，我哼哩，挣下大洋伙分哩。

月儿上来圆又圆，八月十五在外边；
有婆姨，看不见，没婆姨的短半边。

八月二十落了霜,东北两川冻倒殃;
庄户人家发了愁,一心回家把秋收。
大洋眼下没有来,你看倒霉不倒霉!
外国人,太实能,他怕炸工弄不成;
未曾出门骑上马,不是骂来就是打。
上上下下来回跑,一工更比一工好;
只做营生不发钱,工人急得滚油煎。
外国人,庙里停,日每起来不出门;
几团人围个不透风,手拿半砖捣山门。
请区长,请乡绅,然后请来崔举人;
举人来了评一评,一天将估二百文。
这些大洋挣不成,不如赶紧回家门。
背上铺盖往回返,柳林镇上把身安;
晚上住在圪垛店,没钱也短不了吃好面。
吃了好面耍体面,桌子周围胡圪窜;
掌柜的,她不看,辫子一绕不见面。
路工修到黄河边,军渡岸上把工完;
一条汽路修得顺,军渡直通太原城。
用的工,无其数,花了大洋数不清;
毁房毁地都不说,路工修好也值得。
一根汽路修得平,省长一心要出门。
未曾出门行开文,公事送到离石城。
十月初三汽车来,马号里搭起宣讲台。
说汽车,真日怪,又没头来又没尾;
不用牛拉和马拽,跑起好像风刮开。

外洋各国女来人，离石军渡打来回；

一点来钟走一回，你看汽车美不美！

路工二年已完成，包工的有赔也有挣；

苦了工人骨头贱，一条人命十八块钱。

路工不是好营生，还是本等务庄农。

这就是——民国十年修路工的事，

粗言俗语表分明。

【注释】

1.快板书：流行在晋西吕梁一带的民间曲艺。其特点是取材生活，句式灵活多变，上下句字数大致相等，基本押韵。编快板的人即兴编来，可在工地、田间、家里、舞台随时表演。此快板书采自1985年《离石史志》。

2.物价：当时一元银洋折合制钱一千四百文。一斗高粱（老秤二十五斤）价洋一角五分，谷米价洋三角。

3.太军公路：如今的307国道太原至军渡段，为本县建设最早、里程最长的主干线。初建于民国十年即1921年，先开通汾阳至军渡段，至1922年6月10日全部修通太原至军渡公路干线，称为"太军公路"。1968年军渡黄河大桥建成通车，通车里程延至绥德，改称"太绥线"。

4.全面反映"民国十年修路工"的史料，见本书《史迪威设计督修汾军公路》一文。

民国十年修路工（B 版）

民国年时世真实坏，斗米价高五吊外。
先抽丁，后拉夫，世界好比黄连苦。
抓住游民叫担炭，抓住逃兵吃炸弹。
抓住赌博的叫推碾，抓住偷人的定了罪。
罪人的苦处尽够受，外国人叫他们修公路。
公路太原动了工，一群一伙尽罪人。
公路铺到汾阳县，花得不知谁的钱。
公路翻过薛公岭，村村户户要拔工。
不要老汉要后生，划来划去没毬人。
到后来，老汉后生都有嘞，定下日期要走嘞。

第二早星吃了饭，背上铺盖往吴城贯。
吴城街上好热闹，洋人住在财神庙。
财神庙里来铺工，人人都朝庙里行。
一倾铺工排成队，铺工条子割在外。
我把本子拿在手，队长就把队员吼。
号上划了个洋码子，圪溜弯细认不得。
一来叫我认码子，二来还要拉马咯。

路工吴城起了身，一道沟里往前行。
要经离石走东关，上下四皓南海滩。
红崖圪垛交口岔，沿着李家湾朝下 bia。

蔡家沟有个老婆婆,熬的米汤卖馍馍。
馍馍又大米汤稠,年轻人们还嫌侯。
路工铺到加八遭,圪溜拐弯尽渠畔。
圈渠洞,劈崖山,怎的赶不端那几道弯。

路工铺到寨东镇,这里的工程实在硬。
寨东民国十年遭灾重,大水推了六眼洞。
冲垮洞,要盖桥,盖桥的全是山东脑。
三东汉子能吃苦,全是一些二百五。
山东汉子劲很大,炸崖取石又抬杠。
两人抬,一人撬,钻个眼眼要点炮。
"轰!轰!"地响几声,石块飞来倒脑松。

路工铺到柳林镇,苦了南坪的老百姓。
占了水地毁青苗,气得几家奔拉下脑。
柳林街上好热闹,红楼修在当街道。
刘段长,太实坏,一心爱上个侯宝贝。
侯宝贝,鬼精灵,妖妖溜溜把段长哄。
哄得段长眯眯笑,抓的白洋朝下撂。

路工下到庙弯村,庙弯村里尽穷人。
穷人多是善良民,还有一些赌博人。
杜家湾,靠河坡,拐个㟷㟷杨家坪。
穆村出了一只虎,他的名叫□□□。
堵住街道不能走,走了坪里民家沤。

毁了青苗坏了地,庄户人家瞎着气。

要说咯,不敢说,说得多了马棒敌。

毁了穆村一道壕,闪的秧苗不能浇。

薛村出了个□□□,他还捣过县长的脑。

段长听说心发毛,低声下气求□□。

开口不敢说硬话,凑着坡坡把驴下:

"你村的路你当家,你说怎么就怎么"。

薛村前咯是高遭,铺工一段又一段。

路工铺上八盘山,曲曲扭扭尽是弯。

过了山是军渡,啊呀咱把路工暂停住。

【说明】

《民国十年修路工(B版)》,由本书作者父亲王世源先生提供。

B 版从社会背景、工人的组成结构及工程的难点、重点进一步丰富了 A 版,并印证了一些原始工程面貌,使人对汾军公路的修筑有了更全面的了解。

人文采珍

离石"五古"之珍

离石古代历史上，有许多十分珍贵且在当时全国闻名的人文特产，但因沧桑变化，年久历远，都淹没在岁月的长河之中。今掘出古币、古布、古石、古歌、古土即"五古"，作一浅介，以反映离石深厚的历史文化积淀，有的还可以重新开发，造福社会。

古 币

离石战国环钱

指战国时铸造的"离石"地名币。战国时，随着封建生产关系的确立，生产力水平进一步提高，经济快速发展，商品经济产生。地处赵、魏、秦三边的离石邑、蔺阳邑（今柳林县孟门镇）由于地理位置特殊，边贸繁荣，市场兴旺，当地人心灵手巧，就成为赵国北方的造币中心。

"离石"战国币属于在我国钱币史上地位相当重要的纪地钱，即钱文上纪的是地名。目前我国已发现并确认地域的战国时期地名货币有 200 多种。这些钱币上的地名都是当时各诸侯国政治、经济、文化相当繁荣的都城、要邑及边防重镇。离石邑、蔺阳邑就是赵国的重要边邑。"离石"币对研究当地战国经济社会发展、商业钱币分布及地名演变都是珍贵的实物资料。"离石"、"蔺"无孔圆足布有大、中、小三种，形制整齐，面文为地名，背面从肩至足有竖文。两竖纹之间有一、二、三、四、五、十一、十五、廿、四十、五十、卅六等数字，表示钱币的价值。

"离石"币创新的特点：一是创造离石圆足布三等币制。圆足布是由方足布演变而来,但比方足布好流通,易携带,深受市场欢迎。一种钱币分为三等,为我国货币史上的创举。二是铸造纪地钱、流通量大。铜币上铸离石地名,在山西、河南、河北和内蒙一带广泛流行,甚至被中山国、韩国异地仿制。三是仿制秦国环钱。环钱是战国晚期的青铜铸币,是一种进步的币种。在已发现的 70 多种赵国纪文钱币中,环钱只有"蔺"、"离石"二品,十分珍贵。这两种环钱的形制——圆形、圆孔,比"布币"、"刀币"便于携带流通,适合商品交换的需要,对后世外圆内方钱币的产生具有重要的作用。

离石战国圆足布

　　"离石"、"蔺"战国币流通范围主要集中在北方广大地区,特别是赵、魏、韩、中山等国。上世纪 50 年代以来,在河北省的易县、蔚县、张家口,河南省的郑州、辉县、洛阳、新郑,江苏省徐州市,山西省的芮城县、屯留县及内蒙南部都出土过"离石"、"蔺"布币。在当今火热的集币界都以藏有"离石"、"蔺"币为自豪。

古 布

　　指南北朝隋唐时期产生于离石一带的土贡"胡女布"。由于从东汉末年起南匈奴内迁,"五胡"之人匈奴、鲜卑、羯、氐、羌等大量集中在以离石为中心的吕梁山区。《周书·稽胡传》云:"自离石以西,安定(今甘肃境)以东,方七百里,居山谷间。种落繁炽,其俗土著,亦知种田。地少桑蚕,多麻布。"当时,汉族士人百姓大量南逃,居住于离石的胡人达数万,而西河郡(治离石)范围内总人口不过一万。经过五胡十六国及南北朝的民族大融合,到唐代中后期胡人基本汉化。所以,不仅汉文化中的先进东西被胡人吸收，而且胡人生活文化中许多有价值的东西都传播到离石一带，其中胡女布就是少数部族女人织的一种布。由于"地少桑蚕，多麻布"，所以，经过长期的提炼，少数部族女人织的麻布就比较精细好看。《新唐书·地理志》云："石州昌化郡……土贡胡女布、龙须席、蜜、蜡烛、芜荑。"《元和郡县志》云："石州贡胡女布、龙须席、麝香、麻布。"可见胡女布在当时是作为一种朝廷贡品被国家征收的。胡女布不同于普通的麻布，应是一种带花纹、比较精细的布料。

古　石

是古代离石出产的一种印石，叫"石州石"。宋代杜绾《云林石谱》里记载了宋人用三种石料作印材，即石州石、辰州石和光州石。石州石是怎样的一种石料呢？杜绾云："石州产石深土中，色多青紫或黄白，其质甚软，颇类桂州府滑石，微透明。土人刻为佛像及器物，甚精巧，或雕刻图书印记，极精妙。"

宋代是中国文化大发展的时期，也是中国文人辈出的时期。所以，为适应当时文化发展的需要，产生于离石的这种"石州石"就被开发出来。从宋人的记载中可以看出"石州石"的特点是：颜色青紫或黄白，质地甚软，微透明。由于有这些特点，加上能工巧技，便创造出文人案头"甚精巧"的工艺品和"极精妙"的印章。据分析，此石州石应当是产于离石东川一带的石英岩一类。当今盛世，文化繁荣，有志于推动文化产业发展的离石人，很应当深入研究、探寻、开发这一古石宝藏。

古　歌

离石在明代之前，历代都是边地。魏晋时为匈奴所居。唐代武德五年

（622 年）石州置总管府，曾经管辖石州、岚州、西定州、北和州、北管州和东会州六州兵事。同时又是西域经陕北过黄河、越吕梁，到河东太原的交通要道，常有西域胡民军人路过或入居。到宋代既是北宋初抗辽的前方，又是宋中期抗击西夏的次边，到南宋时被金国占领。因此，边地、战争与民族融合便产生了以苍凉、雄浑、悲壮、豪放为特色的古歌。宋词中的〔石州慢〕（也叫"石州行"、"石州引"）词牌就是产生于离石一带的曲牌。石州慢，双调，102 字，用入声韵。只是因年久历远，只留有词牌与格式，而丢失了曲调。如宋代积极主张抗战的著名爱国词人张元干的《石州慢》：

（乙酉秋吴兴舟中作） 雨急云飞，惊散暮鸦，微弄凉月。谁家疏柳低迷，几点流萤明灭。夜帆风驶，满湖烟水苍茫，菰蒲零乱秋声咽。梦断酒醒时，倚危樯清绝。心折。

长庚光怒，群盗纵横，逆胡猖獗。欲挽天河，一洗中原膏血。两宫何处？塞垣祇隔长江，唾壶空击悲歌缺。万里想龙沙，泣孤臣吴越。

张元干的这篇爱国作品，给张孝祥、陆游、辛弃疾等南宋爱国词人开辟了一条康庄大道。〔石州慢〕词牌源于唐代，歌词内容多反映边地军事，这与唐宋时期战争有关。唐时西域音乐传入后，有的沿用了原来异域特色的名称，如《望月婆罗门》来源于印度乐曲《婆罗门》。有些词调以边塞地名为名，如《六州歌头》，六州即甘州、伊州、凉州、熙州、石州、渭州。大西北地区，位于西域音乐传入中原的通道，流行的音乐带有西域胡乐的成分。此外有《单打石州》、《和尚那石州》、《赶厥石州》等词牌。唐代李商隐《代赠》诗写道："东南日出照高楼，楼上离人唱《石州》。总把春山扫眉黛，不知供得几多愁。"反映的是离情别绪，可见"石州"词曲在当时十分有名。

古 土

即"离石黄土",是现代地质学上的一个专用名词。黄土分布于中国北纬34° ~45° 地区,主要堆积于海拔2000米以下各种地貌单元上。总面积38万平方公里,构成世界最大、堆积最厚的黄土高原。堆积区处于沙漠——黄土带东南部干旱、半干旱区,呈东西向带状分布于西北、华北等地。堆积始于距今240万年前,至今仍在进行。

根据沉积特征和古生物、古土壤、地球化学及绝对年龄测定等方面的研究,刘东生院士将中国黄土划分为早更新世午城黄土、中更新世离石黄土及晚更新世马兰黄土。其粒度组成与矿物组合,在空间与时间分布上均有一定规律。在黄河中游地区,从西北向东南有粗颗粒减少、细颗粒增加的趋势。这是中国黄土的风成特征。矿物成分以石英为主,化学成分以 SiO_2(二氧化硅)为主,占50%以上。

离石黄土属于中更新世晚期,分布于中国华北、西北、黄河中游等地区,因典型剖面在山西离石区,所以叫"离石黄土"。该土呈浅红黄色,较午城黄土为浅,较马兰黄土为深,以粉砂为主,不具层理,含多层棕红色古土壤,其下多有钙质结核,有时成层。离石黄土厚90~100米,构成黄土高原的基础。离石黄土与午城黄土又统称为"老黄土"。

离石——午城黄土中的古土壤属于褐土型,形成于森林草原环境;洛川、吉县马兰黄土中的古土壤属于黑垆土型,形成于草原环境,且发育较弱。黄土与古土壤的交替出现,反映了第四纪期间的干湿、冷暖变化,及晚更新世更显干冷的趋势。深化离石黄土和马兰黄土的磁学性质的研究,对古气候、古环境认识具有重大意义。

注:本文发表于2009年4月15日《吕梁日报·晚报》。

民间技艺

剪　纸

剪纸是我国古老的民间艺术。南朝宗懔《荆楚岁时记》上说："正月七日为人日，以七种菜为羹，剪彩为人，或缕金箔为人，以贴屏风。"唐代《酉阳杂俎》有"剪纸为小幡"的记载。李商隐《人日》诗中写道："缕金作胜传荆俗，剪彩为人起晋风。"可见剪纸艺术历史悠久，明清以后广泛流传开来。

剪纸作品由劳动人民创作，反映劳动人民的崇拜、习俗、生产和生活，正是"我手剪我心"。离石剪纸艺术历史悠久，其剪影与黄河沿线发现的商代青铜器图纹、三川河流域发现的汉画像石中的石刻艺术之风格十分相似。既充满浪漫气息，又表现出粗犷豪放风格，是精神信仰的形象反映。但这并不说明剪纸与青铜器纹饰、汉画像石图案有着渊源关系。从物质历史发展进程看，到汉代才发明了纸张。但当时这种高科技产品，并不可能马上普及到民间日用。魏晋北朝时，吕梁成为内迁胡人的故乡，生业以牧业为主，农业衰退。所以，离石一带剪纸的发端，最早也不会超过唐代。当时妇女剪纸时，根本不可能看到地下埋藏的青铜器

高玉英剪纸《丰收》

纹饰与汉画像石图案。因此剪纸的起源,应与妇女裁衣解帽直接相关,并受到花形月影、窗棂投像、树叶动物投影的启示。离石县文化馆对民间剪纸的挖掘作出积极努力。解放初民间剪纸艺人高照清 1954 年创作的《丰收》、《中苏友好》、《磨豆腐》《世界和平》等作品,曾发表于《山西文艺》和《山西日报》,高照清 1990 年被中国剪纸学会吸收为会员。

剪纸素材来源于生活,服务于生活。剪纸的内容可分为信仰崇拜类、礼仪贺喜类、时节祈福类、日常生活类以及政治作品类等。民间艺人的作品通常采用比喻象征等手法,含蓄地反映现实生活。如用"鸳鸯采莲"比喻男女爱情甜蜜,用"双凤朝阳"比喻生活幸福、前程光明,用"龙凤呈祥"比喻婚姻美满等。

剪纸的工具一般有刻刀(有斜尖、正尖、锥尖)、磨刀石、刻板、小铁锤、纸张等。但民间艺人通常只用一把剪刀就可随心所欲、花样翻新,剪出所想剪的一切图案。

离石民间剪纸一是为美观好看, 二是为喜事吉庆增加生活乐趣,增强生活信心。如结婚时剪红双"喜"字,配"喜上眉梢"、"喜鹊登梅"、"龙凤呈祥"、"麒麟送子"等。并把这些剪纸挂在墙上,贴在窗上、箱柜上,或覆盖在蒸好的大花馍头上。过春节时,剪"腊梅迎春"、"狮子滚绣球"、"人寿年丰"、"连年有鱼"、"双龙探宝"及"十二属相图案"和炕围图案。给老人祝寿时剪"喜鹊寿桃"、"松鹤延年"、"福寿无疆"的图案。此外,剪纸还作为刺绣鞋垫、围裙枕套、电视机套、门帘等图案的底衬图样。剪纸使生活五光十色,喜气无穷。

离石民间女艺人段月英、杨月玲、李灵巧、乔桂英、韩桂兰是吕梁民间剪纸中的佼佼者,她们的作品多次获省地县奖励。段月英曾获全国一等奖二次、全省一等奖一次。她的作品《蛇盘兔》等在全省和省级报刊多次获奖。近年来,心灵手巧的年轻剪纸新秀层出不穷,如贺翠萍、高玉英、于乃莲、任乃珍等人的作品深受群众喜爱。

目前缺乏的是对古代传统剪纸内容、样式的深入研究,它们到底反映了古人的什么思想,表现了当地什么样的文化背景,尚不清晰。

弹 唱

弹唱,顾名思义即有弹有唱的一种民间套曲。伴奏乐器有三弦、四胡、呼胡、管子,打击乐器有板鼓、鼓、手板、梆子、锣、小钹等。一般演唱为二人或三人。离石弹唱是最有创新价值和开发潜力的一种民间艺术。

弹唱这种民间演唱艺术,起源可上溯到宋代,具有西域特色、边地风格。经元、明、清各代传唱,主要流传于离石、柳林、中阳三川河一带,在离石县主要流传于县城周围东北川一带。因长期受本地民歌、地方戏和方言的影响,已经成为一种介乎曲艺和戏曲之间的演唱形式,在家中、院落、秧歌场均可表演。离石民间有"审录、唤妹子,放牛、贴对子"的说法,这其实是流行曲目。

离石一带弹唱的保留节目是《审录》。这是一部古韵浓郁、风格独特的民歌套曲,内容以《玉堂春》的故事为蓝本,演唱曲调共有22支曲子,民间艺人归纳为"九弯十八调"。"九弯"指唱词情景,有情思、升荣、调审、起解、舒情、堂会、诉冤、断案、团圆等。"十八调"是旋律曲调,有老西、太平年、山桃花、慢垛、去求财、步女紧、西江月、晏王乐、杨柳青、双木头、钉缸、桃廉、盼夫、莲花、寻伤悲、亲人、相思、打茶盅等十八个主要曲调。唱词多用方言土语,通俗易懂,情节完整;曲律抑扬顿挫,苍凉雄浑,豪放悠长,悲喜自若,丰富多彩,乡音古韵,十分好听。曲调谱为传统古歌,以词配曲,词曲协调,风韵吻合,旋律优美,众曲通联。九弯十八调,弯连弯,调套调,一唱一整套,一唱到底,不加道白。语言形象逼真,表现手段丰富,具有显著的艺术特色。表演可繁可简,易懂易学,人数可多可少,乐队可大可小。

　　站在更高的角度的来看,离石弹唱曲调高雅而唱词太土。如果与印度弹唱歌曲、中国新疆民歌套曲比较,发现有许多相同的地方,如长腔、对唱等形式,甚至在旋律上也有相近的地方。这表明离石弹唱有着很深的历史渊源与创新空间。

　　离石出名的艺人有贺嵩山、贺彬父子,阎冠钧、邢有厚、王润江等,传统节目还有《关公挑袍》、《金钱莲花落》、《赶舟》、《唤妹子》、《借顺顺》、《改良》、《馋大嫂吃鸡》等很受群众喜爱,久唱不衰。改革开放以后,在市场的拉动下,离石、柳林更出了不少年轻的弹唱高手。但要登上大雅之堂,必须要下工夫,全面改革创新。

吹 打 乐

　　在离石,每当民间红火、春节秧歌、开张庆典,特别是婚丧喜庆,就有一班吹鼓手来演奏助兴。吹鼓手所奏的乐曲便是吹打乐。吹鼓手俗称"响工",乐器有大唢呐二支、鼓、大铲、圪塔锣、手握子、云锣和长号。

　　离石民间吹

打乐历史悠久,粗犷豪放,鸣哇连天,应当与古代祭祀、战争、聚会有渊源关系。目前,优秀吹奏手不乏其人。唢呐音色明亮,音域宽广;鼓声浑厚,传之久远;锣铲声响贯耳,振奋人心。其曲目丰富无穷,既有活泼愉快的民间小调,又有热烈急骤的武场打击;既有深沉幽静的僧道法曲,又有逼真细腻的戏曲模仿。具有浓厚的乡土气息、独特的地方色彩,表现了离石人粗犷豪放和宽怀耿直的性格特点。

打击乐的曲调根据其节奏、旋律的不同,运用的场所也不同。如娶亲时一般吹奏《得胜回营》、《将军令》等曲牌。近年艺人们又改编加进了流行歌曲的曲子,使吹打乐既适应形势又丰富多彩,收到较好效果。陈锋先生曾收集整理出《离石民间吹奏乐曲目100首》,为研究发展民间音乐进行了有益的探索。随着社会发展,婚丧喜事日益体面排场,响器吹打,供不应求。吹打乐技也与时俱进,技艺提高,新秀辈出。

秧　歌

秧歌是我国北方社火活动中一种娱神娱人的歌舞活动,起源于古代的祭祀或劳动。秧歌在离石流行很广,清末民初到抗战前夕比较活跃,改革开放以来又进入秧歌发展的兴盛时期。

离石秧歌可以地域和形式不同分为两种:一种是伞头秧歌,主要流行于西山坪头、枣林、结绳墕一带,基本上和临县秧歌相同。特点是伞头(领秧歌的人)一手持伞,一手握铃,领头带队踩场子表演。一种是旱船秧歌,主要流行于城关、交口、西属巴等沿川村庄。由艄公旱船领队表演。秧歌队前头有锣鼓打击乐队等称"混秧歌",秧歌队中有戏剧角色,并有后套锣鼓叫"细秧歌"。

大型伞头秧歌队行进的顺序大致为:(1)仪仗队,(2)民间乐队,(3)

2009年春节离石举行晋陕两省秧歌大赛

龙舞,(4)伞头,(5)小会子,(6)杂会子,(7)传统舞蹈,(8)旱船,(9)狮子舞收尾。秧歌队表演主要有三种场面,即"过街"、"掏场子"、"小会子"。所有的内容都要在这三种场合表达完毕。

无论什么秧歌,其活动形式都大同小异。一是规模大小均可,人数不等。多者二三百人,少则三四十人均可。通常以舞蹈、打击乐、戏剧人物组成。二是表演大众化,人人可参加。普通人、场外人也可即兴加入队列扭起来。三是简单化装,包扎身子,扮演角色,形成一种节日气氛。四是按曲调节奏"掏场子"、"踩牌子"。花样有"天地牌"、"套八角"、"十二连城"、"十字梅"。秧歌有单唱、伞头对唱、角色表演,混秧歌主要靠后套秧歌来唱。秧歌水平高低,集中表现在唱手的"急才"上,能够随机应变,逢场就物即兴编唱,见甚唱甚,既上口又风趣,既吉利又逗乐的为一流。比如1972年离石县著名伞头郭耀荣带领秧歌队路过临县招贤镇街,一位赶平车老汉把几个鞭炮拴在鞭梢上放,拦住要听秧歌。郭即兴唱道:

赶平车的老师傅把我阻拦,

想叫我唱秧歌并不很难;

只是你几个鞭炮鞭梢上拴,

你不觉得这种礼节太实简单。

众人听了满场哄笑,赶平车老汉又忙买了一串千鞭放响。郭随即唱道：

心有灵犀一点通聪明之人，
一串千鞭惊天动地炸开财门，
祝愿你从今往后安全通行，
小平车一年四季拉金载银。

民 歌

离石民歌源远流长，多姿多彩，内容丰富，曲调优美，久唱不衰。由于地缘和人文历史关系，吕梁山西部各县与内蒙南部、陕北为同一文化区。因此离石民歌也属于黄河中游民歌风格。同时由于与晋中盆地翻山毗邻以及明清晋商的传播，离石民歌又受到晋中民歌的影响。其种类有山歌、小调、小曲、坐唱等。内容主要反映人民生活的酸甜苦乐，多描写自然景物、历史人物、爱情故事、战争抗敌、劳动生产、悲欢离合、社会发展等，纪事抒情，感情真挚，委婉曲折，优美动听，具有浓厚的生活气息。1958 年，离石文化馆马世元先生曾整理《离石民歌》128 首，有 80 首选入《山西民歌》第五册。现选五首如下：

瞭哥哥

手端上泄泔水往外倒，
依上倒水把哥哥瞭。
见那个人家瞭不见你，
见那呕鬼们当成了你
心垂里难活嘴不敢说，
睡到半夜偷地哭。

前半夜想你关不住门，
后半夜想你吹不下灯。
想你想你实想你，
泪蛋蛋落在饭碗里。

天上的乌白

天上的乌白地下的鸡，
绕来绕去撂不下你。
三十三颗荞麦九十九道棱
有钱也买不下个人想人。
想你想你实想你，
三天也吃不了半疙瘩米。
我在那梁上你在那沟，
有什么心事了摆一摆手。

贵姐捎书

山西沁源县，百十里李家庄，
有一个贵姐女生的好人样。
贵姐生得好，十人九抬爱，
苗苗条条的身材，走路如风摆。
只因家里穷，丈夫出了门，
一去好几年，没有音和讯。
贵姐在家中，日夜想亲人，
投人写封信，字字寄深情。
一写奴亲人，出门七年整，
撇下小奴家，孤苦又伶仃。
二写奴亲人，对天把誓盟，

你不要另娶妻，奴不嫁外人。
三写奴亲人，盼你早回门，
咱夫妻得团圆，好好过光景。

槐树开花

槐树开花碎纷纷，
当兵要当八路军。
有吃有穿真光荣·
抗日救国为人民。
半夜打门门不开，
不知是八路军还是敌人来。
八路军来了烧开水
日本鬼子来了埋地雷。

打　游　击

一更子里来月初出，
哨一响自卫队快快召集。
背上了武器偷偷摸摸，
要到那山头上去打游击。
三更子里来月偏斜，
自卫队埋伏在山洼洼。
拉开了手榴弹乒乒乓乓，
打的那鬼子兵稀里哗啦。
五更子里来天快明，
打游击的人儿回家中，
捉得一个汉奸把头砍掉，
还得下三匹洋马四门大炮。

名人书法

廉吏墨迹人珍爱

——老、小于成龙述略

于成龙是清代山西永宁州(今离石)历史上最大的封疆大吏,也是最著名的廉吏,因其位高、政显、名著,其书法墨迹深受世人珍爱。特别在今天反腐倡廉关乎国运的形势下,即使对其墨迹影件,人们也十分宝重。

老、小于成龙同朝为官、宦迹并显

大清康熙年间,皇帝大兴反腐倡廉之风,一手惩治贪官,匡正吏风;一手奖励清官,树立榜样,从而出现了不少清廉官吏。巧的是清代康熙朝有两个于成龙,而且都是一品大员,都是廉能之吏,都得到康熙皇帝的重用。一个是老于成龙,字北溟,别号于山,山西永宁州(今山西方山县莱堡村)人。生于明万历四十四年(1616年),卒于清康熙二十三年(1684年)四月,谥"清端"。他就是被康熙誉为"天下廉吏第一"的大清官于成龙。另一个是小于成龙(1638—1700),字振甲,号如山,汉军镶黄旗

老于成龙书《忆君貌骨似清秋》 藏山西省博物院

人，自称"三韩人"，即祖籍辽东 (今辽宁东北，辽代置有三韩县)。去世后谥"襄勤"。这就是著名的河道提督于成龙。清代陈康祺《郎潜纪闻三笔》中记："于襄勤公与清端同名，宦迹亦与清端相追逐，人称清端为老于成龙，襄勤为小于成龙。"

老于成龙载于《清史稿·列传六十四》。他于明崇祯十二年（1639年）举副贡，清顺治十八年（1661年）即45岁时出仕，历任广西柳州罗城知县、四川合州（驻今四川合川市）知州、湖广黄州府（驻今湖北黄州市）同知、湖北武昌知府、湖广下江防道道员（驻湖北蕲州今蕲春县）、福建按察使、福建布政使、直隶巡抚（驻今河北保定）和两江总督，加兵部尚书、大学士等职。在20余年的宦海生涯中，三次被举"卓异"，以卓著的政绩和廉洁

老于成龙撰并书《固关》诗碑拓片，原碑现存山西省平定县固关村

刻苦的一生，深得百姓爱戴和康熙帝赞誉，以"天下廉吏第一"蜚声朝野。去世后赠太子太保，康熙皇帝亲笔书写了碑文，御书"高行清粹"匾，并入祀京城贤良祠。

小于成龙载于《清史稿·列传六十六》。他于康熙七年(1668年)任直隶乐亭知县，八年(1669年)任滦州（驻今河北滦县）知州，十八年（1679年）任通州（驻今北京通州区）知州、二十三年（1684年）任江宁（驻今江苏南

康熙皇帝为老于成龙赐匾——"高行清粹"

京)知府、超擢安徽按察使(衙门驻安徽安庆)、二十五年(1686年)任直隶(驻今河北保定)巡抚、加太子少保兵部尚书,二十九年(1690年)任左都察院左都御史兼汉军镶红旗都统,三十年(1691年)任都察院右都御史、河道总督(驻河道总督衙门在山东济宁,后迁江苏淮阴),三十九年(1700年)去世,赐祭葬,也入祀京城贤良祠。

老于成龙廉能第一、蜚声朝野

老于成龙大器晚成,他凭的不是背景和年龄,靠的不是清朝的进士头衔和金钱,而是靠"清廉"二字。由明末的一个贡生,便从基层的知县、知州、知府直升到总督,成为封疆大吏,真是绝无仅有。他在政界以"清廉"著称,而在民间却是以息盗破贼、判案平冤而闻名。在广西罗城任知县时,听说他的家人来了,有人便送来不少钱财。于成龙笑着说:"从这里到我家有六千里路程,携钱带物回家太不方便。"借此拒收送来的钱财。

老于成龙曾任黄州府同知,驻守岐亭。岐亭属于鱼米之乡,物产丰饶。民谣曰:"杏花村里三宗宝,麻鸭、鹅黄(酒)豆腐脑。"这三样都是于成龙平日喜欢的东西。每天早晨,于成龙上街喝一碗豆腐脑,仆人每天买二斤豆腐供中午和晚上食用,平日不沾荤腥。他酒量颇宽,但因为拮据,由每夜一壶酒改为每夜半壶酒,价值五厘。有时连这点酒钱也拿不出来,于

是以《无酒》为题,写了一首五言绝句(见《于清端公政书》卷八)自嘲:

一夜一壶酒,床头已乏钱。

强欲禁酤我,通宵竟不眠。

大儿子看望老父后要回家乡。他没有给儿子带的东西,见厨房里有一只准备待客的腌鸭,便切了半只给儿子带上,另一半给儿子饯行。当地人编了首民谣道:

于公豆腐量太狭,长公临归割半鸭;

半鸭于公过夜钱,五厘酒价何处拈?

康熙十七年(1678年)六月,老于成龙由湖北下江防道道员升为福建按察使。将开船时,他叫人去买了几担萝卜。有人笑着说:"虽然便宜,也不必买这么多啊!"于成龙说:"这可是我路上的粮食啊!"

在福建按察使任上自撰楹联:

山到穷时,现许多峭壁层崖,欢富贵功名,何似林禽野兽;

路逢狭处,经无数行云流水,任盘桓谈笑,休辜翠竹苍松。

老于成龙赴任直隶巡抚时,和小儿子合坐一辆驴车,用几十文钱住旅馆,没有烦劳沿途驿站和马匹。一到任便告诫州县,征收百姓钱粮时不准私加附加,馈送上官。但大名县知县不听劝诫,向他呈送中秋节礼。他不仅严词拒收,而且为此特发了《严禁馈送檄》,处分并通报了大名县知县的胡作非为。为了自警警人,还编撰了楹联,如:

尽心尽力,未能十分尽职;

任劳任怨,不敢半点任功。

　　——自题直隶巡抚衙门自警

重门洞开,要事事勿负寸心,方称良吏;

高山仰止,莫矜矜不持一石,便算清名。

　　——题通州衙门

芳馥合将兰并茂
兴孝争华藤床戴夜芳春梦
横斜宁
飞过孤山秀士家
于成龙

老于成龙书
《芳馥合将兰并茂》
藏山西省博物院

康熙二十年（1654年）二月初五，皇帝召见了老于成龙。在询问其出身经历后说："尔为当今清官第一，殊属难得。"半个月内，老于成龙受到皇帝的召见、赐饭、赏银、赏马、赐诗，可谓荣耀之极。同年十二月，老于成龙被任命为江南江西总督。

两江总督是肥差，但位高权重的于成龙仍然不改清廉的作风。在黄州时，人称他为"于半鸭"、"于糠粥"。在两江时，因粮贵菜贱，他就每天少吃粮食多吃青菜，终年不知肉味，老百姓亲切地称他为"于青菜"。没茶叶，他就采摘官署屋后的槐树叶子替代，槐树因而渐渐变秃。

同时，他"兴利除害，察吏安民"，制定了《新民官自省六戒》："勤抚恤、慎刑法，绝贿赂，杜私派，严征收，崇节俭"。所到之处，"官吏望风改操"。于成龙生来十分好酒，到两江后，酒量大减，再未醉过一次。有时工作到深夜，饥饿难忍，想熬碗稀饭垫肚皮，但苦于无米而兴叹。幕僚笑他为"无米总督"。康熙帝称其"宽严并济，人所难学"。老于成龙题两江督署大堂自警——

累万盈千，尽是朝廷正赋，倘有侵斯，谁替你披枷戴锁；

一丝半粒，无非百姓脂膏，不加珍惜，怎晓

得男盗妇娼。

他禁止馈赠，打击贪官，引起了一些官宦的不满，于是出现了一片诬陷与责难，连康熙皇帝对他的看法也一度产生动摇。老于成龙病逝后，有位藩臬来到他住处，见其衾帱敝陋，笥中仅存银三两、旧衣数件和一些散钱，还有粟米五六升，不由叹息。老百姓罢市聚哭，家家绘像祀之。康熙帝在南巡中经过周密的调查了解，发现于成龙晚节并没有改操，一些人的攻击纯属诬陷。回京后的第二天，在乾清门召开满汉大学士、九卿会议，当众颁旨："朕亲历江南采访，已故督臣于成龙居官廉介，洁己奉公，自闾巷细民及各省之人，无不望风推服。此等情操，从古以来实罕其比，当为廉官第一。"公开纠正了对于成龙的不正确看法。

老于成龙的著述、奏稿，由其孙于准辑成《于山奏牍》7卷，附录1卷和《于清端公政书》8卷。他就任职直隶和两江期间，组织编写了《畿辅通志》46卷、《江南通志》54卷。记载其事迹的文献有《清史稿·列传六十四》、陈廷敬《午亭文编·于清端公传》、《清圣祖实录》卷三十六、《于成龙判牍菁华》等。

小于成龙书《处世不必邀功》藏山西省博物院

小于成龙治河名著、襄军功伟

小于成龙则是以治理河道和廉能著称。有趣的是小于成龙还得到过大于成龙的保荐和栽培。当老于成龙任直隶巡抚时,小于成龙任通州知州。老于成龙见小于成龙贤能,便破格向皇帝推荐,言其"清操久著","可大用"。当老于成龙任两江总督时,恰遇江宁府阙员,便推荐小于成龙升任江宁知府。从此康熙皇帝对小于成龙格外厚爱,在南巡时特地召见了他,并勉励他要向老于成龙学习。

康熙二十三年(1684 年),皇帝以江南下河诸州县久被水患,敕议疏浚,命时任安徽按察使的小于成龙分理,但是要听从河道总督靳辅节制。在怎样治理河道上,小于成龙与靳辅发生矛盾。靳辅认为应该在上流筑堤束水,小于成龙认为应该疏海口,浚下河水道。皇帝派官员下去民间调查,都认为疏海口无益,于是命令缓工。期间,在朝廷上小于成龙及在朝大臣与靳辅等进行了激烈的争论。争论中掺杂了政治斗争,靳辅虽然在治河理论与实践上占了上风,但是在政治上一败涂地。最后,靳辅被革职,陈潢下狱。后经实践证明,靳辅的观点是正确的,小于成龙在皇帝面前也坦诚地承认了错误。其时靳辅及老于成龙等都已经去世,由于皇帝对老于成龙的情感,所以在处理小于成龙的问题上颇有护爱。康熙三十三年(1694 年)皇帝又把他召到京师,命其主持运河通州至峰

小于成龙书《书为相如亲翁》拍卖作品

县段、黄河荥泽至砀山段各堤加固工程,他对黄河洪淤主张疏浚河口,引泄积水。

康熙三十五年(1696年),康熙帝御驾征讨噶尔丹部。小于成龙两次为大军督运粮草,雷厉风行,声威显赫,皇帝特授世袭爵位,"拜他喇布勒哈番(骑都尉)"。康熙三十七年(1698年),任直隶巡抚。其时保定以南各河水与浑水(今永定河)汇流,洪水暴涨,泛滥成灾,康熙皇帝亲临视察。小于成龙用疏浚与筑堵兼用的办法,从良乡老君堂旧河口起,经固安北十里铺、永清东南朱家庄,会狼城河,出霸州柳岔口三角淀,到西沽入海。共疏浚河道75公里,建筑南北堤90公里,康熙皇帝赐名"永定河"。从此,浑水改注东北,再没有迁徙泛滥。小于成龙编撰了《江宁府志》,著有《抚直奏稿》。他的事迹在《啸亭杂录》、《康熙起居注》、《清实录》、《东华录》和《清史稿》等古籍中有记载。

小于成龙书《花隐披垣暮啾啾》 网络下载

老于扶小于,名迹相追、美传常混

两个于成龙,同名同姓同朝为官,同样廉洁勤政,又同样受到康熙皇帝的重用,雄声伟绩,相互颉颃,死后都入京师祀贤良祠,真可谓清代政坛上的一段美谈。当时河北一带有民谣云"前于后于,百姓安居"。自然他们也受到今人的崇敬,他们的遗作、遗墨受到人们的喜爱。特别是两位古代高官的政治境界、为吏取向、人生追求都基本一致,又都有诗文、书法作品传世,这样就为后人甄别书法作品的归属造成了不少误会。甚至连一些事迹、传说故事也往往张冠李戴。如小于成龙"行书格言":"处世不必邀功,以无过为功;与人不求感德,以无怨为德。"由于此幅书法作品藏山西博物院,内容又讲为官之道。所以,由李学勤任总顾问的 15 卷本大型图文著述《话说中国》之《落日余辉》(孟彭兴著),把其误解为老于成龙之作。

到目前,发现署有于成龙名字的书法作品及拓片有十多件,但经笔迹、时间、印章、内容仔细考订,大多是小于成龙的墨迹,老于成龙流传的作品较少。小于成龙的书法作品常署名"三韩 于成龙",押"于成龙印"、"振甲氏"章。其正书为馆阁体,近董其昌。行草健劲挺拔,豪放恣肆。其书法碑刻多存于河北一带及保定市古莲花池等地。

老于成龙的书法作品署名"于成龙"或"于山老人识",押"于成龙印"、"北溟氏"或"西河"章。山西博物院珍藏有老于成龙书法墨迹行书诗轴二件:其一为"忆君貌骨似清秋,每爱生涯不裹头。有兴辄同鸡黍客,无家肯为稻粱谋";其二为"芳馥合将兰并茂,横斜宁与李争华。藤床几度劳春梦,飞过孤山处士家"。山西省平定县旧关村发现有老于成龙于康熙二十一年(1682 年)亲书《壬戌仲春》诗碑:"行行复过井陉口,白发皤皤非旧颜;回首粤川多壮志,劳心闽楚少余闲;钦承帝命巡畿辅,新沐皇恩出固关;四十年前经过地,于今一别到三山。"(《永宁州志》载此诗题为"固关偶题")。其行书一如其人格官风,规矩严谨,不失法度。相信随着人们的不断探索,还会有更多老于成龙的作品被发现。

王继贤一字值千金

清道光二十年（1840年），有一位湖南黔阳人王继贤来山西永宁州（治今离石）任知州。

此公在任期间，坚持廉洁自律，不仅自己拒绝贿赂，而且不接受人们的请托说事。为此《永宁州志》记载他"绝苞苴，拒请托"，从而形成了政平讼理的风气。只要外出下乡，常指导老百姓务农植桑。同时在州署旁边修了数间教室，亲自教授官员、市民子弟读书。"八小时之外"则以书画吟咏自娱，特别喜欢咏物题诗。凡遇名胜景观，必然要游览题诗，因而留有《南河纪游诗》集。最著名的有他为——因清代封疆大吏于成龙读书出仕而扬名当世的离石著名山水园林——安国寺撰写并书刻的散文《山寺石室文》《听月泉记》。可见，这是一位文化素养颇高的官员。

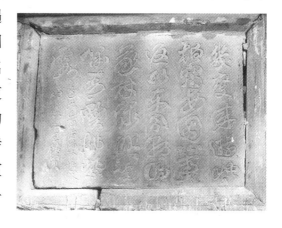

中阳县柏洼山龙泉观王继贤行书诗刻

由于王继贤为政清廉，治世有方，在乡间有着颇好的声誉。由尊人而重书，所以其书法曾名重一时。相传高句丽国王，为所娶大清国爱妃在海岛修筑了一处园林。为提升文化品位与国际影响力，给园林撰匾"继美凌烟"四字。由谁题书呢？当然要请书法祖国的人来题。于是便派懂书法的大臣到大清国索字。

京城名家闻讯，都转弯抹角来题字，但都不能令使者满意。时传王继贤因公赴京，应诏题书，高句丽使者高兴而归。为此，道光皇帝赏其白银四千两，每个字一千两，所以人称王继贤"一字值千金"。

至今方山县大武水图祠藏有其《松竹梅兰图》及题记石刻。北武当山有"天寿井"、"乔松"、"真修处"摩崖及《天寿井记》、《王子赞松图——乔松说》二石碣。柳林县双塔寺有其题写的门匾，柳林县孟门南山寺有《大雪题南山寺》诗。中阳县柏洼山有《登柏洼山》诗刻。临县碛口黑龙庙有其撰写《卧虎山黑龙王庙碑》记及"山河厉带人文聚，风雨祥甘物气和"的门联刻石。太原晋祠、湖南、上海博物馆也藏有他的书法作品。湖南黔阳芙蓉镇有其石刻的对联"妙书鸿戏秋江水，佳句风行晓苑花"及长坡村墓志铭。

综观其诗文内容、书法遗刻，总体感觉王继贤是中国传统儒学教育下的一位公道正派的忠臣和好官。他忠于朝廷，廉清可嘉。在《山寺石室文》落款中，创造性地把王继贤之"贤"字写作"賢"。同时可以看出，在当时当地的氛围内，一代廉吏于成龙为官清廉的风范，对他的为官之道也有着较大的影响。

但论政治眼界，其处于中国鸦片战争爆发的大背景下，当时有识之士皆义愤填膺、大声疾呼，但王继贤所有诗文皆咏物颂古，并没有丝毫为国家命运而忧思之意。就书法而言，清代在科举取士的制度下，但凡士子都可写一笔工整秀美的楷书。而王继贤所留书法石刻楷书，如《山寺石室文》正是这类笔法的典型。这是为有清一代及后来书法界所大力诟病的黑、方、光、正的"馆阁体"。而今见其行书如碛口黑龙庙门联行书、中阳县柏洼山道观中行草诗碣，则行云流水，颇有特色。作为一名地方官，在各处留书题字，对推动地方文化有着重要作用。其书法拓片，作为教子习书的范本，堪为楷模。其遗作，对一百多年后的今天，丰富景区文化内涵，增强旅游魅力也有着积极的意义。

崔炳文一联名天下

"物阜民熙小都会,河声岳色大文章。"

这副镶嵌在山西临县碛口古镇黑龙庙山门上的石刻对联,艺术形象地描绘了这一古代晋西黄河商业码头的山河形胜与热闹市景。

对联从明代兴起,发展到清代后,普及全民,潮流涌动,蔚为大观。形成可与唐诗、宋词、元曲相媲美的文体形式,所以多有名作传世。崔炳文就是永宁州有名的对联撰书家。

时光发展到 21 世纪的第五年,建设部、国家文物局命名临县碛口为"中国历史文化名镇"。于是,各路专家、学者、文人、官员纷至沓来。于是崔炳文撰刻于清代"道光癸卯(1843 年)仲春"的这副对联,便被众人赏识而名扬天下。

著名美学家王朝闻先生称赞道:"庙门那两副对联, 我最感兴趣的是其中的一句下联——河声岳色大文章。包括抗日战争和解放战争,有难以计算的革命种子,是从陕北经过碛口,而做了解放全中国的大文章的。""黑龙庙的河声岳色,它自身既是大文章,也是中国革命战争这么大的文章的见证者。"说得很好。其实,上联也高度概括了碛口鼎盛时期的繁华景象。表明到清代中期, 在中国经济自由、晋商大发展的背景下,每天南来北往、东进西去的商旅贩贾、文人骚客汇聚于此,使碛口这一位于黄河中游东岸的商贸大码头,真正成为名不虚传的"小都会"。连同当年太原、

崔炳文撰并书临县碛口黑龙庙山门对联石刻

汾阳、太谷、平遥市上都是卖的"碛口烟"、"碛口碱"、"碛口油"、"碛口粉条";兰州、银川、包头卖的锅、勺、绸布,都称"碛口货"。可见崔氏这副对联实是天下名联。

崔炳文书"定国先声"木匾,现悬挂于临县西湾村

那么崔炳文何方人氏?其实,他就是永宁州(今离石)马茂庄村崔姓祖先。崔炳文,字虎臣,是嘉庆丁卯(1807 年)优贡,后来中举并考取国子监学正,补为"诚心堂"等助教,任志书馆纂修,从事过文化编著工作。最有名的一件事,发生在道光乙未(1835 年)年。当时朝廷派他去督查户部在通州(在今河北省境)的仓库粮食,一同去的几位官员都是顺天府同科举人。查验后,发现仓中还有不少余粮。于是,有官员提出贪占余粮的主意,崔炳文坚决不同意。后来事情终于败露,染指的人全部受到查处,只有崔炳文没有受到牵连。以后崔炳文被任命为广西新宁州知州,因年老有病归乡,在祁县诏余书院任主讲。光绪版《永宁州志》记载,他"生年嗜学,精书法。年七十余,日读书,作小楷,著述尤多"。其父亲崔相也是德重乡里的文人,道光《永宁州志》曾记载了其在碛口镇上出资呼人解救沉船溺水数十人的义举。由此可见崔氏官德人品。

人品重书品,书名传人名。崔炳文当时书法名重乡里,今见西湾村有其题写"国定先声"木匾,笔力遒劲,雄强有力。而碛口古镇的开发竟使其以一副对联名扬天下,先后有许多文人专家学者从其对联之意生发,写出大块文章,更增强了这一人文旅游胜地的文化内涵。

古代离石之最

1.离石史上最早的军乐器、祭祀乐器:离石商钲。后来主要用于战争。最初"鸣金收兵"即是击钲,北魏以后改为鸣锣收兵。

2.战国时期赵国北疆最有影响的造币中心:离石。

3.记载"离石"地名最早的实物:战国"离石"纪地币。

4.记载有关离石的最早古籍:《战国策》。

5.最早到过离石的皇帝:秦始皇。公元前228年秦将王翦率军灭赵国,随之秦始皇第一次东巡来到邯郸。"秦王还,从太原、上郡归"。

6. 最早留有姓名的离石官员:"西河太守行长史事离石守长杨孟元舍永元八年(96年)三月二十一日作。"此文刻于陕西省绥德县苏家岩乡汉画像石墓的中柱纪年石上。

7.离石史上最早的道教圣地:宝丰山道观,初建于西汉平帝元始元年(1年)。

8.离石史上最大的石碑:位于孝文山的汉代刘耽碑。碑体巨大,四棱柱形。乾隆《汾州府志》云:"山有汉刘耽碑,可辨者六十字,言舜禹治水时事。"今字迹莫辨。

9.最早的郡守建置:东汉永和五年(140年)因匈奴寇掠,西河郡从平定(今内蒙古东胜境)内迁离石。

10.最早的离石城市图:内蒙古和林格尔一号汉墓中出土的壁画中有《离石城府舍图》。

11.离石出土最早最有名的汉画像石:民国八年(1919年)离石马茂庄出土的东汉和平元年(150年)左表(字元异)墓汉画像石,现存加拿大多伦多博物馆。

12.现存离石最古的官印:汉代"离石长印"。

13.汉魏时期南匈奴在内地建立的最大的中央根据地:南匈奴单于

庭即离石左国城,在今方山县南村。

14.离石史上最著名的皇帝:304年建都离石的匈奴"汉国"皇帝刘渊。

15.第一个内迁少数民族在内地建立的国家政权:刘渊"汉"国,史称"前赵"。

16.古代离石最荒废的时期:北魏明元帝时,由于战乱把离石护军降为离石镇。

17.离石史上最早的佛教寺院:金阁寺,初建于北魏时期,至今1500多年。

18.北朝时期北魏、北齐政权最头疼的反政府武装:"离石胡"。

19.离石史上最著名的高僧:西晋时离石稽胡人刘萨诃。为佛教汉化与敦煌石窟开凿做出突出贡献。

20.离石史上有记载的最早的长城:北齐内长城遗址,位于黄栌岭。《山西通志·关隘》记载:"齐文宣帝天宝三年,幸离石,遂至黄栌,起长城。北至社平戍四百余里,立三十六戍。"其目的主要是防山胡东袭。

21.离石史上最厉害的突厥可汗:隋末唐初离石胡人"突利可汗"刘季真。

22.唐宋时期朝廷在河东最大的伐木基地和牧马场:吕梁山区域。

23.唐代朝廷在黄河中游设立的最重要的关隘:石州孟门关,在今柳林县孟门镇。

24. 离石史上出土价值最高的瓷器:1982年在吕梁市财政局工地出土的龙狮牡丹莲蓬彩色琉璃熏炉。两耳内刻"呼延"二字,口沿内刻"己丑年壬甲月己酉日辛时朱成造"。在元代熏炉基础上又有发展,经专家反复比较,认为是明初上乘之作。

25.离石史上最严重的大垦荒时期:明清大垦荒,造成水土大流失。

26.离石最早筑河堤种稻谷的记载:明成化二十二年(1486年)知州

吕大川教民在温泉(今莲花池公园)种稻灌园。次年吕大川率众在城西筑河堤护田地,并在堤内外多植树木。

27.离石史上第一条晋陕蒙水陆粮油商道:清代柳林、碛口—离石—吴城—汾阳"晋西粮油商道"。

28.离石籍最著名的廉吏:清康熙年间永宁州莱堡村人(今方山县北武当镇境)于成龙。

29.离石籍最著名的农民起义军领袖:小神头乡长板塔村人王显明。曾把清初交山农民起义军活动领向高潮。

30.离石史上最早的地方志:成书于明代永乐后期的《石州志》,可惜已散佚。

31.清代第一部离石志书:清顺治十三年(1656年)由胡朝宾纂修的《永宁州志》,共八志四十六条。

32.离石史上最著名的楹联:由清代离石马茂庄举人崔炳文撰书的石刻对联:"物阜民熙小都会,河声岳色大文章"。现镶嵌于临县碛口黑龙庙山门。

33.古代离石最著名的书法家:清道光年间永宁州知州湖南人王继贤,有《山寺石室文》书法拓片传世。

34.离石史上最早由外国人设计并用以工代赈的办法修筑的第一条山西省出境公路:汾(阳)军(渡)公路,1921年由美国军人史迪威设计、督修。

35.黄土高原上最大的亚高山草甸:离石西华镇草原。

36.离石地理海拔最高最低点:最高点为骨脊山,海拔2535米;最低点为交口镇三川河谷,海拔889米。

参 考 文 献

1.[汉]司马迁《史记·秦本纪》、《史记·秦始皇本纪》、《史记·孙子吴起列传》、《史记·魏世家列传》、《史记·赵世家》、《史记·六国年表》、《史记·货殖列传》,均见《史记》,中华书局2005

2.[晋]陈寿《三国志·魏志·武帝纪》,见中华书局2005

3.《后汉书·马援传》、《晋书·四夷·北狄匈奴》、《晋书·载记第一刘元海》、《晋书·载记第四石勒》、《晋书·载记第三十赫连勃勃》、《魏书·太祖道武帝》、《魏书·太宗明元帝》、《魏书·世祖太武帝》、《魏书·刘洁传》、《魏书·痖业延传》、《魏书·楼伏连传》、《魏书·元他传》、《魏书·奚康生传》。《周书·异域上·稽胡》、《北齐书·神武纪》、《梁书·诸夷传》、《隋书·炀帝纪》、《隋书·杨子崇传》、《旧唐书·地理志》、《旧唐书·突厥上》、《新唐书·突厥传》、《新唐书·裴延龄传》、《新唐书·兵志》、《新唐书·刘季真传》、《旧五代史·刘崇传》、《金史·食货志》、《宋史·食货志》、《宋史·杨业传》、《元史》、《明史·鞑靼传》、《明史·列传第一百十二》、《明史·列传第一百八》,均见《二十五史》,上海古籍出版社、上海书店1986年12月版。

4.《明世宗实录》卷364,上海书店出版社1990年6月版。

5.[西汉]刘向《战国策·赵策三》,上海古籍出版社1983年3月版。

6.[北魏]郦道元著、[清]王先谦校《合校水经注》,中华书局2009年2月版。

7.[唐]李吉甫《元和郡县图志》,中华书局1983年版。

8.[唐]道宣《续高僧传》,台湾东初出版社1991年版。

9.[宋]司马光《资治通鉴》,北岳文艺出版社1995年6月版。

10.[宋]李焘《续资治通鉴长编》,中华书局2004年9月版。

11.[宋]徐梦莘《三朝北盟汇编》,上海古籍出版社1987年10月版。

12.[宋]孟元老《东京梦华录》，中国商业出版社1982年3月版。

13.[南宋]洪迈《容斋随笔》，蓝天出版社2006年版。

14.[明]陈子龙《明经世文编》，中华书局1962年6月出版。

15.[清]顾祖禹《读史方舆纪要》，中华书局2005年版。

16.[清]吴广成《西夏书事》，甘肃文化出版1995年版。

17.《四书五经·礼记》，岳麓书社1991年7月版。

18.[明]王道一、[清]孙和湘《汾州府志》，山西人民出版社1994年6月版。

19.[清]魏元枢、周景柱《宁武府志注》，中国文史出版社 2006年11月版。

20.[清]《宁乡县志》，中阳县志编委会1995年8月重印。

21.[清]姚启瑞《永宁州志》，山西古籍出版社1996年6月版。

22.范文澜《中国通史》，人民出版社1994年10月版。

23.山西省史志研究院编《山西通史》，山西人民出版社2001年版6月版。

24.刘泽民等主编《山西通史大事编年》，山西古籍出版社1997年12月版。

25.吕荣民《山西公路交通史》，人民交通出版社1988年12月版。

26.《吕梁地区志》，山西人民出版社1989年10月出版。

27.《榆林地区志》，西北大学出版社1994年版。

28.《方山县志》，山西人民出版社1993年2月版。

29.《离石县志》，山西人民出版社1996年6月版。

30.《绥德县志》，三秦出版社2003年7月版。

31.舒其主编《吕梁地名志》，山西省新闻出版局内部图书准印证(1992)第11号。

32.田昌武、安作璋主编《秦汉史》，人民出版社 2008 年 5 月版。

33.王国祥主编《山西森林》，中国林业出版社 1992 年 2 月版。

34.《中国历史博物馆·华夏文明图鉴》第四卷，朝华出版社 2002 年 1 月版。

35.蒋英炬、杨爱国《汉代画像石与画像砖》，文物出版社 2001 年 3 月版。

36.《和林格尔汉墓壁画》，文物出版社 2007 年 1 月版。

37.马子云、施安昌《碑帖鉴定》，广西师范大学出版社 1993 年版。

38.李泽奉、刘如仲主编《碑帖鉴赏与收藏》，1996 年吉林科学出版社版。

39.谭其骧《简明中国历史地图集》，中国地图出版社 1996 年版。

40. 陈怡魁 张茗阳《生存风水学》，学林出版社 2005 年 8 月版。

41. 陈染编《相学解析》，昆仑出版社 1988 年 8 月版。

42.黄征《易经直解》，浙江文艺出版社 1998 年 9 月版。

43.《辞海》，上海辞书出版社 1979 年版。

44.《辞源》，商务印书馆 1988 年版。

45.殷品《在北大讲易经》，当代世界出版社 2007 年 6 月版。

46.段滋新、郝丽萍主编《赵国钱币》，中国经济出版社 1998 年 12 月版。

47.朱华《三晋货币》，山西人民出版社 1994 年 7 月版。

48.王宏编著《先秦货币文字释读大字典》，天津古籍出版社 2006 年 5 月版。

49.陈隆文《春秋战国货币地理研究》，人民出版社 2006 年 1 月版。

50.史念海《历史时期黄河中游的森林》，见《河山集》二集，三联书店 1981 版。

51.李方《隋末唐初东突厥与中原势力的关系》，见《中国边疆史地研究》2003 年 13（4）期。

52.尚丽新《刘萨诃信仰解读——关于中古民间佛教信仰的一点探索》，见《东方丛刊》2006 年 3 期。

53.刘光汉《史迪威与山西公路》，见《党史文汇》2006 年第 8 期。

54.李裕民《首届全国杨家将历史文化研讨会论文集》，科学出版社 2009 年 1 月版。

55.胡兴东《斡脱:蒙元时期民事制度的一个创新》，见《云南师范大学学报》2003 年 35 卷 05 期。

56.阙勋吾《简明历史辞典》，河南教育出版社 1983 年版。

57.雷建忠、马建绪《上郡、肤施、榆林、银州、党岔历代称谓述略》见 2008 年 6 月 14 日《榆林日报》。

58.史党社《陕西渭南地区的秦魏长城及城址考察》，见秦文化论丛(第十辑)2003 年。

59.李爱平、胡汉光《呼市清水河县又出土窖藏战国货币》，见 2005 年 10 月 18 日《内蒙古晨报》。

60.张守中《睡虎地秦简文字编》，文物出版社 1994 年 2 月版。

61.[汉]许慎《说文解字》，中华书局 1963 年 12 月版。

62.樊中岳、陈大英《甲骨文速查手册》，湖北美术出版社 2005 年 8 月版。

63.顾音海《甲骨文发现与研究》，上海书店出版社 2002 年 11 月版

64.中央电视台 4 套《国宝档案》20080802"海外寻宝——左表墓汉画像石"。

65.杨道吉尔《版升之民:更早的走西口故事》，见 2009 年 4 月 13 日《北京新报》。

66.梁申威主编《清代对联选》，山西人民出版社 2003 年 1 月版

67.政协离石县委员会主编《离石史志》1—5 集。

后 记

一座城市就是一部文明演进史,一个县域就是一册历史百科书。城市的形成是生产力发展到一定阶段的产物,城市繁荣程度反映了商品经济发展的高度。为什么一些古代名城,今天消失了?为什么一些古代大城,今天变小了?为什么一些古代无名之地,今天变成了大都市?制约城市发展的因素到底有哪些?这些不能不是我们今天思考的重要问题。历史故地发展至今,不是孤立的,在她的背后还有许多已知和未知古今文明的丰富矿藏。如何利用好这些文明矿藏,对于今天和未来的发展有着十分重要的意义。

离石古城已走过了2500多年的历史。在两千多个春秋里,历代人民在这块土地上经历了什么风雨?演绎了哪些故事?创造了怎样的文明?我们应当怎样发掘古代历史的现代价值?怎样运用历史文明元素为今天服务?我们如何在古人曾经生活过的家园里走向现代化?这一切既构成这座古城的大背景,又成为本书写作的缘由。

兰梅竞香,各现其美。山外的世界固然可爱,而这里的小城别有风采。在二十多个世纪的历史长河中,离石的历史、经济、文化循着她独自的河床向前奔流,构成了鲜明的特色。

我们不仅看见这块土地的今人今事,而且看到了曾经活跃在这里的历代先民的生活与业绩;不仅看到了山河面貌的变迁,而且看到了深藏于岩层之下的各类宝藏,这些都将成为小城丰厚的资本,使之闻名域外,引来无数有识之士的目光。历史的广袤、文明的积淀、人民的聪慧,特别在现代雨露阳光的滋润下,离石建设成果之河正以汹涌澎湃之势汇入新世纪文明的海洋。

于是我们初步发现，一、离石战国货币的创铸，代表了我国商品经济发展繁荣的新高潮，其时的离石发展走在全国大城市前列；二、离石汉代画像石的内容，反映了东汉离石农牧经济发展的新高度，也反映出中华民族意识形态的初步基础；三、魏晋北朝时期，匈奴人刘渊离石起义以及后来"离石胡"的强大，表明了离石是中华民族融合大河的源头，也成为佛教中土化的社会基础；四、唐宋伐木产业，既表明吕梁山修楠巨梓对盛世都城长安、洛阳、开封城市建筑的贡献，又可以看出吕梁山生态环境的变迁；五、明代中叶离石城的荣毁，不仅反映了明朝民族矛盾缓和前的最后洪峰，更反映了当时吕梁区域农业垦殖与繁荣的程度；六、清代及民国交通的发展，展现了离石人的聪明求进与晋商的兴盛，同时也看出经济繁荣与国家稳定、民族和谐大背景的关系；七、抗战时期离石遭受了日军的残酷的杀掠，而英勇的离石人民为民族的解放事业作出了杰出的贡献；八、离石虽为偏僻山区，却始终受到党中央的关怀，共和国的阳光永远照耀着这片土地。

对照古代历史的宏大、伟阔，我们还发现了当代的民俗文化、民间艺术、民间信仰、故事传说、婚丧习俗、礼仪文化、服饰文化、时令文化、语言文化，甚至一方民人的血统、性格、情绪特征都有着深远的源头，其与历史进程构成末与本、流与源、蔓与根、现象与根本的关系。所以研究民俗文化而不知当地历史发展的脉络，也很难得到本质的结论。这一切的一切对于今天发展文化产业、建设特色城镇、塑造魅力城市，都有着十分重要的借鉴意义。因而，需要所有同仁进一步开拓、探索。

离石是一座历史悠久的古城。《人文离石》虽然粗线条地描绘了其特

有的风貌，并循其流向、溯源而上，从历史的隧道中，探寻、摄取回一些文明的珍宝，并连缀成历史的部分画面，但还有许多历史的空白需要挖掘、许多人文疑团需要解答。伴随着文物考古的新发现、人文学者的新探索，离石会有更丰富、更绚烂的历史展现在人们面前。同时，希望手中藏有离石古今史料、实物的各界人士，能把有关藏品提供或展示出来，为丰富离石人文历史添砖加瓦。我想，这本书如果能够为前进者指出一线新路迹，为建设者提供一些新元素，抑或能够在人们的心海中激起一纹更加珍爱古城的涟漪，我将感到十分欣慰。

跨越了时空的天堑，领略了文明的风光，仿佛踏上一座历史峰巅，受到一种哲学的感悟和宗教的启迪。我更惜此生，我更爱此城。在此，对那些曾经手握榔头在文明的古河床上敲打、探寻并留下一星燧石或篝火的本土文人表示同仁的敬意，同时对热忱为本书作序的北京装甲兵工程学院原院长薛清池表示由衷的感谢。本书内容繁杂、文体不一，特别在引述、考证等方面还存在不少纰漏，诚请读者批评指正。

著者　王书平

2010 年 12 月于离石